子ども・家庭・学校支援の実際

スクールソーシャルワーカー実践事例集

門田 光司／奥村 賢一：監修
福岡県スクールソーシャルワーカー協会：編集

中央法規

はじめに

　2002（平成14）年に発刊した『学校ソーシャルワーク入門』（門田光司著、中央法規出版）にて、最初の頁に中学3年生女子の事例を掲げています。両親は離婚後、父親は浮気相手と同棲を始め、母親も浮気相手の若い男性を自宅に引き入れてきました。母親は子どもたちのことは放ったらかしで、夜遅くまで遊び歩き、炊事も洗濯も長女の彼女にやらせました。彼女には小学校3年生と1年生の弟がいましたが、朝の登校の送り出しから夕食の世話まで一切、彼女がしました。
　そんな彼女の将来の夢は、看護師になることでした。しかし、母親より高校に行かせるお金はないと言い切られ、その夢もつぶされました。自暴自棄となった彼女は、荒れた生活を送ります。そして、先行きの見えない将来に、ある日、彼女は自殺を決意します。幸い彼女の自殺は、彼女の中学校の教諭の助けで防ぐことができました。そのとき、その教諭は泣き叫ぶ彼女に、「家庭のことは何もしてあげられないけど、話を聞いてあげることしかできないけど、いつでも来なさい」と言ってくれたそうです。彼女は教諭のこの言葉に心の支えを得たと言いました。
　彼女との面談後、私は彼女の状況を何とかできないものかと、校長に尋ねました。しかし校長は、「母親とはほとんど連絡がつかず、彼女の進路の話も進められない状況なんです」と、学校側の苦悩を話されました。中学校を後にして、自宅への帰り道、私はとてもやるせないつらい気持ちに包まれました。そして同時に、この本での彼女の事例の最後に記した強い思いも抱きました。それは、「子どもたちが抱えるこのような環境状況に、誰も何ら取り組みをしないままでいいのだろうか。私は彼女の話を聴きながら、わが国での学校ソーシャルワーカーの必要性を切実に痛感した」という思いです。
　それから数年が経ち、2008（平成20）年度より文部科学省の「スクールソーシャルワーカー活用事業」が開始されました。長く待ち望んでいた事業の開始に心が躍りました。そして、教育委員会や学校の管理職、教職員にスクールソーシャルワーカーについてよく知ってもらい、学校教育現場で活用してもらいた

いという願いが湧いてきました。そのためには、学校の教職員のスタッフの一員として一緒に子どもたちへの支援に直接関わっていくことです。ただし、福祉専門職として学校でのソーシャルワーク、すなわち、学校ソーシャルワークを実践していくことが重要です。そのため、学校ソーシャルワークの実践ガイドとして、2009（平成21）年に『スクールソーシャルワーカーのしごと』（門田光司・奥村賢一著、中央法規出版）を発刊しました。

今日、多くのスクールソーシャルワーカーが全国で活躍しています。しかし、実際にはどのような支援を展開しているのか、身近にスクールソーシャルワーカーがいない教育委員会や学校での管理職・教職員、保護者、さらには一般社会の人たちにはわかりづらいといえるでしょう。

そこで、もっと多くの方々にスクールソーシャルワーカーのことを知ってもらい、今苦しんでいる子どもたちへの支援になぜスクールソーシャルワーカーが求められているのかを理解してもらいたいと思いました。そのため今回、『スクールソーシャルワーカー実践事例集』を発刊することにしました。本書の事例では、スクールソーシャルワーカーたちが子どもたちの思いを大切にしながら、学校の管理職や教職員、保護者、関係機関と一緒に取り組んでいく姿が見られます。また、社会福祉学を専門とするスクールソーシャルワーカーたちが、初めて日本の「学校」という文化に触れながら、彼ら自身驚き、感動し、悩み、困惑する姿も本書では記しています。

なお、各事例は個人情報保護と守秘義務、倫理的配慮を踏まえ、本人が特定できないように修正・加筆をしています。また、どの事例をどのスクールソーシャルワーカーが記載しているのかもあえて掲示していません。各事例の書きぶりに違いがありますが、これは一人ひとりのスクールソーシャルワーカーの子ども支援に対する考え方と感性が出ていることによります。そのため、監修では、あえて表現や内容を統一していく修正をしていません。

本書の出版にあたっては、中央法規出版第2編集部の柄澤利文氏には企画から編集、出版に至るまで全面的に支えていただきました。ここに深く感謝申し上げます。本書が、スクールソーシャルワーカー活用事業の発展と身分保障への推進にさらなる貢献ができればうれしいかぎりです。

門田　光司

目　次

はじめに

1章　子どもへの直接支援 …………………………………… 1
　☆スクールソーシャルワーカー体験記／2
【児童虐待事例】
事例1　ネグレクトにより頭に大量のシラミと同じ洋服でしか登校できないため、登校渋りをする小学校2年生への支援／3
事例2　母親から虐待を受け不適応行動を起こす小学校2年生への支援／9
事例3　性的虐待と学校での失禁がある小学校3年生への支援／15
事例4　性的虐待を受ける小学校4年生への支援／21
　☆スクールソーシャルワーカー体験記／28
事例5　父親からの身体的虐待があり、ある日飲酒して登校してきた小学校6年生への支援／29
事例6　伯父からの性的虐待を受けていた中学3年生への支援／35
　☆虐待通告するのを迷っている学校関係者の方へ／41
　☆スクールソーシャルワーカー体験記／43
　★Best Practice に向けて～「アドボカシー」(Advocacy) について～／44

【不登校事例】
事例7　友達を怖がり家に引きこもる小学校6年生への支援／45
　☆スクールソーシャルワーカー体験記／51
事例8　不登校経験がある姉の影響から不登校となっている小学校6年生への支援／52
事例9　友人とのトラブルから不登校となった中学1年生への支援／58
事例10　誰とも接触を拒むひきこもりの中学3年生への支援／63
　★Best Practice に向けて　～スクールソーシャルワーカーの「家庭訪問」について～／68

☆スクールソーシャルワーカー体験記／70

【非行事例】
　事例11　喫煙、暴走行為、不登校がみられる小学校5年生への支援／71
　事例12　無断外泊、喫煙、髪染め、ピアス、欠席、遅刻がみられる小学校6年生への支援／78
　事例13　深夜徘徊と不登校を繰り返す中学1年生への支援／85
　　☆スクールソーシャルワーカー体験記／91
　　☆スクールソーシャルワーカー体験記／92
　事例14　万引きや深夜徘徊、喫煙で補導を受ける中学1年生への支援／93
　事例15　教師への暴力で逮捕された中学3年生への支援／99
　　☆スクールソーシャルワーカー必携7つ道具／106

【発達障害事例】
　事例16　学級でパニックを起こす小学校4年生への支援／107
　事例17　遅刻を繰り返す注意欠陥／多動性障害の小学校4年生への支援／113
　　★Best Practice に向けて　〜「トークンエコノミー法」(token economy) について〜／117

【場面緘黙事例】
　事例18　学校・家庭・関係機関の連携に課題を抱える場面緘黙の小学校4年生への支援／118

【自傷行為事例】
　事例19　母子関係の不和から自傷行為を繰り返す中学3年生への支援／124
　　★Best Practice に向けて　〜「協働」(collaboration) について〜／131

2章　家庭への支援 …………………………………………… 133
事例20　ゴミ屋敷状態の不衛生な家庭環境にある小学校6年生への家庭支援／134
事例21　精神疾患の保護者からネグレクトを受ける中学3年生への家庭支援／140
事例22　父親のリストラから家庭問題が生じた中学2年生への家庭支援／146
　☆スクールソーシャルワーカーの「校内巡回」、こんなところを見ています／152
事例23　深夜徘徊を繰り返す中学3年生への家庭支援／155
　☆スクールソーシャルワーカー体験記／159
事例24　ゴミがあふれた貧困家庭で将来の目標がもてずに不登校にある中学3年生への家庭支援／160
　★ Best Practice に向けて　〜スクールソーシャルワーカーの「家庭訪問」その2〜／166
　☆スクールソーシャルワーカー密着24時／167

3章　学校への支援 …………………………………………… 171
事例25　教室からの飛び出しや乱暴行為のある小学校2年生と担任教諭への支援／172
事例26　学級崩壊にある小学校の担任教諭と子どもたちへの学級支援／178
事例27　過度な要求をしてくる保護者への対応に関する学校支援／185
　☆スクールソーシャルワーカー体験記／191
事例28　給食中に食べ歩きが目立つ子どもたちの学級支援／192
事例29　クラス全体が騒がしいため担任教諭より学級運営の相談を受けた支援／201
　☆スクールソーシャルワーカー体験記／207
事例30　要保護児童対策地域協議会の活性化により学校対応機能の強化を図った取り組み／209

★Best Practice に向けて　～「コンサルテーション（consultation）」について～／214
　☆スクールソーシャルワーカー体験記／215

4章　高校生への支援……………………………………………217
事例31　虐待、非行、不登校を抱える高校2年生への支援／218
事例32　家庭環境の課題を抱えながら成長・発達過程で葛藤する高校2年生への支援／223
　★Best Practice に向けて　～「根拠に基づく実践 (Evidence-Based Practice：EPB)」について～／229
　☆スクールソーシャルワーカー 50人に聞きました!!／230
　☆スクールソーシャルワーカーの心がけ 10か条／237

おわりに
「福岡県スクールソーシャルワーカー協会」について

編集・執筆者一覧

1章

子どもへの直接支援

スクールソーシャルワーカー体験記

「たぶん私は、トイレに入る時に、子どもから文房具を渡された唯一のスクールソーシャルワーカーだ！」。

　ある日、トイレに入ろうとする私を見て、1年生があわてて駆け寄ってきました。「まだ入ったらダメ!! ちょっと待って!!」と言って、自分のランドセルの中から鉛筆を取り出しました。「これを持ってから入って!!」と真剣な顔で渡してくれました。私が「なんで？」と聞くと、「ここのトイレには、花子さんがいるよ。そのまま入ったら花子さんが出てくるけど、花子さんは勉強が嫌いだから。鉛筆持ってたら出てこないから、もう大丈夫よ!」とニッコリ…。「ありがとう。助かった…」。そう言ってトイレに入るスクールソーシャルワーカーを満足そうに見送る小学校1年生でした。

「スクールソーシャルワーカー、あるある体験！」

- 家庭訪問に行くときに、道に迷う。
- 子どもたちと遊ぶと、鬼ごっこの「オニ」の役を休み時間中させられることがある。そして、捕まえようとすると、急にルールを変更され、結局、鬼のままで終わる。
- 疲れた顔をしているのか、子どもたちが自主的に肩をもんでくれる。
- お腹がすいているように見えるのか、よく先生や関係機関の方々がお菓子をくれる。
- 校内巡回をしていると、物欲しそうに見えるのか、子どもたちから家庭科クラブの試食に誘われる。
- 夏になると、子どもたちから「学校の怪談」をよく聞かされる。

1章　子どもへの直接支援

【児童虐待事例】

| 事例 1 | ネグレクトにより頭に大量のシラミと同じ洋服でしか登校できないため、登校渋りをする小学校2年生への支援 |

1．事例概要

　愛子（仮名）は小学校2年生で、母親、愛子、妹（小学校1年生）の3人家族です。愛子は小学校1年生の時は休まず登校していましたが、2年生になると特に理由もなく休むことが3日ほどありました。

　2学期に入ると、ますます登校を渋るようになり、休む日も多くなったため、担任教諭は家庭訪問をしていました。何度か家庭訪問をしましたが、欠席が増えていく一方のため、担任教諭は悩みました。

　ある日、担任教諭が家庭訪問から戻ると、その足で校長室に向かいました。担任教諭は校長に、「母親と話をしたが、遠くを見つめたまま煙草を吸い、返事もあまり返ってこなかった。よくわからないが、何か精神的な病気かもしれない。どういうふうに話したらいいのかわかりません」と訴えました。校長は、「家庭訪問のときにスクールソーシャルワーカーにも同行してもらい、様子を見てもらってはどうですか？」と助言し、スクールソーシャルワーカーへの相談依頼となりました。

2．支援内容

　愛子は担任教諭の迎えで登校してきましたが、「**教室には行きたくない**」と言うので、スクールソーシャルワーカーは保健室で愛子と話をすることにしました。愛子は、「**私が着ている洋服は、小さいし汚れているから恥ずかしくてみんなと一緒にいるのが嫌だ**」と言いました。愛子の言うとおり、洋服はシワシワで汚れていて、サイズも合っていません。愛子の頭を見ると、白い物がたくさんついていたので、スクールソーシャルワーカーがフケかと思い近づいてよく見ると、なんと無数のシラミとその卵が髪についていました。愛子は、「**新しい洋服を買ってもらいたいけど、ママに言えないから、言ってほしい**」と言いました。

その日の放課後、担任教諭とスクールソーシャルワーカーは愛子と一緒に下校し、母親に会いにいきました。家に着くと玄関の鍵は開いていました。扉をノックし、「**小学校の教員です。中に入ってもいいですか？**」と声をかけると、「どうぞ」という返事が部屋の奥から聞こえました。室内に入ってみると、人が生活しているとは思えないほどたくさんの物が散乱しており、床はベタついていました。母親は、薄暗いなかに座って遠くを見ながら煙草を吸っていました。母親の周りはとても散らかっていましたが、煙草の吸い殻だけは灰皿にきれいに並べられていました。

　母親と話をすると、母親は何を言われても「はい」としか言わず、目の焦点も合わず、ひたすら煙草を吸っているだけでした。部屋のなかに男性の名前が書いてある荷物と、その男性が魚釣りで入賞した賞状と写真が貼られていました。愛子に誰かと尋ねると「パパ」と答えました。

　母親に了解をもらい、愛子の部屋に入り「どこにあるかわからない」学用品を探しました。山積みになっている物のなかからは、新品の筆箱やクレパス、ずっと前に飼っていたウサギの糞（ふん）などが出てきました。3人で片づけをして、やっと愛子や妹が部屋で過ごせるスペースを確保することができました。愛子は「**掃除って学校だけでするのかと思ってた。家でもするんだね**」と驚いていました。

　家庭訪問後、学校で校内ケース会議を開き、家のなかや母親の様子を伝えました。愛子が、「**みんなと会わなくていいなら学校に行く。でも、一人だと誰かに見つかるのが怖い**」と言っているため、次の支援計画を立て実行していくことにしました。

① 登下校の時間をずらし、教諭が迎えに行く（養護教諭が対応）。
② 洋服を買ってもらえるまでは、学校にある予備の洋服に着替えさせて教室に行かせる（養護教諭が対応）。
③ シラミの駆除をする（養護教諭が対応）。
④ 愛子に対するいじめがないかを確認する（担任教諭が対応）。
⑤ 母親の精神状態が悪いように思えたため、役所や児童相談所で過去に相談歴がなかったかを確認する（スクールソーシャルワーカーが対応）。

⑥　愛子が通っていた保育園や地域からの情報収集をする（スクールソーシャルワーカーが対応）。

3. 支援経過

　スクールソーシャルワーカーが児童相談所で相談履歴を確認すると、2年前にネグレクトでの虐待通告がありました。当時の担当者に話を聞くと、「母親には精神疾患があり、育児放棄をしていたため通告があった。一時保護をしていたが、母親が指導に従い通院をして、病状に改善が見られたため家庭引き取りになった」とのことでした。また、保育園からは「母親は、何かあったらすぐにクレームを言うことが多かった。洋服は新しいものを着てくることが多かった」と、今とは逆の生活状況を聞くことができました。地域からは「以前、愛子が好きと言っていた男の子に母親がつきまとい、ストーカーのようなことをしていたので注意をしたことがある。最近は、男性が出入りしているのをよく見かける。子どもたちが夜遅くに階段に座り込んでいることもあるので、虐待されているかもしれない」との情報も得られました。

　スクールソーシャルワーカーは虐待の可能性があることを校長に伝え、教頭、担任教諭、養護教諭とともに愛子の様子観察をし、虐待が行われていないかを確認していくことにしました。

　数日後、登校してきた愛子が「昨日、眠れなかった」と担任教諭に話したため、スクールソーシャルワーカーは保健室で愛子の話を聞きました。愛子は「パパからお風呂にお湯を入れるよう言われたけど、お湯がぬるかったから怒られた。家から追い出されて、朝までアパートの階段にいたから眠れなかった」「ママが何もしないから、いつも私が怒られる。私が怒られても、ママは知らん顔している。今日もパパから怒られる。追い出されたり叩かれたりする。怖いから家には帰りたくない」と言って泣き出してしまいました。スクールソーシャルワーカーは愛子の抱える状況を校長に報告し、学校から児童相談所に虐待通告をしてもらうことにしました。

　学校の通告で、児童相談所はすぐに家庭訪問をしてくれました。しかし、児童相談所からの報告では「父親がしつけで怒った。やりすぎたかもしれない。

今後、気をつけると言っていたので、今日は警告だけにしている。しばらく様子を見てほしい」との連絡が学校にありました。

　しかし、スクールソーシャルワーカーは家庭での愛子の危険性を感じたため、愛子には何かあったらすぐに交番へ行くように話しました。愛子は、「交番がどこにあるか知らない。それに、交番へ行ったら警察の人に怒られるから怖い」と話したため、校長と相談し、愛子に交番までの道のりを教えました。そして、スクールソーシャルワーカーは愛子と一緒に交番へ行った際、警察官より「おまわりさんは怖くない。何かあったら助けてあげるから、いつでもおいで」と話してもらったことで、愛子は「おまわりさん、優しかったね。何かあったら行く」とうれしそうに言ってくれました。

　また、スクールソーシャルワーカーは警察官に、愛子のアパート周辺のパトロールをする時には、愛子がよく立たされているベランダや階段も見てほしいと依頼しました。そして、近所に住む主任児童委員にも見守りを依頼しました。

　その後、スクールソーシャルワーカーが母親と話をする機会がありました。そのとき母親は、「私は病気だから、あの人がいなくなったら暮らしていけない。私も怖いけど仕方がない」と言いました。スクールソーシャルワーカーは、「児童相談所や区役所が助けてくれるから、まずは、子どもたちを安全な所に預かってもらい、お母さんも安心して暮らせるよう相談にいきましょう」と提案しました。しかし母親は、「私はあの人のことが好きだし、子どもたちがいなかったらあの人も怒ることはないと思うので、子どもたちだけ預かってほしい」との返事でした。

　スクールソーシャルワーカーは再度、児童相談所に行き、一時保護の必要性を訴えました。すると、次の日に児童相談所内で会議があるので、スクールソーシャルワーカーにも参加してほしいと言われました。会議の日、愛子の母親の様子や同居男性の様子、愛子の様子をスクールソーシャルワーカーは報告し、早い段階での一時保護を訴えました。スクールソーシャルワーカーの訴えのなかでも「愛子は、シラミの死骸を集めてフィルムケースに入れ、自慢気に見せていた」という愛子の行動が、普通の精神状態ではないのではないかと判断され、会議後、すぐに一時保護の決定が下されました。

一時保護された愛子と妹は「児童相談所始まって以来」のシラミの量で、何度も駆除しなければいけなかったとのことでした。また、スクールソーシャルワーカーが面会に行くと、愛子は「ここの布団はふかふかで気持ちがいいよ！お部屋もきれい！何もしなくても、ご飯もおやつも食べていいって！ここに来てよかった！もう怖い家には帰りたくない」と言いました。この言葉からも、愛子が家事をしないとご飯が食べられなかったことや、布団とは思えない薄い布にくるまって寝ていたことなどがわかりました。

 母親は、愛子と妹が一時保護される前は父親をかばっていましたが、子どもたちが一時保護された後、父親を家から追い出しました。しかし、病状が悪かったため、「しばらくは治療に専念し、良くなってから子どもたちを引き取りたい。子どもたちがいなくなって目が覚めた」と話しました。

 愛子と妹はその後、児童養護施設に入所しました。愛子は施設で「今が一番幸せ」と言っていたとのことです。一時保護所から児童養護施設に行く日、愛子と妹が「ありがとう」と書いた手紙をスクールソーシャルワーカーにくれました。スクールソーシャルワーカーはうれしさとともに、虐待の早期発見・早期対応の大切さをあらためて実感しました。

4．本事例の支援のポイント

 本事例の支援のポイントは、以下の3点です。

(1) 学校の役割

① 学校と地域で定期的に会議を開く。
② 愛子と妹の話を聞く。
③ 二人に変わった様子があれば、メモする。
④ 愛子と妹の送迎をする。
⑤ 何かあったら、すぐに児童相談所に連絡をする。

(2) スクールソーシャルワーカーの役割

① 学校と地域と関係機関（児童相談所・区役所・警察）との連絡・調整、つなぎ役をする。

② 学校や地域に具体的な見守り方法、対処方法を伝える。
③ 児童相談所に詳しい状況を伝え、一時保護の必要性を訴える。

(3) 地域の役割：主任児童委員・民生委員に依頼したこと
① 学校と地域（主任児童委員・民生委員）で定期的に会議を開く。
② 散歩や買い物ついでに、愛子や妹が外に出されていないかなどを見る。
③ 地域で母親を見かけた時は、あいさつや雑談をして仲よくなり、何か困ったことがないかなどを聞き、相談に乗る。
④ 母親を責めずに話を聞く。
⑤ 何かあったら、すぐに児童相談所や学校に連絡をする。

【児童虐待事例】

事例2 母親から虐待を受け不適応行動を起こす小学校2年生への支援

1．事例概要

　敏男（仮名）は小学校2年生の男子で、母親との二人暮らしです。敏男はもともとは母親、継父とともに生活をしていましたが、その継父から母子ともに暴力を受けてきた経緯があり、父母の離婚後は、母親と敏男で母子生活支援施設へ入所しました。その後、母親の仕事が安定したことから、母子二人での生活がスタートし、学校も新たな小学校へ転校してきました。

　小学校転入後まもなく、敏男は体にあざや傷をつくって登校することが多くなりました。しかし担任教諭が敏男に聞き取りをしても、はっきりとした内容が把握できない状況でした。また、学校生活では授業中落ち着きがなく、他児の顔面を殴ったり、飼育小屋のウサギを蹴ったりする行動が見られました。

　このような敏男の行動に対して担任教諭が指導すると、その場では涙を見せるのですが、後日、友人関係でこじれてしまうとすぐに同様の行動パターンとなります。小学校はあざや傷の状況を虐待と判断し、これまでに2回、児童相談所への通告を実施しています。そのうちの1回は一時保護となりましたが、一時保護を解除された一定期間を過ぎると再び、敏男はあざや傷をつくって登校してきます。

　そのため、小学校では母親との話し合いを数回実施しました。また、他児とのトラブルが発生した時は、その都度、担任教諭が家庭訪問を実施し、母親へ説明を行ってきました。しかし母親は、敏男のことで小学校に呼び出されても絶対に仕事を終えてからでないと来校しません。来校しても、あざや傷についてはほとんど発言をすることはなく、他児への暴力については「（表向きに）**申し訳ありません**」と話すだけです。

　小学校は、母親に対して「今後もあざなどが見られたら児童相談所へ通告します」と伝えています。また、敏男の暴力を受けた他児と保護者への謝罪に関して、母親は「**用事があって行けません**」と言い、相手方に謝罪の電話もされ

ません。今の状況が続くと敏男から他児が離れてしまい、敏男の学校での居場所がなくなるため、母親にも協力をしてもらうようお願いを続けているところです。

　小学校としては、あざや傷をつくって登校した時に、敏男の学校生活が不安定になるのではないか、学校でのトラブルを母親へ報告した後に虐待にあっているのではないか、と推測をしています。児童相談所からは小学校に対し、敏男が良い行動ができるような取り組みを行い、それを母親にフィードバックするように助言をもらっています。しかし、敏男が学校で起こすトラブルが多くなってきているため、その対応に追われているのが現状です。また、学校でトラブルがあった時、学校としては母親にどのように伝えるべきかも悩んでいます。

　そこで、小学校はこの状況を教育委員会に報告し、同時に虐待通告を行う以外に予防的な対応がないのかを相談しました。そこで、教育委員会からスクールソーシャルワーカー事業の説明を受けた小学校は、スクールソーシャルワーカーに相談依頼をしました。

2. 支援内容

　相談依頼を受けたスクールソーシャルワーカーは、すぐに小学校を訪問し、状況把握のために教職員への聞き取りと学級での様子を確認しました。教室に向かうと、授業中に学級から飛び出し、他児にちょっかいをかけている児童がいます。その子が敏男でした。

　この授業時間の観察では、敏男はずっと落ち着かない様子でした。スクールソーシャルワーカーは、校長にまずはアセスメントを実施していくことを伝え、近日中に関係機関を交えた校外ケース会議を実施することを提案しました。また虐待については引き続き、各教員が通告を視野に入れ、観察していくことをお願いしました。

　スクールソーシャルワーカーの学校訪問から数日後、学校は敏男が虐待を受けた状況を再確認し、児童相談所に通告しました。通告を受けた児童相談所は再度、一時保護を決定しました。スクールソーシャルワーカーは、敏男の一時保護期間中、敏男と母親が関わりをもつ児童相談所、家庭児童相談室、放課後

児童クラブに聞き取りを行うことにしました。

　関係機関の聞き取りでは、どの機関も敏男は気になる事例とされており、行政が開催する「要保護児童対策地域協議会」にも事例としてあがっていました。児童相談所での聞き取りでは、スクールソーシャルワーカーは敏男とも会いました。敏男はあどけない様子でスクールソーシャルワーカーに「ここ（児童相談所）は、ブロックで遊べるので楽しいよ」「お母さんには会いたくない」「学校は少しだけ行きたいと思うけど」と話してくれました。そして、スクールソーシャルワーカーが「お母さんが会いたがっているよ」と投げかけると、敏男はちょっと照れた様子で「**嘘やろ**」と言いました。その間も敏男は、相談室をソワソワとした様子で動きまわっていました。

　学校、関係機関等の情報より、スクールソーシャルワーカーは敏男の日常生活における課題が3つあると考えました。1つ目は、「虐待と敏男の不適応行動との関係性」です。学校での敏男の行動観察から、敏男の不適応行動と母親による虐待には連鎖の構図が考えられます。すなわち、「母による暴力⇒学校での不適応⇒学校が母へ報告⇒母による暴力」です。

　2つ目は、「精神科医がみる敏男の状態」です。放課後児童クラブにおいても、学校生活時と同様に他児との関係づくりが難しく、トラブルにつながることも少なくありません。担当の児童厚生員も、困り感とともに敏男の心身の状態を心配しています。敏男の状況に関して、児童相談所の専門医である精神科医は、「発達障害ではなく、虐待からくる情緒障害」との見立てをしており、このまま継続すると反社会的行動へつながっていくと指摘しています。

　3つ目は、「学校以外で見せる母親の姿」です。放課後児童クラブへは、母親が毎日迎えを行っています。その場面で母親は、児童厚生員へ敏男の家での様子（甘えてくるなど）や母親の職場のことについて、時々話をしています。ただ気分の変調があり、不調時は何も言わずに連れて帰るとのことです。

　また、児童相談所や家庭児童相談室では、母親は敏男を叩いたり蹴ったりした事実を認めています。一方で、母親は敏男の児童福祉施設の入所や精神科受診については拒否をしており、「**自分自身で対応します**」と述べています。そして、「**なぜ自分だけ責められるのか**」という発言をすることもあります。

これら3点のポイントを踏まえ、支援計画の策定を目的とした校外ケース会議を開催することにしました。校外ケース会議で決定した支援計画の内容は、以下のとおりです。

【虐待への対応継続】
・緊急時はこれまで通り、通告を行う（各機関が対応）。
・児童相談所による定期（1回／月）の家庭訪問を実施（児童相談所が対応）。

【敏男の学校生活の安定】
・情緒不安定時の個別対応（管理職と他の教員が対応）。
・良い行動（担任教諭のお手伝い）を増やすためのトークンエコノミー法の実施（担任教諭が対応）。
・スクールソーシャルワーカーによる定期面談（1回／週）（スクールソーシャルワーカーが対応）。
・敏男の精神科受診について母親へ情報提供（児童相談所が対応）。

【母親の精神的安定と本音で話せる環境づくり】
・母親との良好な関係形成（担任教諭、その他教員、児童厚生員、家庭児童相談室が対応）。
・学校での取り組み（特に頑張った点）について母親へ報告。学校でのトラブルについては、事実の報告とともに母親を非難していないことも伝えていく（担任教諭が対応）。
・医療機関、スクールカウンセラー、スクールソーシャルワーカーに関する情報提供（児童相談所、家庭児童相談室、担任教諭が対応）。

【敏男と母親を見守る協働体制づくり】
・各機関での情報交換。
・主任児童委員による見守り体制を依頼（家庭児童相談室が対応）。
・第2回ケース会議の実施（1か月後）。

3. 支援経過

　その後、敏男の一時保護がすぐに解除され、学校と関係機関は1か月おきに校外ケース会議を実施していきました。敏男と母親への支援経過は次のとおり

です。

(1) 虐待の状況について

　虐待の疑いは継続していますが、敏男があざをつくって登校することは無くなっています。そのため、児童相談所への通告状況は発生していません。児童相談所の家庭訪問時も母子での落ち着いた様子が確認されています。また、児童相談所の取り組みとして「メンタルフレンド」（大学生派遣）を活用し、敏男は遊んでくれる人にとても懐いている様子です。

(2) 敏男の学校生活状況について

　他児とのトラブルは起こっていますが、以前のような暴力行為までには至っていません。また、授業中や掃除時間に、敏男が担任教諭のお手伝いで頑張ったときには、シールをもらえる取り組みを行っています。シールを10枚貯めると「敏男が好きなB先生とサッカーができる」というご褒美があります。敏男は、このご褒美を大変楽しみにしています。そして、スクールソーシャルワーカーにも、「B先生はとてもサッカーが得意なんだよ」「先生みたいに上手になりたいなあ〜っ」と話してくれました。また、「昨日、お母さんと買い物に行ってお菓子を買ってもらったんだよ」など、家庭での様子を笑顔で語ってくれました。
　精神科受診については母親の意向に沿い、無理をせず様子を見ている段階です。放課後児童クラブでも同様に敏男は落ち着いており、以前より言葉での指示が入りやすくなったとのことです。

(3) 母親の様子について

　担任教諭は、敏男の頑張ったことを連絡帳で母親に報告しています。また、最低でも週に1回は電話連絡でのやりとりを行っています。敏男の一時保護解除後、敏男は学校で他児を叩くことがありました。担任教諭がその事実を母親へ報告すると、母親は素直に受け入れ、敏男を連れて他児の家へ謝罪に行きました。謝罪後も、母親はその児童を気遣う発言をされています。

放課後児童クラブでは、母親をフォローする立場で接しており、以前よりも子育てのことや母親自身のことについても語りだすようになってきています。また、「継父から敏男が暴力を受けた時、かばうことができなかった」などの話もしています。
　児童相談所や家庭児童相談室には、敏男の件で連絡が入ることが少なくなっているようです。

4. 本事例の支援のポイント

　支援のポイントとしては、学校が敏男を支える校内体制を築いていくうえで、関係機関からの助言をもらい、その助言を的確に実施していったことです。今回のスクールソーシャルワーカーの活用も、教育委員会からの助言を受け入れたことによります。そして、スクールソーシャルワーカーを通して、学校と関係機関の校外協働を図っていったことが状況改善に結びついたと考えます。
　2点目のポイントは、学校と関係機関が母子に関して「課題の共通認識」を図っていったことです。特に「虐待をする母」から「支援を必要としている母」への視点の共有は、母親への支援の強化と母親の安心感・安定感につなげていくことができました。この母親の安心感・安定感と敏男の状況改善は、母子の関係性をますます良好なものへとしていきました。
　さらに、敏男の良い行動に関する担任教諭からの母親への報告は、母親による虐待を防止するだけでなく、母親の褒める行動を増し、良好な親子関係の修復につながったと思われます。
　虐待事例は、児童相談所の強制的介入の手法だけで改善するものではありません。「子どもの安全確保」「母子の愛着の確認」「現実可能な生活」という緊急的対応とその後の支援計画を織り交ぜながら、支援者全員がチームとなり同じ方向性を持ち、活動していくことが望まれます。まさにこれが「協働」と言えます。協働を形づくる手法としてはケースマネジメントがあり、今回、スクールソーシャルワーカーはこのケースマネジメントに重点を置いた支援を展開していきました。

【児童虐待事例】

事例 3　性的虐待と学校での失禁がある小学校 3 年生への支援

1．事例概要

　「先生、ちょっと来てください。至急相談があるんです」。金曜日の夕方、担当校の校長から、少し焦った感じでスクールソーシャルワーカーの携帯電話に連絡が入りました。「先生も知っている花子（仮名）ちゃんなんだが、実はおじいちゃんから性的被害を受けているようなんだ」。

　花子は友人とのトラブルも多く、授業中は落ち着きがなく、学校でたびたび失禁が見られます。以前より学校では配慮を要する児童として名前があがっており、スクールソーシャルワーカーも花子のことは知っていました。

　花子は小学校 3 年生の女子で、母親、花子、妹（4 歳）の 3 人家族です。母親の仕事の関係で毎週末、近隣にある母親の実家に花子と妹は預けられていました。花子はこの日も祖父母宅に泊まりに行くことになっていました。しかし、その日の放課後、花子が「家に帰りたくない」と担任教諭に訴えてきたのです。担任教諭が事情を聞くと、入浴時に祖父が性器をさわることを強要してくるため、祖父宅には今日は行きたくないと泣き出したそうです。

　スクールソーシャルワーカーが学校に駆けつけると、花子は保健室で担任教諭と話をしていました。

　担任教諭：「これからどうなるんですか？　先生。実は…花子ちゃんは大げさにものを言うことがあるんです。もし違ったら…。こんなに大きなことになってしまって大丈夫なんでしょうか？」。担任教諭は、スクールソーシャルワーカーの姿を見つけると駆け寄ってきて、心配そうな表情を浮かべて尋ねました。

　スクールソーシャルワーカー：「先生、もし違ったら、安心じゃないですか。もし本当なら、このまま今回動かなければ、花子ちゃんはずっと苦しんだままです。それに、花子ちゃんは先生だから話をしてくれたのかもしれません。通告後は、児童相談所が一緒に対応してくださいます。大丈夫ですよ」。

2. 支援内容と経過

【児童相談所への通告】

校長：「先生、どこに連絡したらいいんだ。児童相談所？なんて話したらいいんだ？」。

スクールソーシャルワーカーは、校長に児童相談所に通告しなければならないこと、通告後はどのような流れが想定されるのかについて説明をしました。そして、校長は児童相談所へ通告を行いました。今回の事例が性的虐待であること、花子が今日祖父母宅に行くことになっていることから、すぐに児童相談所から児童福祉司が来るとの連絡がありました。

児童相談所から児童福祉司が来るのを学校で待つ間、スクールソーシャルワーカーは花子と保健室で待っていました。

花子：「ママから本当は、先生たちに話したらダメって言われてたんだ…」。

スクールソーシャルワーカー：「ママにダメって言われていたんだね…。でもね、先生は、花子ちゃんが話をしてくれて本当によかったと思っているよ。つらかったことを人に話をするのって本当に勇気がいることなのに、花子ちゃんはそれを自分から先生に話すことができたんだから」。

花子：「ママにばれたら怒られるかもしれない…」。

花子は以前、母親に相談したことがあったとのことです。しかし、母親も祖父に注意はしてくれましたが、その後も祖父の行動は変わらなかったとのことでした。スクールソーシャルワーカーは花子の不安軽減のために、花子に対して「子どもの権利について」「児童相談所や児童福祉司、一時保護所のことについて」、わかりやすく話をしました。初めは固かった花子の表情も、話をするうちにだんだん和らいでいきました。

そして、児童相談所の児童福祉司が来校し、花子と面談を行った結果、一時保護となりました。

【母親面談に向けての打ち合わせ】

花子は、下校せずに学校から直接、職権保護をすることになりました。今回、学校から花子が下校せずに一時保護に至ったため、学校からの通告を保護者に

伝えなくてはいけません。そこで、スクールソーシャルワーカーは、保護者が学校に苦情を言ってきたときのために、校長と打ち合わせを行いました。

打ち合わせ後、校長が、「**保護者が学校に苦情を言ってこようが、関係ない。保護者との関係なんてこの際どうでもいいんだ。子どもさえ守れれば。花子ちゃんのことだけを考えよう。ね、先生！**」。校長の温かさと強さを感じた瞬間でした。今回の母親との面談では、花子が家に帰ってきた際に、学校と母親が良好な関係を保てるように、担任教諭は入らず、校長とスクールソーシャルワーカーで対応することにしました。

校長が母親に連絡をとり、母親が来校しました。来校した際に母親は「**親に相談もしないで、勝手に児童相談所に言うなんて！**」と怒っていましたが、校長が落ち着いた対応をされたお陰で、帰り際には「**ご迷惑をおかけしました**」と落ち着いて帰りました。

【校外ケース会議の開催】

一時保護期間中、スクールソーシャルワーカーは児童相談所に出向き、花子の今後の支援体制について随時情報交換を行いました。また、担任教諭や養護教諭らとともに児童相談所に花子の面会に行き、学校と児童相談所の関係強化を図りました。

スクールソーシャルワーカーが児童相談所に確認したところ、花子は一時保護終了後、家庭に戻り、児童相談所の指導のもとで家庭生活を継続していくとのことでした。スクールソーシャルワーカーは、花子が戻ってきてからの学校での支援体制を築くために校外ケース会議を開催しました。

ケース会議のメンバーは、児童相談所児童福祉司、校長、教頭、担任教諭、養護教諭、スクールソーシャルワーカーです。ケース会議では、花子の様子や家庭生活について情報共有を図り、次の4点の課題があがりました。

① 年齢不相応の行動：失禁の際に保健室で着替えをする際も、男児がいてもかまわずに、カーテンを閉めずに着替えてしまいます。また、授業中の失禁に関しても、友だちに聞こえる声で先生に相談に行ってしまいます。

② 授業中の失禁：1日に1〜2回失禁をしてしまい、保健室で着替えてい

ます。
③　自己肯定感の低調さ：友人とのトラブルも多く、注意されることが多いため、「どうせ」「怒られてばっかり」などの発言がよく聞かれます。
④　家庭との協働：もともと母親との連絡がとれないことが多い家庭でした。さらに、今後とも虐待の再発防止も含めて、花子自身がSOSを出しやすい環境をつくっていくことが最も大切であるという確認がなされました。

以上から、次のような支援計画が立てられました。
①　養護教諭によるカードを利用したトイレットトレーニング。
②　養護教諭とスクールソーシャルワーカーによる教材を活用した性教育。
③　花子自身が頑張ったことを記入する「頑張りカード」をスクールソーシャルワーカーが作成する。花子の面談の際にカードを活用しながら、肯定的な行動を褒めていく。この面談の際に、虐待の再発についても確認を行う。
④　母親と学校との協働に向けて、母親、担任教諭、養護教諭、スクールソーシャルワーカーによる面談の設定。

3. 支援経過

【失禁の減少】
　養護教諭と毎日カードを使い、トイレに行った時間や回数をチェックすることで、失禁前にトイレに行く促しへとつながり、失禁が減少しました。

【養護教諭とスクールソーシャルワーカーによる教材を活用した性教育】
　養護教諭が教材を準備し、放課後の時間に3回にわけて、身体の中で見られて恥ずかしい部分、恥ずかしくない部分について、花子に話をしていきました。また、失禁した際や着替える際に、人前ではなく、実際にどのような行動を行うのかを具体的に教え、その行動確認をしていきました。これにより、花子もやり方を覚えていき、人前で着替える行動はなくなっていきました。

【自己の行動を肯定的にとらえられるようになり、肯定的な発言が増加】
　毎週、スクールソーシャルワーカーと花子との面談の時間を設けました。こ

の面談では、「"花子が頑張りカードに書くこと"＝"花子が認めて欲しいこと"」ととらえ、スクールソーシャルワーカーは花子の頑張りを認めていきました。初めはなかなか頑張りカードを書けなかった花子ですが、面談回数を重ねるごとに書くことが増えていきました。同時に、頑張ったこと１つにポイントを集めて進んでいく「すごろくカード」を作成し、花子が頑張ったポイントが５つ集まれば、その都度、花子の好きなシールを１つ貼るようにしていきました。

スクールソーシャルワーカーは、花子の話を絶対否定しないというルールのもとで面談を行い、花子にとって安心できる空間づくりを行いました。また、この面談は、花子への虐待の再発の有無を確認する場でもありました。

【学校と母親との良好な関係強化が図れた】

これまで母親が学校に来た際は、校長が主に対応をしてきました。しかし今回は、あえて校長には席を外してもらい、場所も校長室ではなく保健室で面談を行うことにしました。メンバーは母親、担任教諭、養護教諭、スクールソーシャルワーカーですが、互いに女性で年齢も近いため、母親の表情も初回の面談に比べ穏やかな表情でした。母親とは２か月に１回の面談を設定し、花子の支援について話し合いを重ねていきました。

学校と母親との良好な関係強化が図れたことで、以前は学校からの電話をほとんどとらなかった母親ですが、今では学校からの着信に折り返し電話をかけてくれるようになりました。

4. 本事例の支援のポイント

今回、花子の話を最初に聞いたのは担任教諭でした。小学校では担任教諭と児童たちが過ごす時間が長いため、虐待をキャッチする機会も増えます。担任教諭は、自分が聞いた内容を校長に報告したことで職権保護に至り、大きな出来事になっていったこと、内容が性的虐待であったことで大変なショックを受けていました。そのため、スクールソーシャルワーカーは花子に対する支援に取り組んでいくとともに、並行して担任教諭への心のサポートをしていきました。さらに、学校ではスクールソーシャルワーカーから「虐待通告の義務」に

ついて、職員会議で急きょ研修を行い、教職員全体で虐待対応への理解を深めていきました。
　花子は日頃より注意を受けることが多いため、花子自身「**自分は認められていない**」という気持ちが非常に強い子どもでした。そのため、スクールソーシャルワーカーとの面談では、花子の思いをそのまま受け入れる姿勢を伝えることから始めました。
　花子の一時保護終了後、母親は仕事を調整し、週末は子どもたちと一緒に過ごすようになりました。そのため、祖父からの性的虐待はありません。ただし、児童相談所からの経過観察は継続的に受けており、花子の虐待を発見しやすい学校が花子のSOSを早くキャッチし、またそのSOSを、花子が出しやすい環境を作っていく必要があります。さらに、学校は花子と家庭との良好な関係強化を図っていくことが支援のポイントです。

【児童虐待事例】

事例 4　性的虐待を受ける小学校 4 年生への支援

1．事例概要

　美咲（仮名）は元気で活発な小学校 4 年生の女子です。しかし、美咲は友達と仲よくしたいのだけれど、なぜか喧嘩ばかりしてしまうことに悩んでいました。

　美咲は父親と二人で暮らしています。両親は 1 年前に離婚し、母親と中学 2 年生の兄が家を出ていき、別々に暮らしています。両親が離婚する前から、父親は毎日遅くまで働いていました。帰りが遅く、お酒を飲みすぎて酔っぱらって帰ってくることもよくありました。このことが原因で、両親はよく喧嘩をし、父親が母親に暴力をふるうこともありました。

　美咲は、両親が喧嘩をするのが大嫌いで、仲よくしてほしいと思っていました。そのため、両親の喧嘩が始まると、兄と近所の公園へ行き、喧嘩が終わるまで二人で一緒に時間をつぶしていました。美咲が小学校 3 年生になって、ついに両親は別々に暮らすことを決めました。

　母親は兄を連れて家を出ていきました。美咲は母親と一緒に住みたいと思っていたけれど、その願いはかないませんでした。そのため、家で父親と二人で暮らすことになりました。美咲は父親のことが大好きです。しかし、お酒を飲んでいるときの父親は大嫌いでした。

　美咲の通う小学校は、1 学年 1 学級のアットホームな雰囲気の学校で、美咲は学校が大好きです。友達がいて、先生たちも優しくて、学校にいる時間がいちばん落ち着く時間です。なかでも、4 年生の担任教諭は若くてかっこよく、美咲は兄のように慕っています。学校は楽しいし友達も大好きなのだけれど、美咲は友達との喧嘩が絶えませんでした。

　美咲は「**仲よくしたい**」と思って友達を誘うのだけど、逆にしつこいと敬遠され、身勝手な行動をとって仲よく遊ぶことができずかんしゃくを起こしてしまうこともよくありました。しだいに、友達は美咲のことを遠ざけるようにな

りました。

　また、美咲は小学校入学時より、家庭での生活に気にかかる状況がありました。例えば、何日も同じ洋服を着てきたり、生理中でもきちんと処理をせず汚れたままの下着を着てきたり、歯を磨いたり髪の毛を洗ったりなどの整容もできておらず、清潔感に欠ける状態でした。

　また、学用品もそろわず、忘れ物も多い状況です。このような美咲の状況も、友達が快く思っていない一因でした。また美咲自身も、大人びていく周囲の女の子たちとなじめない、周囲の成長から置いて行かれているような印象を抱いていました。

　担任教諭は、美咲が父親からネグレクトされているのではないかと心配していました。そして、このような状況を打開したいと、美咲の父親に相談を持ちかけました。担任教諭は、「身の回りを清潔に保つことや、学用品をそろえることなど、家庭でできることを協力してほしい」「このままの状況が続くと、美咲さんがいじめられる状況になるのではないか」と話し、父親に協力して支援してもらうことを投げかけました。

　しかし父親は、「子どもの世界に大人が首を突っ込むものではない」「子どものいじめは学校が未然に防止すべきであり、家庭に依拠してはいけない」「自分の指導力の無さを家庭のせいにするとはなにごとか」など、声を荒げ拒否的な発言を繰り返しました。それからというもの、父親は「担任が、娘がいじめられるような構図を教室内にわざと作っている。いじめ社会の縮図だ」「教師たるもの保護者からの連絡を24時間取れるように、携帯電話や住所などの連絡先を開示しなければならない。教師に個人情報はない」など、担任教諭や学校に対して強く批判的な言動をとるようになりました。

　困った担任教諭は、美咲の生活状況や友達関係で心配な点に対する取り組み、関係性を築くことが困難な家庭との協働の仕方について、校長に相談をしました。すると校長はスクールソーシャルワーカーへ相談することを提案し、担任教諭がスクールソーシャルワーカーのもとへ相談に来ました。

2. 支援内容

【アセスメント】

　担任教諭より相談を受けたスクールソーシャルワーカーは、美咲の現在の状況や思いを確認するために、美咲と面接を行うことにしました。担任教諭は、美咲が話しやすいように、「美咲さんが今困っていることや、悩んでいることを話してごらん。スクールソーシャルワーカーは、美咲さんやお父さん、先生たちと一緒に解決の方法を考えて応援してくれる方だよ」と、スクールソーシャルワーカーのことを紹介し、初回の面接が始まりました。最初は恥ずかしがっていた美咲でしたが、すぐにスクールソーシャルワーカーに打ち解け、いろいろなことを話し始めました。

　美咲は友人関係のトラブルについて、「仲よくしたいと思って自分から寄っていくと嫌われるの。理由がわからない」「仲よくしたいと思っている人が、他の子と仲よくするのがすごく嫌なの」と話しました。面接中の美咲の様子は集中力が続かず、スクールソーシャルワーカーを遊びに誘い手遊びをするなど、落ち着かない様子が見られました。

　スクールソーシャルワーカーは、美咲が同じ年齢の児童に比べ非常に幼いような印象を受け、また言葉の選び方や遊びへの誘い方などの社会性が未定着である点が気になりました。話し好きで人懐っこい美咲との面接は和やかに進んでいました。しかし、家庭での過ごし方や家族のことに話が及ぶと、表情が次第に曇っていきました。美咲は「家のことは話すことは何もないよ」「大丈夫」「お父さん忙しそうなんよ」など、あまり言及しないでほしいといった様子でした。そのため、スクールソーシャルワーカーは家庭の話ができるくらいの信頼関係の構築をするということに重点を置き、継続的に美咲と面接をすることにしました。

　次に、スクールソーシャルワーカーは家庭での生活状況や父親の考えを確認することを目的に、父親との面接を行いました。父親は、開口一番に学校や担任教諭に対する不満を話しました。スクールソーシャルワーカーは、じっくりと父親の不満に耳を傾けました。スクールソーシャルワーカーとの面接が進む中で父親は、学校や担任教諭から「親として失格である」という烙印を押され

ているような気がし、攻撃的になっていることを打ち明けました。
　また、美咲が思春期にさしかかっている年齢で母親がいないことに対する不安、美咲のわがままな自己表現の仕方にイライラするため怒鳴りつけてしまうこと、女の子の育て方がわからないことなど、育児に対する悩みを話しました。加えて、父親は体調不良が続き通院しているために十分に働けていないこと、母親と別居してから精神疾患を抱えるようになり、一度怒り出すと歯止めがきかなくなってしまうこと、美咲の身の回りの世話が十分できていないことについて申し訳なく思っていることなどを話しました。
　そこで、スクールソーシャルワーカーは、父親の悩んでいる状況について十分に理解を示し、美咲が生活技能やコミュニケーション力を習得することを通して、学校で友人と楽しく生活できる環境を整備すること、父親の育児支援について、一緒に取り組んでいくことを話しました。

【校内における支援計画】
　面接の結果を受け、スクールソーシャルワーカーは小学校で美咲への支援方針を話し合うことを目的に、校内ケース会議を開催しました。校内ケース会議には、校長、教頭、担任教諭、養護教諭、スクールソーシャルワーカーの５名が参加しました。このメンバーは、小学校における児童支援の中心メンバーで、定期的に支援が必要な子どものことを話し合う会を設け、情報交換を行っているメンバーです。
　以前からこの会でも、美咲が友人との関係を良好に保てないことや不衛生であることなど気になる様子が議題にあがっており、なるべく多くの教員が美咲とかかわりを持つように取り組んでいました。しかし、具体的な支援方針の検討をするのは今回の校内ケース会議が初めてでした。
　校内ケース会議では、まず各メンバーが美咲とかかわって感じている課題や現状について情報交換をしました。そして、スクールソーシャルワーカーより、父親の不安定な精神状況や生活状況をかんがみると、美咲に対して非常に権威的に接しており、虐待をしている可能性があることを含めて支援の方針を検討する必要があることを話しました。

これらの協議を通して、校内ケース会議では次の支援計画を立てました。
① 美咲が校内で安心して生活できるようになる取り組み
  a）担任教諭を中心に、道徳や特別活動等の時間を利用し、集団のなかでコミュニケーション力を習得できるようなソーシャルスキルトレーニングやコミュニケーショントレーニングを実施する。
  b）養護教諭を中心に、整容や衛生面での指導など、美咲が生活技能を習得する取り組みを行う。
  c）なるべく多くの教員が美咲とかかわりを持つようにし、細かい変化に気づけるようにする。
② 家庭との協働および父親の支援
  a）何かあった時ではなく、日常的な父親との情報交換を心がける。
  b）父親の学校への拒否感が強いことを考え、スクールソーシャルワーカーが仲介をしながら、美咲が困っていることの代弁や父親の困っていることの抽出など、家庭との円滑な情報交換を図る。
  c）家事支援などの具体的な育児負担の軽減や育児の悩みについて、市の子ども家庭相談担当窓口などの社会資源を紹介し、支援体制を構築していく。
③ 危機介入の視点の共有
  a）スクールソーシャルワーカーより、父親の精神的な不安定さや「**一度怒ると歯止めがきかない**」と言っていること、美咲自身が父親や家庭のことを多く語ろうとしないことなどから、虐待されている可能性があることを含め、危機介入の視点を持ち支援することが提案され、最優先事項として取り組むことが決められた。
  b）担任教諭を中心とした教員の日常的なかかわりやスクールソーシャルワーカーの定期的な面接のなかで、家庭での生活状況の把握や美咲の様子や発言の細かい変化など、情報収集を行う。
  c）虐待を受けているリスクを踏まえ、児童相談所や市の子ども家庭相談窓口と情報を共有し、支援の方針を決める。

【危機介入】

　校内ケース会議を終えて、スクールソーシャルワーカーは児童相談所および市の子ども家庭相談窓口に相談の連絡を入れ、近日中に関係機関が学校に集まり校外ケース会議を行うことが決まりました。またそれまでの間、学校は美咲の見守りを継続することを要請されました。

　担任教諭は、これまでの美咲の変化を視覚的にとらえることができるよう、美咲の生活状況や学校での様子、父親とのやり取りなどを記録にまとめました。またスクールソーシャルワーカーは、美咲との面接を継続しました。美咲の集中力が続かないことや、生活技能が未定着なことも考慮し、遊びやソーシャルスキルトレーニングの要素を取り入れながら面接を行いました。

　美咲はスクールソーシャルワーカーとの面接を重ねるにつれ、安心感を抱くようになり、いろいろな話をしてくれるようになりました。そして、ついに美咲から衝撃的な話を聴くことになります。母親と兄が家を出ていってから、とてもつらい思いをしていること、家庭内では父親との会話はほとんどなく、話しかけると叩かれるなど強い叱責を受けること、週に１回母親と交流の機会があり父親のことを相談するが相手にしてくれないこと、父親が美咲との入浴を強制し、入浴中に性的行為を強要してくることなどを打ち明けてくれたのです。美咲は話し終えてから、家に帰りたくないと泣き出しました。

　スクールソーシャルワーカーは、美咲に「悪いから叱られているわけではないこと」「美咲ちゃんは大切にされるべき存在であること」「安全な場所や大人もいること」、そして、この状況を速やかに解決していくために「美咲ちゃんの力になること」を伝えました。スクールソーシャルワーカーは、美咲が虐待を受けている状況が深刻であり、緊急性が高いと判断し、校長に報告し、校長は児童相談所へ虐待通告を行いました。

3. 支援経緯

　スクールソーシャルワーカーからの虐待通告を受け、児童相談所はすぐに学校に来校し、美咲と話をしました。美咲には、児童相談所の児童福祉司が来る意味を、スクールソーシャルワーカーが丁寧に説明しました。はじめは不安そ

うな顔をしていた美咲でしたが、児童福祉司が優しく声をかけ美咲の話に耳を傾けると、安心した表情に変わり、父親から受けていた虐待について包み隠さず語りました。美咲の被害の状況を重篤であると判断した児童福祉司は、美咲を緊急一時保護しました。

父親は児童相談所に対して、「人さらい」とののしり、学校に対しても「**子どもを売る最低の機関**」と罵声を浴びせに来ました。しかし、児童相談所の調査の結果、美咲が就学前から父親は繰り返し性的暴行を行っていたこと、母親も事実を知りながら容認していたことなどが明らかになりました。そして、父親はそれからしばらくして逮捕されました。

一時保護所でも美咲は、入所している他の子どもとのトラブルが絶えませんでした。環境の変化が苦手な美咲は、入所中の子どもたちともなじめずにさみしく過ごしていました。また、自分の気持ちや欲求をコントロールすることができずに、かんしゃくを起こすようなこともたびたびありました。スクールソーシャルワーカーは児童相談所と連携を取りながら、入所中も週に1回一緒に勉強したり遊んだりする時間を継続しました。慣れている人と話をすることで、美咲も落ち着きを取り戻すようになりました。

一時保護の期間を経て、美咲は里親のところに身を寄せることになりました。生活が落ち着いた今でも、美咲は虐待を受けていた時のつらい思いや、父親への恐怖感と闘いながら日々を過ごしています。里親宅を訪問した時に見せた美咲の屈託のない笑顔を、スクールソーシャルワーカーは忘れることができません。

4. 本事例の支援のポイント

この事例の支援のポイントは、スクールソーシャルワーカーが美咲の危機的状況を正確に感じ取ることができるアセスメントができるかどうかです。担任教諭から相談があった当初は、美咲が対人関係を良好に構築できないこと、父親からネグレクトされている可能性があること、家庭との連携困難を主訴に支援を開始しました。そのため、スクールソーシャルワーカーは養育の中心である父親に寄り添い、その状況に合わせてかかわりを持ち続けました。しかし、

収集した情報や美咲との会話などさまざまな状況を通して、美咲が父親から深刻な性的虐待を受けていることに気づき、危機的な場面で積極的に介入することができました。また、スクールソーシャルワーカーが日常的に関係機関とのネットワークを構築し、情報交換を密にしておいたことが、危機的な状況がとっさに起きたときの機動力につながったと考えます。

スクールソーシャルワーカー体験記

「私の得意なこと」

　ある日、生活の授業で校庭にいた1年生のところに行くと…「これ、おいしいかな？」と聞かれ、「おいしくないよ。こっちの花の蜜はおいしいよ。花びらも甘いよ」「すご〜い！じゃあ、これは？」「これは、まあまあ」得意げに答えていると、「これ見てください」と担任の先生が来ました。「バッタ。おいしそうですね。イナゴだったら、ここをむしって…」「先生、私、虫は食べたことありません…」「え〜！？こんなにおいしいものを？」

　とてもかわいい東北出身の先生にはかなわないかもしれませんが…

　私は自分の体験から、校庭にある草・花・木の味と、食べてはいけない草花を教えられるスクールソーシャルワーカーです！

【児童虐待事例】

事例 5　父親からの身体的虐待があり、ある日飲酒して登校してきた小学校6年生への支援

1．事例概要

　「学校にお酒を飲んでベロベロで登校した子どもがいるんだけど、どうしたらよいですか？」そんな耳を疑うような学校からの電話で、すぐさま脳裏に一人の子どもの顔が浮かびました。その子どもの名前を聞いて、「またか…」という気持ちで小学校に向かったことがあります。

　洋介（仮名）は小学校6年生の男子です。父親、姉（高校1年生）、洋介の3人家族です。両親は洋介が小学校2年生の時に離婚しました。父親は近所の運送会社に勤めていますが、毎日の帰宅時間はとても遅く、家事や子育ては姉に頼ってばかりでした。その姉も学校には行けていません。洋介の話では、姉は家で過ごすことが多く、タバコや飲酒をしているようです。離婚した母親は現在、別の家庭を築いていますが、年に数回は姉や洋介と会う機会があるようでした。

　洋介とスクールソーシャルワーカーの出会いは小学校5年生の時です。担任教諭から「**最近、毎日同じ洋服で登校する子がいるんです**」との相談がありました。すぐさま学校に来ている本人を見つけ、スクールソーシャルワーカーは面談の設定をしました。

　洋介との初対面の交流では、スクールソーシャルワーカーからの一方的な自己紹介と質問の投げかけに対し、洋介が頑なに無視をするという最悪の出会いから始まりました。しかし、スクールソーシャルワーカーから何度も声かけをするうちに、洋介は返事を返してくれるようになりました。

　担任教諭によると、洋介は自分を叱る先生には攻撃的になる状況が続いたようです。そのため、初めて出会うスクールソーシャルワーカーに対しても、洋介は警戒心が強くあったようです。また洋介は、数々の問題行動を起こしていました。家には帰らず友人宅を泊り歩くことが続き、児童相談所に一時保護になったり、友人に対して暴力事件を起こしたりしていました。学校の登校も、

毎日、担任教諭か管理職が迎えに行き、眠っている本人を起こして登校を促し、給食時間前に登校するといったリズムになっていました。洋介の登校に関しても父親は無関心で、学校も父親との連絡がつきにくい状況でした。

スクールソーシャルワーカーが洋介に父親のことを聞くと、日常生活で父親と会話をすることはほとんどなく、話すときはいつも叩かれながら叱られるときだけとのことでした。

洋介も6年生に進級し、春にはすぐ運動会が行われました。そのための練習は、いつものように気まぐれに参加はしていました。教員らの配慮で何とか運動会への参加が期待されたのですが、洋介は練習不足を理由に欠席しました。父親は、洋介の運動会には全く興味がなかったため、欠席をしても父親には叱られずに済み、洋介には都合が良かったようです。ただし、自分の同級生とは、この運動会に参加しなかったことで、さらに溝ができてしまったようでした。

運動会から数日後、朝方珍しく自分の力で登校してきた洋介を教頭が見つけました。教頭が喜んで迎え入れようとすると、すぐに異変に気づきました。洋介の顔は赤く、千鳥足でした。高揚した気分で多弁に話す洋介に、教頭は「どうしたの？」と聞くと、洋介は「学校に来る途中の酒屋さんの前の自動販売機で、500mlのチュウハイを買って一気飲みした」と笑顔で答えました。教頭は他の子どもたちには知られないほうがよいだろうと思い、洋介をいったん保健室に連れていき、様子を見た後で、養護教諭が自宅に送り届けて休ませることにしました。しかし、父親に連絡をするのですが、父親は電話に出てこない状況でした。そのため、スクールソーシャルワーカーに相談依頼がきたのです。

2. 支援内容

スクールソーシャルワーカーはその日、中学校を巡回していたのですが、連絡を受けてすぐに小学校へ急行しました。学校に着いて、直ちに校内ケース会議が開かれました。参加者は、校長、教頭、主幹教諭、担任教諭、そしてスクールソーシャルワーカーです。

会議では、洋介が今日登校してからの様子を確認し合いました。洋介がお酒をどのように飲んできたのか、教員は洋介にどのような対応を行ったのかなど

を事細かに確認していき、記録に残していきました。そして、これからの支援計画を検討し、以下の取り組みをしていくことにしました。

① 日中にスクールソーシャルワーカーが児童相談所に連絡を入れ、児童相談所の児童福祉司と一緒に家庭訪問をする。この取り組みは、洋介が児童相談所での一時保護歴があり、児童相談所と父親との接触があること、そして今後、父親にはしっかりと洋介への対応をしてもらう必要があることによります。

② 連絡の取れない父親に対して学校は職場に電話をし、確実に家に帰って来てもらうように事情を伝える。

会議後、洋介を自宅まで連れて帰った養護教諭が学校に戻ってきました。自宅には姉がいたため、洋介の見守りをお願いしたとのことでした。養護教諭の報告を受けた後、校長は父親の職場に電話をかけ、何とか連絡を取ることができました。父親からは「**昼にしか帰れない**」との返答でした。そのため、父親には昼に自宅に帰って来てもらう約束をしました。スクールソーシャルワーカーも児童相談所に連絡を入れ、児童福祉司に昼までに学校に来てもらい、その後、一緒に家庭訪問を実施することを了解してもらいました。

昼過ぎ、児童福祉司とスクールソーシャルワーカーは洋介の自宅に向かいました。家に着くと姉が対応してくれ、家の中に通してくれました。しかし、リビングはゴミ屑やタバコの吸い殻、ジュースやビールの空き缶が散乱しており、小学生がいる家庭の雰囲気は全く感じさせない状態でした。洋介のお酒の酔いもさめていたため、児童福祉司やスクールソーシャルワーカーが身体の調子やどうしてお酒を飲んできたのかなどを尋ねました。そのときです。父親が帰ってきました。

父親に「**お先にお邪魔しています**」と言葉をかけた瞬間、父親は洋介を見るなり、洋介に向かって足早に詰め寄り、児童福祉司とスクールソーシャルワーカーがいる目の前で洋介を殴る、蹴るといった行為に出たのです。すかさず、児童福祉司とスクールソーシャルワーカーが父親を制止するのですが、父親の怒りが収まらず、児童福祉司やスクールソーシャルワーカーにも激しく恫喝してきました。洋介を守りながら、父親が落ち着くのを待ちました。

父親の虐待が現認されたこと、父親が「もうどこへでも連れて行ってくれ」「見切れない」と言ったので、その場で児童福祉司は職権保護の手続きを取り、一時保護をすることになりました。あまりにも突然の事態でした。

児童相談所に一時保護となった後、保護所の中でも洋介は問題を起こしていると聞いて、スクールソーシャルワーカーは何度も面会に行きました。洋介は「保護所の中の規則が守れない」「早く家に帰りたい」と訴えました。スクールソーシャルワーカーが「どうして？」と尋ねると、洋介は「叩かれても我慢すればそれでいい」「好きなことができる」と答えました。洋介にとって家は、自由に振る舞える場所でしかないのです。

そこで、スクールソーシャルワーカーは、小学校や教育委員会、児童相談所を集めて、洋介の今後の支援の方向性を検討していく会議を開きました。会議では、洋介を自宅に戻すことを危惧する意見がほとんどでした。思案が続くなかで、小学校からの情報として、以前洋介が低学年のときに伯母（母親の姉）が授業参観に来ていたことが報告されました。伯母は隣町で家庭を持っていますが、洋介に対してはかなり心配してくれていたとのことでした。すぐに低学年時の要録をひもとくと、付箋でその伯母の連絡先が記載してありました。そこで、次の支援計画が立てられました。

① 伯母に連絡を取る。連絡者としては、洋介の状況を客観的に伝えることができるスクールソーシャルワーカーが担う。

② 父親への対応は児童相談所が担当する。父親が洋介と向き合えるように、洋介の気持ちを父親に伝えていく役割を担う。

③ 小学校は、教員たちが洋介の気持ちを受け止めていく対応の仕方を検討していく。

次の日、スクールソーシャルワーカーは伯母に電話をしました。伯母は、終始穏やかに話をしてくれました。伯母は、父親から洋介がなかなか言うことを聞いてくれないこと、学校でもうまくいっていないことなどを聞いていたとのことでした。今回、洋介が児童相談所に一時保護になったことも、その日の夜に父親から連絡を受けていたとのことでした。

スクールソーシャルワーカーがこれまでの洋介の関わりを詳細に説明したと

ころ、伯母は「私の家に遊びに来た時には、洋介は自分の息子たちのお世話もしてくれるし、言うこともしっかり聞いてくれますよ」「夫とも良好な関係です」と、学校や地域では見せない洋介の話をしてくれました。そして、洋介は母親が大好きだったことも教えてくれました。洋介は伯母に対して、自分の母親の面影を探していたのかもしれません。スクールソーシャルワーカーは、洋介にとって今の生活環境が適切ではないように思えることを伯母に話しました。すると伯母も、「私たち夫婦も以前から洋介を引き取って育てていけないかと話し合っていました」と言われました。まさに、洋介への支援の希望の光が見え始めました。

3. 支援経過

　その後、洋介は伯母のもとで生活することになりました。児童相談所は洋介や父親との面接に加え、伯母とも入念に洋介の将来について面接をしていきました。今の家に戻っても父親との関係は今までどおりであろうし、何より洋介が伯母と一緒に生活したいと話をするようになっていきました。伯母は洋介に「今までどおりの生活はさせないよ」と伝え、洋介もそれに応えるように徐々に児童相談所の保護所内でも落ち着いて生活できるようになっていきました。

　洋介が児童相談所を退所する前に、スクールソーシャルワーカーは支援の終結のためのケース会議を開きました。会議では次のことが確認されました。

① 学校は、洋介が転校する小学校への申送りと定期的に洋介の状況を転校先の小学校から教えてもらうこと。
② 教育委員会は、父親が児童手当や児童扶養手当等の申請に役所へ来た時に担当課より連絡をもらい、父親に対して洋介の様子を聞きとっていくこと。
③ 児童相談所は、洋介に何か起きた時はすぐに対応していくこと。
④ スクールソーシャルワーカーは、洋介が新しい生活に慣れるまで、伯母と連絡を取っていくこと。

　その後、洋介が転校して数年が経ちますが、洋介が問題行動を起こしているといった噂を聞くことは全くありません。洋介が新しい家庭でたくさんの愛情

を得ていることだろうと願うばかりです。子どもは自分の気持ちを素直に表現することができません。その行動の背景を大人がしっかりわかろうとしなければならないと洋介を通じて理解することができたと思います。

4．本事例の支援のポイント
(1) 冷静になって事例の概要を把握することが大切
　本事例のように、「こんなケース、聞いたことがない！」と言いたくなるほど、どのように取り組んでいったらよいのかわからなくなる事例が飛び込んでくることがあります。このような事例では相談相手も焦ってスクールソーシャルワーカーに相談してきますので、まずは「いつ・誰が・どこで・何をしたのか」を詳細に把握していくことや、記録を残すことが大切です。

(2) 粘り強く本人の思いを引き出して行くことが大切
　本事例は、あまり自分の思いを話せない子どもへの支援でした。そのような子どもが児童相談所に一時保護された場合、すぐに何でも話ができない子どもたちがいます。そのようなときこそ、子どもの代弁者として、スクールソーシャルワーカーの役割機能を発揮するべき時だと思います。一時保護中の子どもたちは今後の不安と孤独で言葉がでにくくなることがあります。洋介の「父親から叩かれても我慢すればそれでいい」「好きなことができる」という言葉から、家庭が本人の心の安定した居場所となっていないことが理解できました。スクールソーシャルワーカーは、子どもたち本人から発せられる思いを支援につなげていくことが大切だと思います。

(3) 協力者の発掘をする
　今回、洋介にとって心の居場所となりそうな伯母の存在を見つけ出すことができました。伯母に洋介の事情を伝え、洋介の引き取りにつながっていった経緯には、洋介の支援に多くの大人たちが取り組んでいた熱意が届いたのだと思います。支援での八方ふさがりになってもあきらめず、協力者を探し続けることが良い結果につながります。

1章 子どもへの直接支援

【児童虐待事例】

事例 6　伯父からの性的虐待を受けていた中学3年生への支援

1．事例概要

　「お母さんには言わないで…」、中学3年生の志穂（仮名）が長年にわたり伯父から性的虐待を受けていることを担任教諭に切り出しました。担任教諭は、どう言葉を返してよいかわからず、「わかった」としか返答することしかできませんでした。

　志穂は母親との二人暮らしです。志穂には、小学校6年生から原因不明の不登校が続いていました。担任教諭は単なる怠学に思えず、入学時から週に1度のペースで定期的に家庭訪問を行っていました。この日もいつもどおり自宅を訪問し、志穂の部屋で進路のことなどを相談しようと考えていました。しかし、思いもしない突然の告白に担任教諭は驚きを隠すことができませんでした。

　訪問を終えて学校へ戻った担任教諭はとても悩みました。このまま志穂の言うとおり母親に黙っていてよいのだろうか？同じ女性として堪えがたい怒りと悲しみに加え、担任として何もしてあげられなかった後悔とざんげの気持ちで心のなかはいっぱいでした。

　両親が離婚したのは、志穂が3歳の時です。父親の顔は覚えていません。母親は女手一つで志穂を手塩にかけて育ててきました。昼夜を問わず仕事に励み、母と子二人三脚でここまで歩んできたのです。いつも母親の背中を見つめ続けていた志穂は、とても素直で我慢強い性格であり、小学校5年生までは無遅刻・無欠席で成績も優秀でした。そんな志穂が母親以外に心を許すことができる数少ない大人の一人が、近所に住む母親の兄にあたる伯父でした。

　伯父は志穂の父親的な存在として、幼い頃よりとてもかわいがってくれていました。そんな大好きな伯父が志穂に接触してきたのは小学校6年生への進級を控えた春休みのことでした。志穂は、母親は夜勤のため帰宅が早朝になると聞いていました。一人で過ごす夜、酒に酔った伯父が家にやって来ておもむろに志穂の布団のなかへ入ってきました。そして、志穂は伯父から性的被害を受

けました。

　この日を境に、伯父は事あるごとに母親の不在時をねらっては、志穂に接触する機会が増え、志穂は誰にも相談できないままでいました。そして、志穂が不登校となったのは、その後まもなくのことです。

　志穂の告白を聞いた翌朝、夜通し悩んだ担任教諭は、過去に何度か志穂と接触したことのあるスクールソーシャルワーカーに相談しました。

2．支援内容
【緊急ケース会議から始動する支援の方向性】

　担任教諭から相談を受けたスクールソーシャルワーカーは、これまで中学校が行ってきた支援経過について丁寧に聴き取りを行いました。そのなかで、志穂が現在も伯父からの性的虐待を受けていることを確認したことから、校長とも協議のうえ緊急のケース会議を開きました。

　ただし、今回は非常に繊細な問題を取り扱うことから、参加したメンバーは、校長・教頭・担任教諭・養護教諭・スクールソーシャルワーカーの5名と少数で構成されました。

　会議では、担任教諭から志穂とのやり取りについて詳細な説明がなされました。性的虐待の事実関係については不確定要素も多いなか、今後の学校が行うべき対応について慎重に協議を行っていきました。その結果、まずは校長が児童相談所に対して虐待通告の一報を入れることを決めました。ただし、志穂の「思い」を尊重していきたい担任教諭の強い意向を受け、即座の介入については見合わせてもらうよう協力を要請するとともに、その状況の推移については逐一、学校から児童相談所へ報告することで理解を得るよう働きかけることにしました。そのうえで、学校は志穂本人の「思い」について速やかに確認を行い、状況を精査していかなければなりません。

　ただし、担任教諭だけの対応では客観的な情報収集が難しいことから、スクールソーシャルワーカーが志穂の了解を得たうえで同行して、面談に参加することになりました。また、志穂のなかで納得することができれば、事実関係を母親に伝えたうえで、この問題の解決策を一緒に検討していくことが望ましいと

いうことで共通理解を図っていきました。
　なお、この性的虐待は家庭内でのトラブルであるため、過度に学校が支援に入り込むことがないよう校長から指示が出され、必要な場合には速やかに校内で協議のうえ、関係機関と協働していくことを確認しました。あくまでも学校側は、本人の不登校問題の解決に向けた支援という役割を果たしていくことを意識した個別支援計画を立てケース会議を閉じました。

【志穂の思いと母親への告白】
　緊急ケース会議を終えたその日の夕方、担任教諭とスクールソーシャルワーカーは家庭訪問を行いました。母親に、志穂に話をするために訪問したことを伝え、志穂の部屋で話すことになりました。担任教諭は、今回の家庭訪問の目的を志穂に説明しました。すると、何かが吹っ切れたかのように、志穂はこれまでの出来事を語り始めました。
　志穂自身は、今回の性的虐待の事実が明らかになることで、これまで仲よく暮らしてきた母親やかわいがってくれた伯父との関係が崩壊することを最も危惧していました。スクールソーシャルワーカーと担任教諭は受容と傾聴の姿勢に徹し、最後まで志穂の気持ちを共感的に理解していくよう努めました。その後、1時間ほどかけてこれからについて話し合いを行った結果、志穂は勇気を出して母親にすべてを打ち明けることを決意しました。
　自宅の居間に場所を移して母親も交えての面談が始まりました。場の空気を察知した母親も神妙な表情で席に着きました。志穂は緊張した面持ちながら、ゆっくりと言葉を選びながら母親に話し始めました。すべての話を終えた後、母親は涙を浮かべ、「志穂、これまでつらい思いをさせてごめんね」と声を振り絞りました。それ以上は言葉にならず、母と子は涙を流して抱き合いました。
　今後の対応については、志穂の強い希望で警察に被害届は出さないことになりました。その代わり、母親が伯父と話をして事実確認を行い、それが認められた場合には今後一切、本人との接触をしないよう求めることにしました。
　ただし、状況次第で起こりうる報復等のリスクに対する不安を母子ともに強く感じていることから、関係機関を交えた校外ケース会議を近々に行い、厳選

された関係者と危機的状況への対応策について協議をすることになりました。

　さらに、志穂はこの日まで誰にも打ち明けていなかったのですが、性的虐待を受けて以降は長らく不眠傾向にあり、そのストレスも多分に影響してリストカットを繰り返していました。そのことについては、できるだけ早い段階で母親と一緒に精神科病院に受診し治療を受けることを勧めていきました。

3. 支援経過

【母親と伯父が対面。その後…】

　後日、母親は伯父のもとを訪ねて話し合いを行いました。その日の夕方、連絡を受けた担任教諭とスクールソーシャルワーカーは家庭訪問を行い、その結果について報告を受けました。

　母親が話を切り出した際、伯父は困惑した表情を浮かべ、すぐには事実を認めようとはしませんでした。しかし、母親が志穂の気持ちを語り始めると状況が一変したといいます。幼い頃から伯父を父親のように慕っていたこと、伯父の行為を毅然と断ることができていれば、このような事態にはならなかったと志穂が自分を責めていること、伯父に対する感謝の気持ちは今も変わらず、警察に被害届を出すつもりはないこと、その他にも伯父とのたくさんの思い出を志穂は今も大切にしていることなどです。

　「**申し訳ない!!**」。伯父は頭を床に擦りつけて、母親に土下座をして詫びたといいます。伯父は母親に対して、二度と志穂の目の前には姿を現さないことを約束しました。そして、志穂の気持ちを深く傷つけてしまったことを詫びる短い手紙を母親に預けました。

　それからしばらくして、伯父は志穂の前から完全に姿を消しました。近所に住んでいた住居を引き払い、その後の所在は不明となりました。

【精神科クリニックへの受診調整】

　精神科病院への受診に向け、志穂は①女性医師で、②薬を多用せずにカウンセリングを中心とした治療、③バスを乗り継いで30分圏内の立地という希望をスクールソーシャルワーカーに伝えました。

早速、スクールソーシャルワーカーはこれらの条件に合う病院の選定に入り、1週間後に3か所を候補として提示しました。そのなかから志穂と母親が選択したA病院の精神科ソーシャルワーカーに一報を入れ、スクールソーシャルワーカーは受診に向けた調整を開始しました。

　病院受診当日。志穂と一緒に母親も受診をしました。実は母親も今回の件がきっかけで不眠の症状が出ていたため、主治医に相談をした結果、しばらくは二人そろって定期的に通院を行うことになったのです。

　主治医の診断は"心的外傷後ストレス症候群（PTSD）"でした。志穂は週に1度の臨床心理士によるカウンセリングに加え、軽い誘眠剤が処方されました。これまで、伯父からの性的虐待を誰にも相談することができなかった罪悪感や自分自身が汚れてしまったという失望感などで張り裂けそうだった思いを医師や臨床心理士はしっかりと受け止めてくれ、志穂には何も責任がないことを優しく説明してくれました。

　これらの受診状況等については、精神科ソーシャルワーカーとスクールソーシャルワーカーの間で密に情報交換を行いました。病院側からは治療経過や学校での対応に関する留意事項についての申し送り、学校側からは志穂の学校での様子や家庭訪問等の取り組み状況について報告を行い支援に反映していくことで、志穂や母親の状態は日に日に快方へと向かっていきました。

4. 本事例の支援のポイント

(1) 子どもの最善の利益

　当初、志穂は担任教諭に対して性的虐待の事実を口外しないよう求めました。結果として、担任はスクールソーシャルワーカーに相談を行うことで、問題の解決へと行動を移すことになります。その行動を駆り立てたのは、まさに子どもの"最善の利益"を最優先に考えたからです。もし、性的虐待だけに問題を焦点化すれば、被害届を提出して事実関係を明らかにし、伯父に対する何らかの社会的制裁が必要であるという考えもあるかも知れません。

　しかし、それを望まない当事者の志穂がさらに傷つき、周囲の大人に心を閉ざしてしまうようなことがあれば、それはまさに"百害あって一利なし"です。

私たちスクールソーシャルワーカーは、子どもの"今"だけを見て支援をしているのではありません。また、実際に支援者として我々が関与することができるのも、人生のほんの一部分に過ぎません。一つひとつの支援が子どもの将来につながるものとして考えていくことはもとより、子どもを一人の個人として意思を尊重していくことも重要なポイントです。

(2) "困った子は困っている子"
　志穂は母親のことが大好きでした。だからこそ、長らく性的虐待の事実を相談することができないでいました。本来であれば、誰よりも早くに打ち明けて、そばにいて助けて欲しかったに違いありません。「**お母さんには言わないで…**」は志穂の気持ちを逆説的に表したものであり、本当は「**お母さんだけには伝えたい**」という思いを担任に伝えたかったのではないでしょうか。
　子どもから大人への階段を上る思春期において、子どもたちは最も信頼する親との間に目に見えない距離感ができます。それは子どもたちが自立へ向けた準備を始めたことを意味します。
　当初、志穂も母親に事実を打ち明けられない苛立ちや葛藤から、不必要に母親へ厳しく反抗することがあったようです。母親もどう接したらよいかがわからず、担任教諭に志穂との関係で困ったことを幾度となく相談していました。スクールソーシャルワーカーはこれらの行動に対して、表面化した"困った"二次感情だけで状況判断をするのではなく、多感な子どもたちの行動の背景にある潜在的な"困っている"一次感情をしっかりととらえていくことが大切になります。まさに、"困った子は困っている子"というフレーズがぴったりだと思います。
　皆さんの目の前にいる問題を抱える子どもたちが、もし何らかの不適応行動で対応に困った子になっている場合、その子は困っていてSOSを発信しているのかも知れません。

虐待通告するのを迷っている学校関係者の方へ

　虐待通告をしたことが親にわかると、関係が悪くなるからと通告をためらっている学校関係者がたくさんいると思います。そんな方に、通告した後のエピソードを紹介します。

【あきら（仮名）くんの場合】
　あきらくんは小学校2年生のとき、両親から殴られたり包丁で脅されたりしていたため、学校が虐待通告をしました。児童相談所が訪問すると、父親は素直に認め謝っていましたが、母親は「誰が言ったんだ！？」と激怒していたそうです。
　次の日、母親が怒鳴り込んでくるかもしれないと思い、スクールソーシャルワーカーも学校で待機していましたが、母親は学校には来ませんでした。
　後日、母親が学校に来て「あきらを殴ったことで児童相談所が来た時は、カーッとなったけど、あきらが児童相談所の人に施設に行きたいと言っているのを聞いて、つらい思いをさせていたのだと反省しました。次の日に親子3人で話し合いをしました。あきらに、「お父さんとお母さんのことが嫌い？」「もう、一緒にいたくない？」と聞いたら、あきらは「好き」と言ってくれました。私もすぐにカーッとなるので、気をつけるようになりました。もう一度3人で頑張ってみます」と話していました。それから母親は「カーッとなった時」は、一度落ち着いてから怒るようにしているそうです。

【たけし（仮名）くんの場合】
　小学校3年生のたけしくんは、離婚した父親に似ているからと、母親から虐待を受けていました。たけしくんが学校で「もう家には帰りたくない。死にたい」と言って泣いて訴えたため、学校が虐待通告をしました。
　次の日、母親は学校に来て「自分でも悪いのはわかっていました。

初めは、父親にそっくりなたけしが、父親のような大人にならないようにと、「しつけ」のつもりで叩いていました。でも、言うことをきかないので、どんどんエスカレートしてしまいました。自分ではどうにもできなかったので、誰かに止めてほしいと思っていました。今、止めてもらわなかったら、私はたけしを殺していたかもしれない。ありがとうございました」と泣いていました。

その後、一人で頑張っていた母親は、祖父母にも協力してもらい子育ての精神的な負担が軽減し、虐待をしなくなりました。

【まどか（仮名）ちゃんの場合】
小学校4年生のまどかちゃんは、手にタバコの火を押しつけられた痕が5か所あり、腫れ上がっていたため、学校が虐待通告をしました。

次の日、父親が学校に来て「まどかが万引きしたから児童相談所に言ったんか！」と怒鳴っていました。「違います。タバコを押しつけられた痕があったからです」と校長が言うと「え？それ、悪いことか？自分も小さい頃悪いことをしたら、タバコの火を押しつけられていたから、そうするのが当たり前だと思ってたよ」と驚いていました。父親は、学校と児童相談所で「叱り方」を教えてもらい、タバコの火を押しつけることがなくなりました。

【たろう（仮名）くんの場合】
たろうくんは、落ち着きがなく忘れ物が多いからとよく叩かれていましたが、ある日、家から離れた真っ暗な空き地に母親に連れて行かれ「死ぬまでここにおれ！」と置き去りにされたため、学校は虐待通告をしました。

次の日、母親は学校に来て「あれは、私じゃなくて父親がした。私は関係ない」と言い訳をしました。「学校ではなく、児童相談所で話してください」と言うと児童相談所に行って、「たろうが落ち着きがなく、下の部屋の人から苦情を言われることが多かったので、どうしていいかわからなくなって置き去りにしてしまいました。反省しています」

と言っていたそうです。
　その後、たろうくんは発達障害と診断され、薬を飲むようになり落ち着いたため、母親から虐待されることはなくなりました。
　このように、虐待通告をしたことによって好転することもたくさんあります。虐待もいじめも、見て見ぬふりをしていると、どんどんエスカレートしていきます。早期発見・早期対応することで、救われる子がたくさんいます。「あの時、こうしていれば」と後悔しないために、勇気を出して虐待通告をしてください。

スクールソーシャルワーカー体験記

「子どもが、私にくれたもの」
　子どもと直接かかわることができるというのは、非常にありがたいことです。日々、ギリギリで仕事をしている私が、なんとかここまでやってこられたのも、やはり子どもたちがいてくれたからであることは間違いありません。
　子どもたちと過ごしていると、素敵なプレゼントをもらうことがあります。オーソドックスなところでは、折り紙で作った花とか、手紙とかでしょうか。工作好きの子どもからは、紙をちぎって作った恐竜なんていうのもいただきました。
　私が、一生、忘れることができないプレゼントの一つが「歌」です。ある日、小学校2年生の男の子が私のところへ来て、「先生の歌」と言って、突然歌い始めました。「先生は、やさしい〜♪　絶対に怒らない〜♪」的な歌詞の歌を、休み時間の続く限り、歌い続けてくれました。人生で、人から歌のプレゼントをもらえる経験なんて、一生に一度あるかないかではないでしょうか？
　どれも忘れられない最高の贈り物です。みんな、ありがとう！

Best Practiceに向けて

「アドボカシー」（Advocacy）について

　アドボカシーという用語が最初に使われたのは、アメリカで1917年に開催された全米慈善矯正会議（National Conference of Charities and Corrections）です。当時、ソーシャルワーカーたちは、移民、女性、子ども、マイノリティを含めた抑圧された脆弱な人々の人権と社会正義のために活動していました。

　特にアドボカシー活動の起源としては、シカゴのセツルメントハウス「ハルハウス」（1837年設立）のジェーン・アダムス（Jane Addams）を含むソーシャルワーカーらの活動です。貧困と子どもたちの児童労働問題や教育保障の改善に向けて、子どもたちのアドボケイト（advocate：代弁者）として取り組んでいきました。また、ハルハウスでは、子どもたちの教育保障に向けて、学習や調理、音楽、その他の活動を提供していきました。

　その後、ニューヨークのハートレイ・ハウス（Hartley House）では、マリー・マロット（Mary Marot）と数名のワーカーたちが1906年に学校や家庭を訪問し、子どもたちの教育の必要性を訴えていく訪問教師（Visiting Teacher）活動を開始しました。これが、スクールソーシャルワーカーの起源となります。

　アドボカシーの定義は多くありますが、Barker（2003）は「①他者のために直接、代弁する、または弁護する行為、②ソーシャルワークでは、直接介入やエンパワメントを通して、個人や地域の権利を擁護すること」としています。また、アドボケイトの役割として、「クライエントの抱える問題を改善していくうえで、クライエントのために意見を述べたり、クライエントの権利を保証または保護していくこと」を掲げています。

　スクールソーシャルワーカーの第一義は、その起源より子どものニーズと教育保障に向けた子どもの代弁です。この趣旨を専門的価値にすえて活動していくことが大切です。

※参考文献：Barker, R. L. (2003). Advocacy. *The Social Work Dictionary*. NASW Press, p.11.

【不登校事例】

| 事例 7 | 友達を怖がり家に引きこもる小学校 6 年生への支援 |

1．事例概要

　千恵美（仮名）は小学校 6 年生の女子です。家族は、母親、姉（高校 2 年生）、千恵美の 3 人暮らしです。千恵美は、小学校 2 年生の時に仲のよかった友達と些細なことでトラブルになり、学校に行けない日が多くなっていきました。自分の好きな授業や行事には参加できていたのですが、6 年生になると「**毎日学校に来て全部授業を受けろ！**」「**楽しい行事だけ参加するのはずるい！**」などと同級生に言われ、2 学期からは学校に全く行けなくなりました。

　同級生は、休みの日に千恵美を見かけた時にも「**学校に来ないのに遊ぶな！**」などと言うため、千恵美は外に出るのが怖くなり、ほとんど家からも出なくなりました。担任教諭が家庭訪問をしても、千恵美はほとんど話をしないため、スクールソーシャルワーカーに支援してほしいと学校から依頼がありました。

2．支援内容

　スクールソーシャルワーカーが家庭訪問をすると、千恵美はあまり抵抗なく「**学校に行くのは怖いけど、勉強はしたい**」と話してくれました。なぜ担任教諭には話さないのかを聞くと「**男の人は苦手だから**」と答えました。

　スクールソーシャルワーカーは早速、学校で校内ケース会議を開きました。参加者は、校長、教頭、担任教諭、養護教諭、生徒指導担当教諭、スクールソーシャルワーカーです。スクールソーシャルワーカーは、千恵美の「**勉強がしたい**」「**学校に行くのは怖い**」「**今、行けるのは公民館だけ**」という思いを会議で伝え、以下の支援計画と役割分担を決めていきました。

【短期目標】
① 千恵美が行くことができる公民館で面談をして思いを聞く（スクールソーシャルワーカーと養護教諭が対応）。
② スクールソーシャルワーカーが送迎し、放課後に学校に行けるようにな

る（スクールソーシャルワーカーが対応）。
　③　千恵美が家族以外の人と話をする（校長・担任教諭・養護教諭・女性教諭が対応）。

【長期目標】
　①　学校に行けるようになる（学校内で別室を設ける）。
　②　卒業証書を式場、または校長室で受け取ることができる（校長が対応）。
　③　中学校の校内適応指導教室に行けるようになる（校長が対応）。

3．支援経緯

　次の日、スクールソーシャルワーカーは公民館で千恵美と面接をし、小学校2年生からの出来事を聞きました。千恵美は2年生の時、自分の悪口を言われたと思ったので悔しくて「おまえとは絶交する！顔も見たくない！」と、同級生のなかで一番影響力のある美貴（仮名）に言ってしまったとのことです。後で他の子に話を聞くと、美貴は千恵美の悪口は言っておらず、むしろ心配してくれていたようでした。千恵美は自分の勘違いだとわかりましたが、美貴にひどいことを言ってしまったのでいじめられると思い、学校に行きづらくなったとのことでした。

　そして、千恵美は家族以外と話すことがほとんどなく、家からも出ないことが多くなりました。しかし千恵美はプライドが高く、「わからない」「知らない」と正直に言えず、わからないことがあるとスクールソーシャルワーカーが担任教諭から預かったプリントを破ったり、怒って公民館の部屋を飛び出し家に帰ったりしました。

　スクールソーシャルワーカーは、千恵美が学校に行けないのは美貴を怖がっているだけではなく、勉強がわからないというのを同級生に知られたくないという理由もあるのではないかと感じました。そこで、千恵美に「どの教科を勉強したい？」と聞くと「算数がしたい」と答えました。「じゃあ、先生にお願いしてプリントをもらってくるね。6年生の算数は難しいから、私は教えきれないかもしれんけど…」と言うと、「じゃあ、3年生くらいから初めてもいいよ。一緒に勉強すればいいやん」と言いました。

スクールソーシャルワーカーは担任教諭に千恵美との話を伝え、小学校3年生用の算数プリントを用意してもらいました。公民館で千恵美にプリントを渡すと、千恵美はわかるところはすぐに解いて、「丸つけて」と言いました。しかし、わからないところがあると、「家に持って帰ってするから…」と言い、プリントをバッグの中に入れ持ち帰りました。そして、次に公民館に来たときにはプリントを仕上げてきていました。

　スクールソーシャルワーカーは、千恵美が仕上げたプリントを担任教諭に手渡しました。そして、担任教諭の丸つけとコメントが入ったプリントを千恵美に渡すと、照れくさいのか「これくらいわかるやろ。褒めるとかバカやない？」とうれしそうな表情で言いました。

　クラスでは卒業記念品のオルゴール作りもしていたため、スクールソーシャルワーカーが千恵美にも作るよう勧めると、「彫刻刀ってなに？どうやって使うの？」と初めて見る彫刻刀に戸惑いを示しました。彫刻刀がうまく使えず、何も飾りのない、組み立てただけのオルゴールができ上がりましたが、千恵美は「スッキリしていい」と満足そうでした。

　担任教諭は授業があるため、公民館には来れませんでしたが、千恵美のためにと毎回メッセージを届けてくれました。千恵美は、少しずつ担任教諭とも話をしてもいいという気持ちになっていきました。

　2学期の終わりになり、千恵美が「教室じゃなかったら、学校に行けるかも」と言うので、登校時間をずらして相談室で勉強することにしました。先生方がとても喜んでくれたのがうれしく、千恵美も「ここなら大丈夫」と言いました。

　しかし、2〜3日すると、千恵美が学校に来ていることに気がついた美貴が相談室に行き、「ここにおるのはわかっているんだよ〜！出て来い！」とドアを蹴りました。すぐに教頭が駆けつけ美貴を別の部屋に連れて行きました。スクールソーシャルワーカーは、そのすきに千恵美を連れて帰りました。このとき、千恵美は「怖い」と泣いていました。

　千恵美は学校に行けなくなったため、もう一度公民館で勉強することになりました。しかし、美貴がここまで来るかもしれないと、千恵美は短時間で帰るようになっていました。担任教諭が「美貴には二度とあんなことをしないよう

にと厳しく言っている。先生たちみんなで守るから、学校においで」と言うと、千恵美は「わかった」とうなずきました。その後千恵美は、放課後に登校できるようになりました。

卒業式が近づいても美貴を怖がり、美貴のいる時間には学校に行けませんでした。そのため、校長と担任教諭が話し合い、他の不登校の児童と一緒に校長室で卒業証書授与式を行うことにしました。担任教諭は母親にもそのことを伝えましたが、母親は「私は仕事が忙しいから行けません」とのことでした。

卒業式当日、千恵美は誰にも会わないよう朝8時には学校へ行き、卒業式が終わるまで、スクールソーシャルワーカーと一緒に相談室で待機していました。千恵美に小学校で楽しかった思い出はあるかと尋ねると「入学式」と答えました。その理由を聞くと、「入学式の時は、まだお父さんとお母さんが離婚していなかったから、みんなで来てくれた。その後、お祝いにご飯を食べに行って楽しかったけど、今日は、誰もお祝いしてくれない」と寂しそうでした。

卒業式が終わり、校長室で千恵美と不登校の同級生の「二人のための卒業式」が始まりました。一度も練習をしていなかったのですが、担任教諭の言うとおりに動き、卒業証書を無事受け取ることができました。担任教諭と記念写真を撮りたいと、千恵美はカメラも持ってきていました。記念写真を撮り終え、千恵美が一番楽しみにしていたお祝いの紅白まんじゅうをうれしそうに握りしめていました。

千恵美は、「今日、学校に行けてよかった。ありがとう！」とスクールソーシャルワーカーにお礼を言ってくれました。千恵美を家に送って帰る途中、お祝いのため食事に出かけていく親子とすれ違いました。その光景を千恵美は寂しそうに見ていました。スクールソーシャルワーカーが「家に帰ったら、お昼ご飯あるの？」と聞くと、千恵美は「ない…」と下を向いて答えました。スクールソーシャルワーカーが「私も家にはご飯がないから、一緒に食べに行かない？」と言うと、千恵美は「いいの？やった！ハンバーグが食べたい！」とうれしそうに言いました。千恵美は「親子に見えるかも」と笑っていました。千恵美には内緒にしてほしいと言われましたが、実は小学校の先生方数名が、千恵美のためにと昼食代をスクールソーシャルワーカーに渡してくれていたのです。

卒業式が終わって数日後、美貴が学校に来てスクールソーシャルワーカーに「**千恵美って、中学校に来るの？**」と聞きました。スクールソーシャルワーカーが「なんで？」と聞くと、美貴は「**別に。学校に来てもいいよと言っといて**」と言いました。美貴も言葉遣いは悪いのですが、千恵美のことを心配していたのです。

　中学校入学の準備をしてほしいと、担任教諭が千恵美の母親に何度も話をしていましたが、全く準備をしていませんでした。千恵美は、「**中学校からは普通に行きたい**」と言っていましたが、母親に制服を買ってもらえないため「**中学校には行かない**」と泣いていました。スクールソーシャルワーカーは中学校に出向き、そのことを校長と生徒指導主事に伝えました。生徒指導主事はすぐに予備の制服を出してくれ、「**制服を買ってもらうまで、これを着て通学するよう伝えてください**」と言ってくださいました。千恵美にそのことを伝えると、とても喜んでいました。

　中学校入学式当日、千恵美とスクールソーシャルワーカーは集合時間より1時間早く中学校に行き、相談室で待機していました。スクールソーシャルワーカーが「入学式に後ろの方で参加しない？」と聞くと、千恵美は「**後ろの方なら行けるかも**」と言ってくれました。千恵美はしばらく扉の外に立っていましたが、校歌が流れ始めると「**この歌知ってる〜！お姉ちゃんが歌ってたよ。私も歌いたい**」と言うので、一緒に式場に入り一番後ろで歌いました。歌い終わると、すぐに式場から出ましたが、千恵美はうれしくて泣いていました。

　次の日も、スクールソーシャルワーカーと待ち合わせして学校に行き、相談室で勉強することになっていました。千恵美は校門の近くまで来ると、「**一人で行ってみる**」と言って歩き出しました。心配するスクールソーシャルワーカーを横目に、千恵美は「**大丈夫！**」と笑っていました。

　その日、千恵美は一人で教室に行き、放課後まで過ごすことができました。帰る前に友達と一緒にスクールソーシャルワーカーのところに来て、「**大丈夫やったよ。明日も学校に来るから**」と言いました。千恵美は今までとは違う、自信に満ちた顔をしていました。

　その後、千恵美は毎日休まずに登校することができています。部活にも入り、

今まで学校に行っていなかったのを取り戻すかのように楽しんでいます。夏服に衣替えをするまでには、母親も制服や通学バッグを買ってくれました。

4. 本事例の支援のポイント

本事例の支援では、スクールソーシャルワーカーとしては次の点を重視して取り組んでいきました。

① 本人の思いを聞き代弁していったこと。
② 本人をいじめから守るための校内体制を作っていったこと。
③ 担任教諭と本人の良好な関係を築くつなぎ役を担っていったこと。
④ 本人のエンパワーメントを促していったこと。
⑤ 中学校に本人の状況を伝え、受け入れ体制を整えてもらったこと。
⑥ 本人の特性を学校側に伝え、学校で適切な対応をしていってもらったこと。

スクールソーシャルワーカー体験記

「僕はヒーロー！？」

　学校にいて時間がある時にはほぼ学校巡回をしています。子どもたちの勉強を頑張っている表情や眠気と戦っている表情などを見回り、「スクールソーシャルワーカーはみんなを見守るヒーロー！」なんて気持ちを持ちながら意気揚々と歩いています。

　そんなある日、小学校をいつものように授業中巡回していたら私を見つけた1年生の担任教諭が呼び止め、「ぜひスクールソーシャルワーカーの仕事を子どもたちに教えてほしい」というのです。私も「毎回歩き回っているから少しは私のことを知っているのだろう」とたかをくくって教室に入り、第一声で「私のこと、知っている人!?」と子どもたちに投げかけると、少し間が空いた後に「学校を散歩している人！」と子どもたちが口をそろえて答えたのです。ガクン（T_T）。それから、地域で子どもたちへの声かけの不審者が出ると、学校からまず私に「子どもたちに声かけしませんでした？」と聞かれるようにもなりました。

【不登校事例】

| 事例 8 | 不登校経験がある姉の影響から不登校となっている小学校6年生への支援 |

1．事例概要

　1学期も終わりを迎えようとするある日の昼休み、小学校の職員室で何気なく先生方と世間話をしていました。ふと、職員室を見渡したとき、ひどく疲れきった海人（仮名）の担任教諭を見つけました。気になって担任教諭に声をかけると、せきを切ったように海人の心配事をスクールソーシャルワーカーに投げかけてきました。

　海人は小学校6年生の男子です。生活保護世帯で公営住宅に住んでおり、母親と19歳で無職の長女、中学3年生の次女、海人の4人暮らしです。母親はトラック運転手をしていて、昼間から夜間にかけて家を空けることがたびたびです。学校からの連絡に対しては、仕事の忙しさや疲労からか電話に出ることが難しい状況でした。

　長女は中学3年生から不登校で、中学卒業後は高校に何とか進学しましたが続かず、母親のいない家を守るため家事手伝いをしています。次女も中学1年生から「友人とうまく交友関係が持てない」との理由から不登校になり、中学3年生になっても一度も学校に行くことができていません。

　海人は、姉たちが学校に行かず、家にいることで学校への登校意識も低くなり、母親が学校に行くように促しても、「何で僕だけ学校に行かなければならないの」と逆に母に詰め寄るとのことでした。一人息子であることや姉たちも不登校という状況で、母親は海人に登校刺激を出しきれず、海人の不登校状況は悪化していくばかりでした。

　海人の担任教諭は、小学校5年生の時までほとんど休みなく学校に来ていた海人が、6年生になってからなぜ不登校になったのかが理解できないと言います。また、母親との連絡も取れないことに悩んでいました。家庭訪問に行ったときも、家の中には人がいる気配があるのに、インターフォンを鳴らしても反応がないとのことでした。

2. 支援内容

　スクールソーシャルワーカーは担任教諭からの支援依頼を受け、まず次女の中学校に向かい、どこまで不登校支援ができているのかを確認しに行きました。小学校では海人が欠席しても母親から電話連絡がない状況でした。しかし、中学校では母親は次女の進路の不安もあるのか、定期的に連絡が取れているとのことでした。また、中学校には長女のこともよく知っている教諭がおり、母親は時間が合えばしっかりと話ができる人であることを教えてくれました。ただし、小学校と中学校との情報のやり取りが全くできていない状況がうかがえました。

　そこで、スクールソーシャルワーカーは小学校の海人の状況を中学校の次女の担任教諭に伝え、中学校の担任教諭から海人の担任教諭が母親に連絡を取りたい旨を伝えてもらうようにしました。後日、中学校から母親に伝えたとの連絡がスクールソーシャルワーカーに入りましたが、小学校には未だ母親からの連絡はありませんでした。

　そこで、スクールソーシャルワーカーは母親に直接会うために家庭訪問をすることにしました。家庭訪問にあたっては、母親が中学校に電話をしてくる曜日と時間帯を確認して訪問することにしました。この手順により、母親と会うことができました。

　スクールソーシャルワーカーが「海人君の件でうかがいました」と伝えると、母親は穏やかな表情でスクールソーシャルワーカーを迎え入れてくれました。母親の思いに沿いながら、スクールソーシャルワーカーは海人の家での様子などをうかがっているときです。母親は突然大粒の涙を流し始め、「どうしたらよいかわからなくて…」「海人は5年生まで全く問題なく生活ができていたし、言うことも素直に聞いてくれていたんです。しかし、海人のあまりの変化にうまく受け止めることができませんでした」と打ち明けてくれました。しかし、「学校へは連絡しようと思ってはいたのですが、仕事の忙しさで相談するきっかけを逃してしまいました」とのことでした。

　母親としても、海人が突然不登校になったことへの不安や中学生の姉も不登校で進路が決まらないままでいることへの心配、家事手伝いをさせてしまって

いる姉への申し訳なさなどから、子どもたちのことで頭がいっぱいで対処できない状況にあったのです。決して学校が思っているようなひどい母親ではないと感じられました。スクールソーシャルワーカーの仕事をしていて、情報が無いことで勝手に相手の人物像を作り上げてしまっていることの怖さを痛感する思いでした。

　小学校に戻り、校長、教頭、養護教諭、担任教諭、スクールソーシャルワーカーで校内ケース会議を行い、今後の海人に対する支援の方向性を確認していきました。今まで担任教諭は、授業の合間や放課後のみ母親への電話連絡や家庭訪問をしていました。しかし、母親の仕事の都合上から朝一番の電話連絡ならばつながることが確認できたので、今後は担任教諭だけではなく管理職や養護教諭を含めて、母親の都合のよい時間帯での電話連絡や家庭訪問をしていくことにしました。

　また、スクールソーシャルワーカーも定期的に家庭訪問をし、海人や姉二人との関係性を築きながら、子どもたちの思いを引き出していくこと、子どもたちに学校や社会に関心を持ってもらうように働きかけていく役割を担うことにしました。今まで小学校や中学校にはあまり電話連絡を入れなかった母親に対しても、子どもたちの近況を母親から学校に伝えてもらうことを約束し、学校と家庭が協力して子どもたちの支援を行っていくことになりました。

3．支援経過

　スクールソーシャルワーカーは、まずは海人との関係づくりから取り組んでいきました。定期的に家庭訪問を行い、玄関口から呼びかけるように話しかけていきました。海人の公営住宅は2DKで、一部屋も広くはありません。そのため、玄関口からの声かけも海人にはよく聞こえました。最初は海人からの返事は全くありませんでしたが、次第に部屋の扉が開き、身体をごそごそ動かして反応してくれるようになりました。そして、最終的には部屋から出てきて、面と向かって話をすることができるようになりました。

　海人が部屋から出てくるようになると、部屋の奥にいる姉たちに話を聞かれたくないのか、スクールソーシャルワーカーが来ると、外で話をすることを望

みました。定期的な家庭訪問によって、海人との信頼関係も少しずつ築いていけるようになりました。

そしてある日、スクールソーシャルワーカーは海人に率直に尋ねました。「どうして学校に行きたくないの？」それについて海人は次のように答えてくれました。「春休みに仲のよい友達から家に遊びに来ていい？と聞かれたんだけど、家には自分の部屋が無いし、家にはいつもお姉ちゃんがいるので、友達を家に連れていくことができなかった。友達を連れてきたかったけど…。自分の部屋があれば連れてこれたのに…」この話をしてくれている間、海人の表情はとても悲しそうでした。

姉二人との関係も、海人との信頼関係が築けていけるのに比例して、良好になっていきました。そして、姉二人に対して、今後どうしていきたいかを尋ねました。長女は、少しでも家計を助けたいので就職したいと言いました。次女は中学1年生から不登校なので高校進学は難しいと思っていること、まずはアルバイトを視野に入れて動きたいとのことでした。そして、二人とも外に出たいという気持ちがとても強く感じられました。

そこで、スクールソーシャルワーカーは、母親に子どもたちの思いを伝えました。すると、母親は、初めて子どもたちの思いを知ったと、涙を流しました。現在、生活保護を受けていますが、子どもたちに母親らしい姿を見せることで、いつか生活保護を受けなくてよい生活にしたいと考えていることを話してくれました。その母親の思いを姉たちは察していたのか、母親を助けたいという気持ちをもってくれていることが、母親にはとてもうれしかったようです。子どもたちの思いを知った母親は、すぐに行動に移しました。

数日後、母親からスクールソーシャルワーカーに電話連絡が入りました。その内容は、「近所の一軒家に引っ越す」というものでした。母親としては、先々は海人が大きくなった時には一人部屋を与えてあげたいという気持ちがあったようです。そのことは、生活保護課のケースワーカーにも伝えていたとのことでした。スクールソーシャルワーカーとしては、こんなに早く母親が動くとは思っていませんでした。

母親が学校やスクールソーシャルワーカーの支援に応えてくれたので、ス

クールソーシャルワーカーはさらなる支援を展開していきました。長女にはハローワークへの行き方を教え、就職活動のノウハウや履歴書の書き方などを教えました。また、就職には原付バイクの免許を持っている方が優位になることがあるので、免許の取り方や筆記試験問題集を一緒に見たりしました。

次女には、今からでも中学校に積極的に行けるよう自信をつけさせることや、長女と一緒に履歴書の書き方を教えたり、いつでも高校の勉強が始められるように高卒認定の制度を教えたりしました。

母親も学校に子どもたちの近況を継続して報告してくれるようになりました。また、必要書類の提出に際しては母親自らが小学校に出向き、担任教諭や管理職と和やかに話をして帰ることも増えていきました。スクールソーシャルワーカーへの相談当初、頭を垂れてとても悩んでいた担任教諭も、今では元気を取り戻し始めています。

家族が引っ越しをして数日後、海人は学校に笑顔で来るようになりました。引っ越しの当日、海人は仲のよい友人を遊びに連れてきたそうです。そして、その夜、家族団らんの場で海人は母親に「ありがとう！」と感謝の言葉を述べたとのことです。学校も母親からの連絡で知っていました。海人が6年生になってから、海人と母親の心の距離は広がっていきましたが、母親が海人の思いを受け止め、引っ越しをきっかけに一気にその距離も縮まりました。海人は引っ越した翌日から、仲のよい友人たちと朝一緒に登校することになりました。

長女は引っ越し後、ハローワークに行き、就職面接を受けるようになりました。次女の不登校状況は一気に解決する状況にはありませんでしたが、担任教諭と進路に向けての話し合いを始めていくことになりました。時には母親と一緒に学校に出向き、保健室や別室で勉強をするようにもなっていきました。

家族みんなが外でそれぞれの場に参加していくことで、家には朝から夕方まで誰もいない状況となりました。今回、海人の家族支援を通して、あらためて"家族"とは何かについて考えさせられる機会となりました。

4. 本事例の支援のポイント

(1) 職員室は問題予防の最前線
　スクールソーシャルワーカーが職員室に自分の席を設けてもらっていると、子どもたちの問題予防に効果があると思います。先生方にとって学校の教室は仕事場であり、職員室はひとときの安息の地ではないかと思います。その安息の地で顔を伏せていたり、ため息をついていたりしている先生方は何かしら悩みを抱えていると考えられます。問題が噴き出して対応するケースと問題が出始めたばかりで対応するケースとでは時間も労力も大いに違ってきます。職員室では先生方と何気ない話をすることをお勧めします。

(2) 問題の背景をしっかりとらえる
　不登校に陥ってしまった子どもを発見した時、当然その子どもの心の問題をとらえていかなければならないと思いますが、他方で「不登校に陥る環境がある」ともとらえられます。海人の場合は、友人を呼べない家と二人の姉がずっと家にいる環境であったことが、海人の不登校を引き起こしていました。スクールソーシャルワーカーの視点からこの環境面の課題を浮かび上がらせ、それらへの支援をしていくことで、海人の不登校の改善につながったと考えます。

(3) 役職を使い分ける
　私はスクールソーシャルワーカーの名札を7，8個持ち歩いています。所属や立場を変えて名札を作成し、会う方にとって一番適当である役職で自己紹介していきます。なぜこのようにしていくか、例えば学校に不信を抱いている家庭に家庭訪問する時に学校の職員を名乗っていっても門前払いを受けるだけです。その時は別の機関（教育委員会や町の相談員等）を名乗って介入し、関係調整していくと比較的スムーズに行くときが多いです。今回の事例では、中学校とは連絡が取れていたことや小学校の意図も家庭訪問前に伝えていたことから、あえて学校の相談員として自己紹介していき、スムーズに介入できました。初期面接がうまく行くとその後もスムーズに支援介入ができていきます。役職を使いわけながら楽しく自己紹介をしていきましょう。

【不登校事例】

事例 9　友人とのトラブルから不登校となった中学1年生への支援

1．事例概要

　6月、裕樹（仮名）の母親から家庭児童相談員にたびたび電話相談がありました。「子どもが部活の同級生からいろいろ言われるので、**学校へ行きたくないと言っているがどうすればよいか？**」というものでした。裕樹は「**仕返しが怖いから、良平（仮名）とのことは学校には知られたくない**」と言っているようです。しかし、学校でのトラブルは学校の支援がなければ状況改善が図りにくいため、家庭児童相談員は母親に了承を得て、スクールソーシャルワーカーに相談依頼をしてきました。

　裕樹は中学1年生の男子で、家族は母親、裕樹、弟（小学校5年生）の3人暮らしです。両親は裕樹が小学校入学前に離婚しました。現在、父親との交流は全くありません。母親は週に6日、朝から夜まで働いており、子どもたちが登校する前に家を出ます。以前は近隣に住んでいる祖母宅へ子どもたちを預け、夜中まで仕事をしていたそうですが、現在は夕食の時間までには帰宅します。今でも、週末や長期休暇には裕樹と弟で祖母宅へ出かけることが多く、交流があります。

　学校では、裕樹は体を動かすことが好きだったので、中学校入学後テニス部に所属しました。しかし、中学1年生の5月になり、裕樹は保健室で熱を測ることが多くなり、朝に腹痛を訴えたりすることも増えていきました。

　ある日、学校には登校しましたが、体調が悪くなり、部活動を欠席しました。翌日、同じ部活動で同級生の良平から、廊下で「**ずる休みじゃないの？**」と言われたことをきっかけに、学校へ行きにくくなりました。その日以降、部活動への参加が少しずつ減るとともに、良平からは廊下で会う度に「**今日は部活に来る？**」「**またずる休みじゃないの？**」とたびたび声をかけられるようになりました。

　良平は裕樹と同じ小学校出身でしたが、小学校の頃は同級生と喧嘩が絶えず、

教諭への暴言も見られる子どもでした。そんな良平に会いたくないと、裕樹は思うようになりました。そして、裕樹は学校に登校できなくなりました。

2. 支援内容

【裕樹の思いを聞く】

　裕樹は朝になると腹痛のため何度もトイレへ行くので、登校することができずに欠席が続いていました。家庭児童相談員とスクールソーシャルワーカーは、母親の了解を得て家庭訪問を行いました。母親はすでに仕事に出ていたため、家には裕樹一人でした。

　裕樹は、「先生に良平のことを話すと、良平を注意すると思う。そしたら良平は俺のことを恨むと思うから言いたくない」「勉強のことが気になるから、学校には行きたいと思うけど行けない」「本当はお母さんには早く仕事から帰ってきて欲しいと思うけど、お金を稼がないといけないから…。夜ご飯を作ってくれるけど、お母さんは疲れて食べないことが多い」という話をしてくれました。

　スクールソーシャルワーカーが、良平は裕樹を嫌な気持ちにさせようと思って声をかけていると思うかを尋ねると、「嫌な気持ちにしようと思っているわけじゃないと思う。誰にでも声をかけている」という答えが返ってきました。

　別の日、再度家庭訪問した際にも、裕樹は中学校に入学して部活と塾の両立で忙しい日々であったことを話してくれました。その他にも、野球の試合を見ることやキャッチボールをするのが好きだということ、給食が好きなこと、数学が得意なことなども話してくれました。学校を休んだ日は、自分の部屋でテレビを見たり、数学のプリントを解いたりして過ごしているとのことです。

【裕樹についての情報収集】

　中学校の担任教諭に話を聞くと、裕樹は６月の中旬以降に連続した欠席が続いているため、心配していたとのことでした。母親からの欠席連絡は体調不良ということだけでしたので、担任教諭としても詳しくはわからないと言いました。裕樹が登校していた時は、教室でも友人との関わりをもっていたようです。

スクールソーシャルワーカーは、裕樹の母校の小学校に出向き、元担任教諭から情報を聞くことにしました。裕樹が小学校6年生の頃の担任教諭の話では、裕樹は友達作りが苦手な同級生にも上手に関わってくれて、その同級生は裕樹のお陰でクラス内で自己表現をすることができたそうです。また、裕樹はクラスの盛り上げ役になることもあり、男女問わず慕われていたとのことでした。

【裕樹と担任教諭をつなぐ】
　裕樹が抱える悩みを解決していくためには、どうしても担任教諭に話し、学校での取り組みをしてもらわないといけません。そのためには、良平に知られたくないという裕樹の不安を配慮して、スクールソーシャルワーカーが学校と裕樹の間に関与し、担任教諭に理解していってもらう働きかけが必要です。そのことをスクールソーシャルワーカーは裕樹と母親に伝え、担任教諭に話をすることについて了解してもらいました。
　翌日の放課後、スクールソーシャルワーカーは担任教諭に裕樹のことを伝えました。担任教諭は事情を察し、裕樹が直接担任教諭に相談ができるよう、母親の仕事が早く終わり帰宅している時間に家庭訪問をしてくれることになりました。
　スクールソーシャルワーカーは担任教諭に同行し、裕樹宅に出向きました。最初、裕樹は緊張していましたが、担任教諭に心配していることを話すことができ、担任教諭も裕樹の要望に添って良平への働きかけを一緒に考えていくことを約束してくれました。
　そこで、裕樹は担任教諭が良平に個別で注意することを望んでいないこと、むしろ部活動の休部を望みました。部活の休部は、部活顧問の協力を得ることにしました。また、学校で良平と接する可能性がある場面（主に廊下）では担任教諭も注意して見守ること、学校内に教室以外で裕樹が安心して過ごせる場所を考えていくことなどが話し合われました。

【母親と学校をつなぐ】
　今回の件で、母親は担任教諭と話をする機会はほとんどありませんでした。

それは、母親が担任教諭に今回の件を話すことを裕樹が嫌がったからです。しかし悩んだ母親は、たびたび家庭児童相談員に相談していたのです。

母親自身も今後、裕樹のことで学校がどのように支援してくれるのか不安がありました。そこで、母親、担任教諭、養護教諭、家庭児童相談員、スクールソーシャルワーカーで話し合う機会を設けました。話し合いでは、学校による裕樹への登校支援の取り組み内容に加え、学校から定期的に母親に連絡を入れてもらい母親の不安を軽減していくこと、家庭児童相談員が継続して母親の相談役を担っていくことが確認されました。また、裕樹の状況が改善していくまで、今後も支援の検討を含め定期的にこのメンバーで話し合う機会を設けていくことにしました。

3. 支援経過

養護教諭の送迎で、裕樹は少しずつ保健室登校ができるようになりました。1年生の2学期からは、自分で登校することもできるようになりました。登校が昼頃になることが増えてくると、裕樹自身「**もう少し早く来ないといけないよね…**」と養護教諭に話すこともありました。

裕樹の学校での表情も次第に明るくなり、週末に母親と出かけた日の翌日は特に表情がよく、どこに出かけたのかを話してくれました。家では母親に学校の出来事もよく話しているようです。そして、保健室で養護教諭に「**お母さんは俺のことをわかってくれていると思う**」と話してくれました。

家では母親と関わることで安心して生活ができているようです。時々、弟と母親の取り合いになることもあるそうです。担任教諭やスクールソーシャルワーカー、家庭児童相談員が母親と話す際には、母親が積極的に裕樹と過ごす時間を作ったり、話をたくさん聞いてあげたりすることを肯定的に評価していきました。

そんなある日のことです。裕樹が休み時間に保健室にいると数名の生徒が入ってきました。そのなかには良平の姿もありました。養護教諭が様子を観察していると、二人が会話をする姿が見られました。後から養護教諭が裕樹に話を聞くと、「**意外と大丈夫だった。普通に話せた**」と安心した表情をしていま

した。

　新年度になり、裕樹は中学2年生になりました。担任教諭と数名の同級生はクラスが変わりました。2年生でも保健室か別室での登校ですが、自分で毎朝決まった時間に登校することができています。養護教諭と一緒に、一日の活動や学習の取り組みについて計画を立てて実行することができるようになりました。体育や給食、学校行事にも少しずつ参加することができています。中学2年生の夏休みには、地域のフリースペースに頻繁に通い、男女問わず初対面の子どもたちとも積極的に関わることができました。

　裕樹から母親を介してスクールソーシャルワーカーに、「**自分が学校に行けなくなった時に、すぐに家に来て話をきいてくれたのがうれしかった**」と言われたことがあります。裕樹は教室にまだ入ることができません。しかし、裕樹は少しずつ本来もつ力（パワー）を取り戻すことができているのではないかと考えます。

4．本事例の支援のポイント

　本事例の支援のポイントとして、1つ目は日頃からの関係機関との協働です。今回の事例では、家庭児童相談室からスクールソーシャルワーカーに相談があり、母親に説明してつないでくれました。そのため、円滑に母親や子どもとスクールソーシャルワーカーはつながることができました。また、早期の段階で担任教諭と子どもをつなぐこともできました。

　2つ目は、友達間のトラブルの訴えがある場合の支援についてです。本事例の場合では、担任教諭は裕樹の訴えを聞いて、すぐに対応してくれました。子どもは、「先生に言ったら嫌がらせがひどくなるんじゃないか」「いじめではないと先生が思うと、真剣に話を聞いてくれないかもしれない」と考えることもあります。しかし今回は、母親や担任教諭、家庭児童相談員、スクールソーシャルワーカーは子どもの思いをしっかりと聞き、手だてを一緒に考えるという動きをしました。そのことが、裕樹の安心につながったのではないかと思われます。

1章　子どもへの直接支援

【不登校事例】

事例
10　誰とも接触を拒むひきこもりの中学3年生への支援

1．事例概要

　中学校の保健室で、養護教諭と子どもたちの様子について情報交換をしていたときです。麻美（仮名）の担任教諭が沈んだ表情でスクールソーシャルワーカーに相談にやってきました。

　麻美は中学3年生の女子で、母親（パート勤務）との二人家族です。担任教諭の話によれば、麻美はこれまで遅刻や欠席が目立つ生徒ではなかったとのことです。絵を描くことが好きで、美術部に所属していました。同じ美術部に所属している友人が数名いるようですが、クラスの中ではどちらかというとおとなしいほうの生徒だそうです。

　また、麻美に関するエピソードとして、学校行事の日は給食がないため、生徒たちはお弁当を持参しなければなりませんでした。食事の時間になり、クラスで食事の準備をしているとき、突然、麻美が泣き出したそうです。驚いた担任教諭が麻美を呼んで話を聞くと、その日は母親の体調が優れなかったようで、お弁当を持ってくることができなかったとのことでした。そのことを言い出せずに泣いてしまったようです。麻美のことを心配した担任教諭は、スクールカウンセラーに面談してもらうよう、麻美に伝えました。

　お弁当の件の翌日、麻美はスクールカウンセラーと面談したそうです。麻美の話によれば、母親には精神疾患があり、体調に浮き沈みがあります。母親の体調がよい時には一緒に食事をしたり、話をしたりすることができているようでした。しかし、母親の体調が優れない時には、些細なことで麻美を叱ることがあるとのことです。母親のそうした状態は数年前から続いており、そのことについては、麻美自身は「もう慣れました」と話していたようです。

　その後、スクールカウンセラーは麻美との面談を2〜3回しました。しかし、麻美のほうから「もう大丈夫です」との訴えがあったため、定期的な面談はいったん、終わっているとのことでした。しかしその後、麻美の欠席は1週間続き

ました。はじめのうちは欠席に際して、母親からの電話連絡が学校に入っていましたが、欠席が３〜４日続いたあたりから、学校への電話も途絶えがちになりました。

　そんな麻美が、１週間ぶりに登校し、休み時間に友人数人と一緒に保健室に顔を出しました。養護教諭は麻美が浮かない顔をしているので、昼休みに二人きりで話をしました。麻美の話では、学校へは体調不良という説明をして欠席したが、実際に体調が悪くなるのは登校時間の前後だけだそうです。しかし、体調が持ち直しても登校する気持ちになれず、結果的には先週１週間、ずっと欠席してしまったとのことでした。

　学校を欠席している間は、日中は本を読んだり、インターネットで動画を見たり、以前から通っているギター教室に通ったりしていました。しかし、麻美にとっては学校に行かなかったにもかかわらず、そのような自由な時間を過ごしてしまったことへの自戒がかなりあったようです。そのことが原因により自宅で嘔吐してしまったとの話でした。

　この日以降、麻美は登校してこなくなりました。麻美の欠席連絡がないため、毎朝、副担任教諭が電話連絡をしてくれました。しかし、母親は電話に出ることはありません。麻美も自分の携帯電話を持っていたので、副担任教諭が電話連絡をしますが、応答はありません。

　麻美の欠席期間、担任教諭は学校からのプリント類を持って家庭訪問しました。しかし、家の中からは何の応答もありませんでした。連絡が取れない状態が１週間ほど続いたある日、突然、母親からスクールカウンセラーに電話がかかってきました。電話で母親は、麻美が学校に行けなくなり困っていること、そして相談したいとのことでした。スクールカウンセラーは面談の日時を決め、母親に学校へ来てくれるように依頼しました。母親が相談に学校へ来てくれるとの報告をスクールカウンセラーから受けた担任教諭は、一安心しました。

　担任教諭は母親が面談に来る日までの間、麻美と同じ美術部に所属している仲のよかった友人に、電話で麻美に連絡を取ってもらうように依頼しました。担任教諭の依頼を受け、友人たちは麻美に連絡を入れてくれましたが、麻美からの返答はありませんでした。

スクールカウンセラーと母親との面談の日が来ました。母親は約束の時間になっても、なかなか学校に現れません。スクールカウンセラーが心配をして母親に電話連絡を入れると、「今日は、自分の体調が優れないので面談をキャンセルしたい」との返答でした。この日以降、母親はスクールカウンセラーとの相談依頼をしますが、面談の当日になるとキャンセルするということが何度か続きました。その間、学校側の誰一人として、麻美の安否確認ができていない状況が続いています。

以上が担任教諭が話された内容でした。

2. 支援内容

スクールソーシャルワーカーは担任教諭の話から、家庭訪問の際、担任教諭がプリント類を持ってきてくれていることを麻美や母親は知らないのではないかと感じました。もしそうであれば、担任教諭が来ていることを伝えることが必要ではないかと考えました。

そこで、スクールソーシャルワーカーは、担任教諭に家庭訪問をした際にプリント類だけでなく、麻美や母親に手紙を添えることを提案しました。そして、手紙の内容を工夫してもらうことにしました。

内容としては、①麻美の欠席が続いていることに担任教諭がとても心配していること、②学校としては麻美の状況改善に向けて一緒に考えていきたいと考えていること、③学校へ電話連絡を入れてほしいこと、担任教諭や他の教職員に連絡しにくい場合にはスクールカウンセラーに伝えてほしいこと、などを中心に記載してもらうことにしました。このスクールソーシャルワーカーの提案を担任教諭も快く了解してくれました。

3. 支援経過

早速、担任教諭は手紙を作成して、家庭訪問に行きました。しかし、これまでと同様に、誰も家からは出てきませんでした。そこで、ポストにプリント類と手紙を入れて帰校しました。担任教諭は再度、同じ週の週末に家庭訪問をしました。ただし、スクールソーシャルワーカーと担任教諭の打ち合わせにより、

このときの手紙の内容には次回の担任教諭の訪問日時も記載しました。今までは事前の予告がない家庭訪問でしたので、誰も出てこなかったのかもしれないと考えたからです。

　翌週、スクールソーシャルワーカーと担任教諭は、家庭からの欠席連絡を期待して待っていましたが、連絡はありませんでした。母親からスクールカウンセラーへの連絡も来ていませんでした。残念な気持ちが広がるなかで、麻美と同じクラスの生徒が麻美を見たという情報が養護教諭より飛び込んできました。その生徒が麻美を見たのは、前回、担任教諭が家庭訪問をした時間の30分程前とのことでした。麻美はギターを抱えて、母親と一緒に出かけていったそうです。麻美は、以前から通っているギター教室に行ったと考えられます。そのため、担任教諭が行くと伝えた日時には、誰も自宅にいなかったようです。

　次の家庭訪問を翌日に控えたある日、母親から担任教諭に電話が入りました。その電話で母親は、「麻美がなぜ学校を休むのかわからず、何と伝えればよいかわからなかったので電話をとれなかった」ことを話しました。母親としても、麻美の将来のことを考えると、「この時期に学校へ行けていないことがとても不安でしかたがない」と話してくれました。

　担任教諭は、「麻美さんの今後のことを一緒に話し合いたいので、家にうかがってもいいですか？」と伝えました。すると、母親からは、「麻美を連れて一緒に学校へうかがいます」という返事でした。そこで、面談の日程を決め、時間帯は生徒のいない放課後にしました。担任教諭は母親の了解を得て、スクールカウンセラー、スクールソーシャルワーカーにも同席してもらうことを依頼しました。

　面談約束の当日、母親は麻美を連れて学校に来てくれました。担任教諭は、スクールカウンセラー、スクールソーシャルワーカーと一緒に相談室で面談を行いました。面談のなかで麻美は、「登校できなくなる理由が自分でもわからず、さぼっているような気持ちになり、どうしたらいいかわからなかった」と話しました。母親も、「そのような麻美の状況を学校に伝えると怒られるのではないかという思いがあり、なかなか連絡を取ることができなかった」と話してくれました。

担任教諭からは、麻美に対して、まずはスクールカウンセラーが来校している日に相談室登校をしてはどうかとの提案がなされました。麻美自身は、「**別室登校ならできそう**」ということで、承諾してくれました。
　面談を行った翌週、麻美は面談での約束通り相談室登校をするようになりました。現在のところ、週2日の登校ができています。そして、卒業後の進路についても、母親を交えて前向きに考えるようになりました。

4. 本事例の支援のポイント

　今回、麻美への関わりのなかで、スクールソーシャルワーカーが意識したのは、以下の2点です。
　まずは、学校の取り組みを活かすということです。本事例の場合、担任教諭は忙しいなかでも時間を見つけて家庭訪問に行っていました。こうした教員の取り組みは、日本の学校のよいところだと感じています。学校の先生方は、忙しいなかでも児童生徒や家庭への働きかけを行っています。しかし、ときにはその取り組みが固定化してしまったりする場合があります。そのため、ソーシャルワークの観点を加味してもらうことで、今までの取り組みを見直してもらうことです。これは、コンサルテーションの支援にあたります。
　2点目は、家庭と学校が良好な関係を維持していけるように働きかけていくことです。本事例では母親が、「学校から怒られるのではないか」という思いがあり、学校との接触を拒否していました。しかし学校としては、そうした考えや思いはまったくありません。スクールソーシャルワーカーは、学校と保護者が互いの思いや考えをきちんと伝え合えるように、仲介をしていく役割があります。
　今回の事例は、スクールソーシャルワーカーが対象生徒に直接支援を行ったものではありませんが、教員へのコンサルテーションによる間接的支援の重要性を実感した事例といえます。

Best Practiceに向けて

スクールソーシャルワーカーの「家庭訪問」について

　不登校の子どもに対して、担任教師は家庭訪問をします。保護者や子どもと会って、登校に向けた話をしたり、子どもに会えないときは保護者の相談にのったりします。

　スクールソーシャルワーカーも子どもたちの家庭に訪問をします。家庭訪問は、ソーシャルワーク実践において長い歴史があります。すなわち、アメリカにおいて、1878年、ニューヨーク、バッファローで始まった慈善組織協会（Charity Organization Society：COS）は、貧困家庭への支援として、「施しではなく、友愛を」（Not alms, but a friend）のキャッチフレイズのもとでボランティアが家庭に訪問し、家庭問題の予防や対処に取り組んでいきました。この家庭訪問を「友愛訪問」（Friendly Visiting）といいます。

　そして、スクールソーシャルワーカーの起源である「訪問教師」（Visiting Teacher）は、貧困家庭の子どもの家庭状況を教師に理解してもらい、また保護者には子どもの教育の必要性を理解してもらうために、家庭や学校に出向きました。これにより、家庭と学校のつなぎ役を担ったのです。

　ソーシャルワークでは、支援を要する人や支援者のところに直接出向いていく実践を「アウトリーチ」（outreach）といいますが、スクールソーシャルワーカーの実践は「訪問」活動から始まったのです。

　今日、スクールソーシャルワーカーの家庭訪問として、アレン（Allen, S. F.）とトレーシー（Tracy, E. M.）は3つの目的を紹介しています。1つ目は、学校と家庭をつなぐ役割です。家庭と学校間の断絶を改善するために、また学校側の思いを保護者に伝え、親の思いを学校側に伝え、両者の関係改善を図ることで、子どもの教育を保障していく取り組みです。

　2つ目は、家族のニーズを充たすために、保健・医療・福祉・教育等のサービスを紹介し、活用してもらうために家庭訪問をして支援を行っていく役

割です。この支援では、スクールソーシャルワーカーは多くの社会資源の情報を保有し、または既存にない社会資源を開発していく必要もあります。さらに、家族のニーズアセスメントを含め、ケースマネジメントの手法を活用していくことになります。

　3つ目は、児童虐待や家庭内暴力等、リスクを抱える家族を支援していくための家庭訪問です。この支援では、学校と家庭、関係機関との協働を進め、子どもの抱える状況を改善していくために、アセスメントと支援計画の立案、実行、評価の取り組みが求められます。

　このように、スクールソーシャルワーカーの家庭訪問は、学校と家庭間のつなぎ役を担い、子どもの教育に対する保護者の関与を増進し、また学校職員に子どもの家庭状況を理解していってもらうことを目指すものです。

　このスクールソーシャルワーカーの家庭訪問は、教師が行う家庭訪問とは異なる目的と実践であることを学校には十分理解してもらう必要があります。事例によっては、担任教諭が不登校の子どもへの信頼関係性を深めるために家庭訪問をしたほうがよい場合があります。しかし、担任教諭のなかには、子どもや保護者となかなか会えない、または家庭訪問する時間がない、適応指導教室に行っているので、などの理由からスクールソーシャルワーカーに家庭訪問を委ねてこられることがあります。

　スクールソーシャルワーカーが家庭訪問を実施する場合、校内及び校外ケース会議にてその目的を明確にしたうえで実施していくことが大切です。

※参考文献：Allen, S. F. & Tracy, E. M. (2004) Revitalizing the role of home visiting by school social workers. *Children & Schools*, 26 (4), 197-208

スクールソーシャルワーカー体験記

「ジンときたこと」

　当時、仕事で使用していた自動車を買い替えることになり、職員室で先生方と車両ナンバーについて雑談していました。すると、その時職員室にいたAくんが、「**俺が考えちゃるよ～**」と言い去っていきました。小学校6年生のAくんは、金髪でピアスをあけるなど風紀が守れないことや、万引きや暴走などの逸脱行動が目立つ男の子でした。教室に入ることができず、私が来校している日はよく職員室に話をしに来ていました。その日も、教室の居心地が悪く、職員室や面談室などを行ったり来たりしていました。

　後日、彼が考えてきた車両ナンバーを自慢げに持ってきました。「1173」と書いてありました。彼は、「**意味、わかる？いい波！スクールソーシャルワーカーさん、サーフィンとかするやろ？それもやし、これからスクールソーシャルワーカーさんの人生にいい波が来ますようにって掛けとると**」と話をしてくれました。思わず胸がジンときて、椅子に敷いていた座布団をA君に渡しました。それから2代目の私の車のナンバーは「1173」です。

1章　子どもへの直接支援

【非行事例】

事例 11　喫煙、暴走行為、不登校がみられる小学校5年生への支援

1．事例概要

　健太郎（仮名）は小学校5年生の男子で、3年生の3学期ごろより学校を休みがちになり、5年生の現在は、週に1日ほど学校に登校している状況です。

　健太郎は、母親、母親の内縁の夫Aさん、18歳の姉、高校2年生の兄、中学3年生の兄と6人で暮らしています。健太郎の父親は、彼が小学校に入学するときに家を出ていきました。現在も母親と離婚はしておらず、近所で別の家庭を築き暮らしています。健太郎の通う小学校には、異母兄弟にあたる2年生のBちゃんも通っています。父親が家を出てから、母親はAさんと暮らすようになりました。現在、母親とAさんは、一緒にクリーニング店を営んでいます。

　しかし、姉や兄たちは両親を軽蔑し、Aさんにも強く反発をしています。そのため、いつも家の中では怒鳴り声が飛び交い、喧嘩が絶えませんでした。そして、姉や兄は次第に家に寄りつかなくなり、万引きや家出、深夜徘徊、喫煙や飲酒、暴走行為などを繰り返すようになりました。

　そのころから、健太郎も学校を休むようになりました。姉や兄、その友人たちと深夜まで行動を共にするようになり、朝起きることもままならなくなりました。この時の健太郎の生活は、昼過ぎに起床し、夕方から近所の公園で中学生の非行少年の集会に参加し、夜は兄たちと徘徊をし、深夜に帰るといった状況が続いていました。

　小学校には気が向いた時にふらっと登校するものの、授業中は眠りこけ、給食を食べ、飽きたら帰るといった状況でした。学習にも意欲がなく、定着もしていません。また、小学校のトイレで喫煙をするなど、校内での逸脱行動もたびたびありました。そのため、小学校では仲のよい友人はほとんどおらず、姉や兄、その友人たちと遊ぶことがほとんどでした。

　このような健太郎の行動について、小学校では当時の担任教諭および生徒指

71

導担当教諭が中心となり指導を重ねてきました。しかし、教諭が注意をすると悪態をつき、指導ができる状況ではなくなっていました。

　そこで、担任教諭は母親を学校に呼び、家庭でも健太郎に対して指導をしてもらうように依頼しました。すると母親は、「**私たちの家庭では、子どもは自由に育てるという方針なんです**」「**健太郎がむちゃくちゃな行動をとっても、悪気はないので先生たちも放っておいてください**」と話しました。母親の低調な養育意識を知り、担任教諭は困り果てました。そして、健太郎の逸脱行動や家庭との連携が困難な点に対する取り組みについて校長に相談をしました。校長は、スクールソーシャルワーカーへ相談することを提案し、担任教諭がスクールソーシャルワーカーに相談に来ました。

2. 支援内容

　相談を受けたスクールソーシャルワーカーは、健太郎の状況や気持ちを確認しようと、健太郎に面接を行うことにしました。しかし、健太郎はいつ登校するかもわからず、家庭訪問しても家にいないという状況が続き、ゆっくりと健太郎と話をすることができずにいました。そこで、スクールソーシャルワーカーは、健太郎がよく目撃される校区の中の公園やたまり場に足を運び、健太郎たちの集団と一緒に時間を過ごすことに努めました。

　集団の中には、スクールソーシャルワーカーと親しい中学2年生の男子生徒がいたため、彼を頼りに集団と仲よくなろうと図りました。そんなスクールソーシャルワーカーに対して、健太郎は「**うざい**」「**死ね**」「**こっち来るな**」などの暴言を吐くなど警戒していました。しかし中学の男子生徒の仲介もあり、健太郎とスクールソーシャルワーカーの共通の趣味である自動車の話をしたり、公園でバスケットボールをしたり、大好きな猫の世話を一緒にするなかで、健太郎は次第に心を開きいろいろな話をしてくれるようになりました。

　健太郎は、母親が病気であるため心配させたくないと思っていること、学校は勉強が全くわからなくなってしまい、同級生の冷ややかな視線が気になり行きにくいことなどを話しました。スクールソーシャルワーカーが将来の夢を尋ねると、「**トラックの運転手になって母親に楽をさせてあげたい**」と言いました。

スクールソーシャルワーカーは、健太郎へのこれからの支援について相談をするために母親に面談を申し込みました。面談の日、母親はAさんとともに、緊張した面持ちで約束の時間に来校しました。スクールソーシャルワーカーは、二人に簡単な挨拶を交わした後、面接室に案内しました。面談は、校長と担任教諭、母親とAさん、スクールソーシャルワーカーです。校長より「健太郎くんの支援について」という話を始めると、強い口調でAさんが言葉を発しました。Aさんは、「あんたたちは、うちの健太郎をいつも悪者扱いだ。健太郎のことを何もわかろうとしない。どうせ今日も、児童相談所に通告するとかいう話だろ」と、激しく罵りました。母親は下を向いていて口を開こうとしません。学校と家族との溝が深く、面談を続行することは困難であると判断したスクールソーシャルワーカーは、別室で家族とスクールソーシャルワーカーの3人で話をすることを提案しました。別室での面談を開始すると、ずっと口を閉じていた母親が、これまでの経過を話し出しました。

　まず、母親は家族関係が複雑であることを説明しました。実父と顔が見える場所に住んでいるのに健太郎は話しかけることすらできないこと、Bちゃんが実父と楽しそうに生活をしているのを見て苦しんでいること、実父との離婚も成立していないのにAさんと暮らしていることについて地域の方も事情を把握しており快く思われていないこと、Aさんは実父以上に子どもたちのことを心配し関わろうとしていることなどを話しました。このとき、母親は子どもたちへの後ろめたさが先立ち、子どもたちが悪いことをしても注意すらできなくなっていました。

　次に母親は、健太郎は兄弟のなかで一番優しくて母親思いであると話しました。実父から厳しく当たられていることは寂しくつらいだろうが、母親が気にすると思い、そのことは言わないようにしてくれていること、Aさんに対しても他の兄弟が反発するなか「**お父さん**」と呼び、歩み寄ろうとしてくれていることなどを話しました。母親はこのような健太郎の思いを知りながら、生活に追われ忙しく、十分に関われていないことについて、ひどく後悔をしていました。

　また、これまでの子どもたちの逸脱行動について、周囲から「子育ての失敗」

と決めつけられたり、ネグレクトをしていると学校や地域住民から児童相談所に通告されたりと、他の人を信用できなくなっていると語りました。母親は、「私のこのような状況を知っていて、今日は夫（Aさん）が先生方に失礼なことを言ってしまったんだと思います。すいませんでした」と話しました。最後にスクールソーシャルワーカーが、「健太郎くんにどのように成長してほしいですか？」と二人に尋ねると、「人の痛みがわかる優しい大人になってほしい」と話しました。

そこで、スクールソーシャルワーカーは母親とAさんと継続的に情報交換しながら、健太郎の安全な生活と将来の夢に向けての支援を行っていくことを提案しました。母親とAさんも、「健太郎には自分たちのような思いをしない人生を送ってほしい」と言われ、同意されました。

3. 支援経緯

スクールソーシャルワーカーは健太郎への支援として、①校内における支援体制の整備、②家庭での支援の整理、③学校と家庭との仲介、④地域へのアドボカシー活動を軸に支援計画を立て、以下のような具体的な支援を行っていきました。

【校内における支援体制の整備】

小学校では、健太郎が安心感をもって学校に登校できるような取り組みを考えました。まず、健太郎は登校意欲が低く集中力もないため、彼が興味のある活動に焦点化し、スクールソーシャルワーカーと一緒に活動する時間を設けました。例えば、道路標識を勉強する時間や猫について学ぶ時間など、無理なくできる活動から開始しました。また、社会のルールなど家庭とは違う価値観についても学ぶ機会を設け、担任教諭や養護教諭なども活動に参加してもらいました。

関心が高い内容が学べることや、話せる教員ができたことにより、健太郎は次第に学校に来るようになりました。そこで、算数や国語などの科目についても、担任教諭は個別的に補充学習をするようにしました。丁寧な指導や学習の

目標が明確になったことにより、健太郎は楽しみを覚え学習に取り組むようになりました。
　担任教諭は、このような健太郎の頑張りを同級生たちに伝えました。そして、健太郎が教室に来た時は、何事もなかったように温かく受け入れてほしいと話しました。同級生のなかには健太郎のことを怖がっていたり、快く思っていない子どももいました。そこで、担任教諭は体育や図工など、健太郎が得意な科目を中心に彼の「輝ける場」を作りました。一生懸命取り組む健太郎の姿を見て、同級生たちも次第に昼休みのドッジボールやバスケットなど声をかける機会が増えてきました。

【家庭での支援の整理】
　家庭では、母親とAさん、スクールソーシャルワーカーが中心に生活のルール作りを行いました。まず、母親から兄弟たちに、健太郎の支援をするためにルールを作っていくことを話しました。子どもたちは、母親が言うことに耳を傾けようとしませんでしたが、真剣に話す母親の表情を見て「**今までの生活を全部変えろっていうのは無理やけど、健太郎をあんまり連れまわさんようにするよ**」「**朝は私が健太郎を起こすよ**」などと、自分たちにできることを提案してくれました。そこで、無断で外泊をしないこと（外出時は必ず連絡をすること）、健太郎を危険な場所に連れて行かないこと、決められた家事の手伝いをすること、母親とAさんも決めたこと以外は口うるさくは言わないが、決めたことが守れなかったらしっかりと指導すること、1日に短時間でも構わないので健太郎と母親が話をする時間を設けることなどのルールを決めました。
　また、スクールソーシャルワーカーは健太郎の学校での頑張りを母親とAさんに伝えました。そして、この学校での頑張りを、家庭でしっかりほめてもらうようにしました。
　長い経過のなかで築かれたこの家庭での生活は、すぐに変わるものではありません。しかし母親とAさんは、子どもたちに語りかけ続けました。また、毎日の健太郎と母親が話をする時間は必ず確保し、大切にしていきました。そのような二人の姿を見て、姉や兄たちも少しずつ協力をしてくれるようになり、

家庭のルールが定着していきました。

【学校と家庭との仲介】

スクールソーシャルワーカーは、家庭が学校に対し強い不信感を持っていること、学校が家庭に対し養育意識や能力が低調であると判断していることについて、双方の歩み寄りが必要であると感じていました。

そこで、まず学校と家庭での取り組みについて、それぞれに説明と経過報告をしました。スクールソーシャルワーカーは、双方の橋渡しをするなかで、お互いの誤解が多いことを感じました。そこで、情報連携のツールとして「健太郎くんノート」を作成しました。これは、健太郎自身が活動内容を書き込み、成果を視覚的にとらえることができるようにすること、家庭と学校との連絡、記録を目的に開始しました。

しばらく続けると、母親から担任教諭に対して学習に対する相談やとりとめのない世間話などのコメントが寄せられるようになりました。スクールソーシャルワーカーは、三者間で交流することを通して、信頼関係の再構築ができ始めてきたと実感しました。そこで、再度学校と家庭とで定期的に情報交換の場を設けることを提案しました。双方の状況を知ることを通して、話し合いは円滑に行われるようになりました。また、健太郎が頑張っていることを報告する場として、母親もケース会議を楽しみにするようになりました。

【地域へのアドボカシー活動】

健太郎の学校での生活状況が安定してくると、次第に深夜徘徊や万引きなどの逸脱行動が減ってきました。また、学校で健太郎が頑張っていることを、子どもたちが家庭に帰って話をするようになりました。スクールソーシャルワーカーは、少しずつ地域の健太郎に対する偏見が和らいでいることを実感しました。

そこで、スクールソーシャルワーカーは、健太郎たちが集会に利用している公園を週に1回バスケットをした後に、みんなで清掃するように提案しました。これまでは、地域の人に声をかけられると悪態をついていた健太郎も、「あり

がとう」や「バスケット上手やな〜」など声をかけられると、恥ずかしそうに顔を赤らめていました。また、母親も時間が合う限り、清掃活動を一緒に行いました。そこで、他の子どもの母親との情報交換をしたり、息抜きをしたり、少し健太郎の子育てに余裕が出てくるようになりました。

また、学校でも地域住民の方との情報交換を積極的に行っていました。これにより、健太郎や家庭に対する評価も「**少し話しかけやすくなった**」「**母親がお世話になっています、と挨拶をした。こんなことは今までなかった**」などの声が聞かれるようになりました。

4. 本事例の支援のポイント

健太郎の支援が好転したポイントは2つあります。1つ目は、スクールソーシャルワーカーが健太郎や家庭の現在のありのままの姿を受容し、信頼関係を築いたことです。これは、健太郎やその家庭の逸脱した態度や行動を肯定するものではなく、多面的に評価しているということです。このスクールソーシャルワーカーの「非審判的態度」は、健太郎やその家族に安心感を与え、また自分自身の課題に向き合うきっかけになり、自分たちにあったやり方で問題を解決しようという姿勢を引き出しました。本人たちに「変わろう」という気持ちが芽生えないと、その支援は好転しません。家庭を巻き込んだ校内ケース会議が継続的に実施できたのも、健太郎やその家族にこの気持ちが強くあったからであると思います。

2つ目は、スクールソーシャルワーカーは、健太郎が思っていること、家庭が思っていること、学校が思っていることの橋渡し役を担いました。本人が言いにくいことや言えないことを代弁していくことで、相互理解を促すことができました。このことにより、細やかな支援計画を立て、支援にあたる体制を構築することができました。

以上、スクールソーシャルワーカーは、子ども一人ひとりのおかれている状況や思いを理解し、尊重していくことが重要です。

【非行事例】

事例12　無断外泊、喫煙、髪染め、ピアス、欠席、遅刻がみられる小学校6年生への支援

1．事例概要

　6月下旬、校長よりスクールソーシャルワーカーに、「ここ2週間、誰も姿を見ていない児童がおり、安否を心配している」との相談依頼がありました。

　小学校6年生の哲平（仮名）は、母親と中学2年生の姉との3人暮らしです。姉は非行傾向があり、姉が小学校のときも無断外泊や欠席、喫煙が問題としてあがっていました。しかし、哲平は今までときおり欠席や遅刻がありましたが、このように長期の欠席や無断外泊はありませんでした。

　哲平は5月の連休明けより休みがちになり、6月に入り現在1か月近くも連続欠席が続いていました。また、休みがちになった5月下旬から茶髪にピアスなど、哲平の格好がどんどん派手になっていき、他の児童から哲平が喫煙をしていたとの目撃情報も学校に寄せられていました。

　さらに、この2週間は本人の姿を担任教諭を含め小学校の教員は誰も見ていないとのことでした。また、哲平の友達も同様に哲平と会っていないとのことでした。担任教諭は哲平の自宅に電話連絡や家庭訪問を行っていますが、母親とはなかなか連絡がつきにくく、会うこともできない状態でした。そのため、学校としては母親と面談ができず、本人とも1か月近くも会えていない状況から、至急、取り組みを行っていく必要があると考えました。

2．支援内容

【情報を収集する】

　スクールソーシャルワーカーは、哲平や家庭状況の把握を図るため、担任教諭や哲平の5年生時の担任教諭、姉の6年生時の担任教諭から話を聞きました。また、哲平が保健室をよく利用するため、養護教諭からも話を聞きました。

　保健室は、子どもたちが自分の健康面の話から家庭での生活まで話をすることが多くあります。そのため、哲平も担任教諭には話していない話を養護教諭

に話をしているのではないかと考えました。

①登校状況

　哲平は4年生まで欠席や遅刻はほとんどありませんでしたが、5年生から欠席、遅刻ともに徐々に増えてきています。4年生時は年間12日の欠席ですが、5年生時では年間52日と増えていました。しかし、4年生時、5年生時ともに母親からの欠席連絡はほとんどありませんでした。

②学習面

　哲平は欠席や遅刻が多く、登校時も保健室にいることなどから、授業への参加時間が少ないため、学習の積み重ねができていません。運動神経はとてもよく、体育は大好きで積極的に参加します。しかし、宿題はほとんどしてきません。

③友人関係

　欠席が増える前は、放課後に学校の友達ともよく遊んでおり、地域の子ども会のドッジボール大会などの行事にも参加していました。現在は、非行傾向の姉の友人や携帯サイトで知り合った他校生との交友がみられます。

④生活面

　夜遅くまでゲームやテレビを観ており、深夜1時過ぎまで起きていることもあります。朝食は用意されていないことが多く、ほとんど食べてきていません。衣服の汚れや入浴に関する衛生面の課題はありません。

⑤家庭の状況

　両親は8年前に離婚しています。母親は昼に介護の仕事をし、夜は飲み屋で仕事をしているため、ほとんど家にはいません。洗濯は1週間分、近隣に住む母方祖母がまとめて行っています。しかし、母親は祖父母から子育てについて口を出されるのを嫌がります。そのため、祖父母は哲平の家庭を気にかけている様子はあるものの、深く関われないでいます。母親は運動会や学習発表会には来校し、哲平も母が来ることを楽しみにしています。

【第1回校内ケース会議：6月下旬】

　スクールソーシャルワーカーは、哲平の現状把握、教員による情報共有、哲

平の課題整理、支援内容の検討を目的に校内ケース会議を開催することにしました。誰も哲平の姿を2週間も見ていないことから早急に対応する必要があると判断し、校長からの相談を受けたその日の放課後にケース会議を実施しました。

　参加メンバーは、哲平の担任教諭、学年主任、校長、教頭、養護教諭、スクールソーシャルワーカーです。校内ケース会議の結果、哲平の非行傾向は姉の影響と家庭環境が起因しており、家庭支援も含めた取り組みが必要であることがわかりました。同時に、学校生活における支援体制も充実させる必要がありました。家庭が哲平にとって居場所となっていないからこそ、学校生活の安定は何より重要なものになります。

　そこで、今後家庭支援を進めるに当たり、まずは学校生活の取り組みを中心に行うことにしました。そして現在、哲平の行方を含めて、現状把握のためにスクールソーシャルワーカーは母親と祖父母への面談を実施することにしました。さらに、今後の支援協力を踏まえ、児童相談所と警察署少年サポートセンターに出向き、ケース照会を行いました。そして、哲平に関する情報が児童相談所や警察に入った際には、学校に連絡をしてもらうようにしました。

【母親と祖父母への面談】

　担任教諭からの紹介により、スクールソーシャルワーカーは母親と祖父母への面談を行いました。

　母親との面談では、母親自身が学生時代は非行傾向にあり、祖父母には「**非常に心配と迷惑をかけた**」と打ち明けました。そのため、孫のことで祖父母には迷惑をかけたくないという強い思いがあることがわかりました。また、祖父母の支援を受けることで、自分の子育てがうまくいっていないと言われていることが嫌で、口を出されたくないと思っていました。そして、子どもたちが学校に行けていないことや授業を受けられていない状況にあるため、学校への気まずさから学校との接触を避けてきたこともわかりました。

　後日、母親、祖父母を交えて話し合いを行いました。その結果、子育ての中心は母親だが、祖父母も家事や学校に関連する哲平への支援をしていくことに

なりました。学校からも母親と連絡が取れないときには、祖父母と連絡を取り合うことになりました。

【第2回校内ケース会議：6月下旬】

　母親と祖父母の面談を終え、第2回目の校内ケース会議を開催しました。この会議では、哲平が見つかった後を見据え、哲平への支援計画を立てました。支援計画では、哲平の学習レベルに合わせた学習目標及び段階的な登校支援を行っていくことにしました。

【哲平との面談：7月上旬】

　7月上旬の朝、母親より学校に「**哲平が家に帰ってきたので、今から学校に連れていく**」と連絡がありました。母親が哲平を学校まで連れてきた後、校長室で哲平、母親、担任教諭、校長、教頭、スクールソーシャルワーカーによる面談が始まりました。まずは、いきなり家出をしたことを指導するのではなく、母親や先生たちが大変心配したことを哲平に伝えました。そして、なぜ帰る気になったのかを担任教諭が尋ねると、「**お母さんが心配するから**」と答えました。

　その後、スクールソーシャルワーカーは哲平と二人だけの面談をしました。スクールソーシャルワーカーは哲平に、家に帰っていない間の生活や、その時の気持ちなどについて尋ねました。哲平は、学校を欠席し無断外泊をしている間の気持ちについて、「**勉強など嫌なことはしなくていいので楽だったけど、疲れた**」と話しました。そして、「**お母さんが心配しているし、お母さんが周りの人から怒られるからかわいそう**」と母親を思いやる気持ちも述べました。

　面談を終えるにあたって、スクールソーシャルワーカーは哲平の今後の登校や学校での過ごし方について一緒に考えていきたいことを伝えました。それについて、哲平はうなずいてくれました。

【第3回校内ケース会議：7月上旬】

　スクールソーシャルワーカーが哲平との面談を終えた放課後、第3回目の校内ケース会議を開催しました。このケース会議では、登校支援は校長、学習支

援は担任教諭、喫煙防止支援は養護教諭、そして、哲平本人との面談や関係機関との協働はスクールソーシャルワーカーが担っていくことにしました。

【支援の実施：7月上旬】
①登校支援の取り組み

　校内ケース会議の翌日、校長とスクールソーシャルワーカーは哲平と面談をし、「校長先生とのお約束」と題し、今後の登校及び学校での過ごし方に関する約束を交わすことにしました。哲平との話し合いから、哲平は次の4つの約束を了解しました。

　a）学校に毎日顔を出す。
　b）週2日は学校で終日過ごす。
　c）週3日は給食時間まで過ごす。
　d）学校に入る前にピアスは外す。

　この4つの約束は、色画用紙に書きました。そして、4つの約束の記載の続きには、「"校長先生へのお約束"。これが守れたら屋上にあがらせて欲しい」と付け加えました。哲平の思いをくみ取り、校長の許可をいただき、約束が1週間守れた場合、5分間校長の付き添いのもとで屋上に行けることになりました。

②学習支援の取り組み

　担任教諭からは、1週間ごとに哲平への学習目標と教科課題が設定されました。その目標と教科課題は哲平の学習レベルに合わせたもので、教科課題ができたかどうかを毎日担任教諭と一緒に哲平はチェックしていきました。

　教科課題ができた場合には、「教科課題カード」に哲平の好きなシールを貼っていくことにしました。このカードはスクールソーシャルワーカーが準備をしましたが、カードには哲平の好きなキャラクターの絵を飾りました。目標と教科課題を書いたカードは、哲平の机の上に貼り、哲平が意識して行動できるようにしました。

③喫煙防止支援の取り組み

　養護教諭はパワーポイントや教材を使って、哲平に喫煙のリスクについて話

をしました。また、母親に対してもスクールソーシャルワーカーと養護教諭から、哲平の手の届かないところにタバコを置くこと、哲平にタバコが手に入りにくい家庭環境にしていくことをお願いしました。

【第4回校内ケース会議：7月中旬】

　哲平は学校に登校するようになり、生活リズムも整いつつあります。学習意欲も徐々に向上してきました。しかし、夏休みの長期休暇に入ることで、再び哲平の生活リズムや学習意欲が崩れることを危惧しました。

　そこで、夏休みに入るにあたり、スクールソーシャルワーカーは夏休み中の哲平への支援計画を立てる必要があると考え、校内ケース会議を開催しました。

　ケース会議で話し合われた哲平の夏休み中の支援計画は、次のものです。

① 学習会の開催：哲平を含め、学習進度の厳しい子どもたちに対し、教員たちによる学習支援のための学習会を定期的に開催することにしました。
② 級友との交流の機会の設定：哲平は家出中、非行傾向のある他校生や年上の友人と交友がありました。しかし、同じ小学校の同級生との関係を強くしていくために、同級生との交流の機会の場を設定していきました。学校でバスケットボールやバレーボール、バドミントンなど、哲平が同級生と一緒にする企画です。この企画には、担任教諭を含め教員やスクールソーシャルワーカーも参加していきました。

3. 支援成果

哲平への支援では、下記の成果がみられました。
① 無断外泊がなくなりました。
② 登校日数も増え、無断で欠席することはなくなり、遅刻も減少していきました。
③ 祖父母の支援が得られるようになり、家庭の支援体制の強化によって、哲平は安定した生活リズムを取り戻すことができました。
④ 学習にも積極的に取り組む姿が見えるようになりました。
⑤ 喫煙行動がなくなりました。

⑥　学校と家庭の協働が図れるようになってきました。
　⑦　担任教諭のみが哲平の対応をするのではなく、チームで取り組む校内体制が築かれました。
　⑧　同級生との関係強化が図られました。

　以上のように、哲平への支援を通して、校内ではチームによる支援体制が築かれ、哲平への学習保障や学校内での居場所が確保されていきました。

　今後はスクールソーシャルワーカーとして、非行の一要因である家庭環境への支援を学校だけではなく、関係機関と協働していくことが必要であると考えています。

4．本事例の支援のポイント

　哲平の非行の背景には、家庭環境が大きく影響していました。そのため、スクールソーシャルワーカーが設定した校内ケース会議のなかでも、教員からは母親の養育意識の低さについての課題が提起されました。当初、教員からは「**哲平を児童福祉施設に入所させることはできないのか？**」「**哲平のためには家から離した方がいいのではないか？**」という意見が出されていました。しかし、哲平は家族から離れて生活することを望んではいませんでした。

　子どもたちの支援においては、子どもたちのおかれている状況を客観的にとらえ、子どもの思いを中心に"最善の実践"をしていく必要があります。決して、子どもたちの思いが無視されるようなことがあってはなりません。今回の事例では、家庭環境が落ち着かないからこそ、哲平には学校で落ち着ける環境を作っていってあげることを第一に考え、支援をしていきました。

1章　子どもへの直接支援

【非行事例】

事例
13　深夜徘徊と不登校を繰り返す中学1年生への支援

1．事例概要

　さくら（仮名）は中学1年生の女子で、母親、長男（20歳）、次男（16歳）、さくらの4人家族です。母親は、昼は介護の仕事、夜はコンビニで働きながら、家計を支えていました。長男と次男は中学校卒業後、高校進学はせずにアルバイト先を転々としている状況が見受けられました。両親は幼少期に離婚しており、離婚後は父との接触はありませんでした。

　さくらは中学入学後間もなく、学校内での喫煙や授業中の離席、教師や友人への暴言、そして、教室や保健室で暴れるなどの行動が顕著に見られ、欠席も目立つようになりました。さくらの問題行動が顕著になってきたため、担任教諭は家庭との連携を図るため、母親に連絡を入れるようになりました。しかし、母親は電話や訪問に対して、拒否的な態度を示していました。

　学校は、本人とどう向き合えばいいのか、母親とどのようにしたらつながれるのかと悩んでいました。そこでさくらへの支援や家庭との連携を目的として、スクールソーシャルワーカーへの相談依頼がきました。

2．支援の開始

　スクールソーシャルワーカーはさくらへの支援を開始するにあたって、次のことに留意しました。

① 　さくらの行動課題の要因は何だろうか。そこで、さくらに関わっている人や関わっていた人からの情報を収集する。

② 　さくらや母親のニーズを知りたい。そこで、さくらや母親のニーズを聞かせてもらえるようになるために、二人との信頼関係を築いていく。

③ 　校内ケース会議にて、さくらへの支援計画を立てていく。支援計画では、さくらや母親のニーズ、困り感を学校に伝え、学校での支援体制を築いていく。

3. 支援内容と経緯

【さくらとの出会い】

　最初の出会いは保健室でした。暴言を吐きながら保健室の物品を投げたり、カーテンを外したりと大暴れ。男性教諭が止めに入ると、さらに行動がエスカレートする状態であったため、養護教諭とスクールソーシャルワーカーで話を聞くことになりました。

　ひとしきり暴れて落ち着くのを待ち、どうしてこのような行動をとったのか、話を聞いてみました。さくらは「授業がつまらなくなって教室を抜け出した。保健室のベッドで友達と話をしている所に担任が来て注意された。ムカついたから暴れた」とのことです。自分のとった行動がどうだったのかを一緒にゆっくり振り返ってみました。

　「よくなかったと思う」と話をしながら、少しずつ自分の気持ちを出してくれました。「でも、担任はいつもあたしのことを注意する。だいたい、男の先生は大嫌い。大人は私のことをわかってくれない！」さくらのこの言葉から、「暴れる」行動は単純に注意されて「ムカついた」からではなく、日頃からさくらの心の中にある「怒り」や「伝えられない思い」があることがわかりました。その思いを整理していくために、定期的にスクールソーシャルワーカーと話をしていくことを提案し、さくらは了解してくれました。

【情報収集】

　さくらを多角的に理解するために、スクールソーシャルワーカーはこれまでにさくらと関わった人たちから情報収集を行っていきました。

　小学校では主として関わりを持っていた担任教諭から話を聞くことができました。担任教諭は母親のような雰囲気を持った女性の先生でした。在学中のさくらは活発で、女子グループの中心的な存在だったそうです。良くも悪くもリーダーシップを発揮する力があったため、交友関係上のトラブルでよく名前があがっていました。学習にはなかなか集中できませんでしたが、現在のような「物を投げる」「暴言を吐く」などの行動は一切見られませんでした。理解力や作業力は高かったため、担任教諭は意図的に運動会では応援団、放課後のお料理

教室では世話役など、役割や活躍の場を与えて関わっていました。
　中学校に入学してからは、小学生の頃からの交友関係を中心に5〜6人で過ごしていましたが、関係性は希薄でグループの中でトラブルを繰り返していました。また、入学当初より校則違反が見られたため、教員との信頼関係ができる前から「指導」の対象となっていたこともわかりました。
　スクールソーシャルワーカーは、さくらのクラスでの様子を知るために教室に向かいました。さくらはどの場面でもムードメーカーであり、他生徒への影響力も強い印象を受けました。授業中は集中ができなくなると、離席して他生徒へちょっかいを出したり、教員に暴言を吐いたりしていました。いつも一緒にいるメンバーの数人がその行動に同調し、暴言行動は一層エスカレートしていきました。

【さくらとの面談】
　学校内の相談室でさくらと関わり始めた頃、スクールソーシャルワーカーの対応を試すかのように反抗的態度が目立ちました。そこで、スクールソーシャルワーカーは、まずはさくらの興味のある話題をテーマに個別面談を進め、信頼関係の構築を図っていきました。他愛もない会話から、少しずつ友達との関係や家族に対する思いへと、話を深めていくことができました。

〜友達との関係について・本人の語り〜
　「小学校6年間はずっと同じメンバーで過ごしていたけど、本当に信用できる人はいない。とくに仲がいいと思っていた友達とも、悪口を言い合ったり、ケンカをしたり…。一緒にいて楽しい時もあるけど、なんか常にイライラする。傷つきたくないから、信用したくない」

〜家族への思いについて・本人の語り〜
　「母親とは最近ゆっくり話をしていない。忙しそうだし顔を合わせると怒られるから、会いたくない」「小さい頃に離婚した父親の記憶はほとんどない。だけど、夜になるといつも大ゲンカをして父親が母親を叩いていた光景は覚え

ている。大人の男が嫌い」「最近、夜になると落ち着かなくなり、眠れなくなる。イライラして腕をカッターで切ってしまうこともある。だから、携帯で先輩と連絡をとって遊びにいく」と話してくれました。

その他、教室での問題行動も、自身の感情のコントロールができず、衝動的な行動をとってしまうという課題について話をしてくれました。

【母親との面談】
さくらの話から、中学校に入学した頃からさくらと母親の折り合いも悪くなり、家庭では口論を繰り返し、時にはたたき合いの喧嘩に発展することもあることがわかりました。スクールソーシャルワーカーはさくらに母親との面談の機会を調整してもらい、家庭訪問にて母親面談を行っていくことにしました。

母親は当初、話をすることに抵抗を示していましたが、面談を通してさくらの思いや葛藤を理解し、母親自身の思いも話すようになりました。また、母親は学校不信感について、次男が同校在籍中に非行行動があり、そのときの学校対応についても話してくれました。「親としては、一生懸命やっているつもりでも、問題がある度に学校に呼び出されて、謝罪と責任を求められて追い詰められている感じがした」「さくらだけは、自分の気持ちを理解してくれていると思っていた。でももう、向き合う気力がありません」

母親の学校不信や子育てへの不安、仕事と家庭両立への疲れなど、スクールソーシャルワーカーは母親の気持ちに寄り添いながら、今困っていることについて整理をしていきました。そして、さくらが「お母さんに甘えたい。お母さんには心配かけたくない」と話していたこと、一方で、「顔を合わせると素直になれず反抗的な態度をとってしまう」ことなどを母親に伝えながら、さくらにとって今後どのような支援が必要かを母親と一緒に考えていきました。

【校内ケース会議】
さくらや母親の思いを学校に理解してもらい、今後の支援のあり方を話し合うために校内ケース会議を開催しました。参加メンバーは、校長、教頭、担任教諭、学年主任、養護教諭、スクールカウンセラー、スクールソーシャルワー

カーです。
　校内ケース会議では、次の課題について検討していきました。
①さくらの抱えている課題
　a）授業中の離席や不登校がある。
　b）深夜徘徊や喫煙など非行行動が見られる。
　c）不眠やリストカットなど精神的な支えを要する状況がある。
②家庭が抱えている課題
　a）母親は学校への不信感がある。
　b）母親がさくらと向き合うための精神的な余裕がない。
③学校が抱えている課題
　a）さくらと母親との信頼関係を築く必要がある。
そこで、会議での協議の結果、次の支援計画を立てました。
①本人への支援
　a）学年のなかで、さくらへの指導を行う教諭（担任教諭、生徒指導主事）と、話を聞いたり、居場所を作ったりといった精神的支援をする教諭（女性の副担任教諭、養護教諭）の役割分担をする。
　b）個人面談はスクールソーシャルワーカーが主に担う。
②家庭への支援
　a）母親面談は当初はスクールソーシャルワーカーが行っていたが、今後はスクールソーシャルワーカーと担任教諭・養護教諭へと広げていくことで、母親の学校不信を払拭していく。
　b）家庭の経済的支援として福祉サービスの諸手続きや長男への就労支援をスクールソーシャルワーカーが担っていく。

【支援結果】
　支援計画の実行を通して、さくらは感情のコントロールをしながら教室で過ごす日が増えていきました。暴れたり暴言を吐いたりすることも減り、交友関係でのトラブルによる欠席も、状態が悪化する前に教員やスクールソーシャルワーカーが介入していくことで減少していきました。

さくらは、母親に対して「怒り、心配、不安、愛情」といったさまざまな気持ちを表現するようになり、少しずつですが母親と向き合って話をすることもできるようになっていきました。スクールソーシャルワーカーと母親との面談は、徐々に担任教諭にも同席してもらい、さくらのストレングス（持っている強み・長所）を担任教諭から強調して伝えてもらうことで、その後、母親と担任が直接連絡を取り合えるまでに関係が改善しました。

　長男の就労が開始し、家庭が経済的に安定してくると、母親はさくらと一緒に買い物やランチに出かけることができるようになっていきました。不眠については波が見られますが、深夜徘徊、リストカットの課題は少しずつ改善されてきています。

4．本事例の支援のポイント

①ポイント1：「出会い」の場面

　相談室での安心できる環境にて、スクールソーシャルワーカーは本人の思いを中心に傾聴していきました。

②ポイント2：「情報収集」の場面

　これまでにさくらはどのような経験をしてきたのか、どのような親子関係や交友関係があったのか、また、本人のストレングス（持っている力や興味のある分野、長所）などについて情報収集を行っていきました。

③ポイント3：「本人との面談」の場面

　最初は本人の興味があることについて話をし、スクールソーシャルワーカーは「あなたのことを知りたい」というメッセージを送りながら、信頼関係の構築を図りました。本人が徐々に、自分のことを話すようになってからは、今困っていることについて話をしていきました。

④ポイント4：「母親との面談」の場面

　母親と初めて面談を行う際には、誰につないでもらうかというのは大切なポイントです。今回は、さくら自ら「**スクールソーシャルワーカーと話をしてほしい**」と母親に伝えてくれたことが、面談の実現へと結びついたポイントです。

⑤ポイント5：「校内ケース会議」の場面

さくらは男性に強い抵抗感を示しています。そのため、まずは女性の副担任教諭や養護教諭の関わりを強化し、信頼関係を築いてもらうことにしました。副担任教諭や養護教諭はさくらの友人関係の悩みや担任教諭との関係性について助言や傾聴を行っていくことで、さくらの精神的安定を図っていく取り組みをしていきました。

スクールソーシャルワーカー体験記

「恋のキューピット」

　ある日、先生から「休みの日に何をしていいかわかりません。夜も仕事のことばかり考えて眠れません。とてもキツイです。どうしたらいいですか？」と、相談されました。「彼女を作ったらいいと思います」と、アドバイスしました。

　1か月後、「眠れるようになりました」と、うれしそうに報告してくれた先生。先生のことを一途に思っている、素敵な彼女の存在に気づいたようです。スクールソーシャルワーカーは恋のキューピットもしています（自称）。(^_^)v

スクールソーシャルワーカー体験記

「夏休みの出来事」

　地域巡回をしていると、道路脇の溝の中から視線が…。中をのぞいてみると小学校1年生の子どもがいました。「何してるの？」と聞くと「ここが一番涼しいよ。一緒に入っていいよ」と言われました。「ありがとう。でも、危ないから出ておいで。もっと涼しい所を教えてあげるから」と、涼しい木陰に案内しました。スクールソーシャルワーカーは、地域のなかの涼み場所も教えます。

「冬休みの出来事」

　家の中が寒いからと、外に出て近所の郵便物を燃やして暖をとっていた子どもたち…。先生や地域の方、警察の方にしっかり叱られた後、「何も使わなくても温まる遊び」を教えました。スクールソーシャルワーカーは、遊び方も教えます。

「学校での出来事」

　朝ご飯を食べていない子どもがたくさんいます。夕ご飯を食べていない子どももいます。スクールソーシャルワーカーは地域で協力してくださる方を探し、子どもたちが自分で火を使わずにご飯を作る方法を教えることにしました。スクールソーシャルワーカーは、子どもたちに生きる力をつけます。

【非行事例】

事例 14　万引きや深夜徘徊、喫煙で補導を受ける中学1年生への支援

1．事例概要

　加澄（仮名）は中学1年生の女子で、家族は母親と兄（高校3年生）と加澄との3人暮らしです。加澄は、小学校の時は休まずに学校に行き、勉強がわからない時には自分から担任教諭に教えてほしいと言い、休み時間や放課後も残って勉強するほどでした。

　中学校に入学し、1学期は頑張っていましたが、夏休みに入ると万引きや深夜徘徊、喫煙で補導されることが多くなりました。学校から担任教諭や生徒指導主事が家庭訪問をすると、加澄は部屋から出てこなかったり、逃げたりするため、小学校の頃から加澄を知っているスクールソーシャルワーカーに相談依頼がありました。

　スクールソーシャルワーカーが加澄宅に行くと、加澄は家にはいませんでした。そこで、スクールソーシャルワーカーは加澄と仲のよい美奈（仮名）に、「**加澄と話がしたいので、明日、学校に来てほしい**」と伝えてもらいました。

　次の日、加澄は約束通り学校に来てくれました。スクールソーシャルワーカーが支援することについては加澄も拒否はせず、自ら「話したいことがある」と言ってくれました。加澄は、「**自分は母親に褒めてもらおうと、勉強も家の手伝いも頑張ってきた。しかし、母親は兄を褒めるだけで、自分がいくら頑張っても認めてくれないので、全てが嫌になった。自分がいなくても、母親は兄がいればいいと思っている。私が邪魔だと思う。また、夜遅くまで家に帰らないのは、美奈も母親と喧嘩して家出をしているため心配で帰れない。万引きも、美奈が食べる物がないからお店から盗った**」とのことでした。

　また、スクールソーシャルワーカーは、母親にも話を聞くことにしました。母親からは、「**加澄はわがままで困っている。もうどうしようもないので、施設に入れたい**」とのことでした。以上の状況から、スクールソーシャルワーカーは加澄と母親との関係修復のために、児童相談所の児童福祉司と警察本部少年

課の警察官とともに校外ケース会議を開くことにしました。

2. 支援内容
　校外ケース会議には、スクールソーシャルワーカー、児童相談所の児童福祉司、警察本部少年課の三者が参加し、次の支援計画を確認しました。
① 児童相談所には母親が相談電話をしていたため、児童福祉司が母親の対応をしていく。
② 加澄はスクールソーシャルワーカーが対応していく。
③ 少年課の警察官は、加澄を補導した時はただ叱るのではなく、加澄の気持ちに寄り添って話を聞き、深夜徘徊の理由などをゆっくり聞く対応をしていく。

3. 支援経緯
　加澄は、「勉強もわからなくなったので、もう学校には行けない」と言いましたが、「誰かが教えてくれるなら、勉強したい。将来は保育士になりたい」との希望も口にしました。加澄の母親は児童福祉司に、「母子家庭だからといって、何かする時にお金がないとは言いたくない。そのため、朝早くから夜遅くまで働いている」と言いました。しかし児童福祉司は、「今は、お母さんが少しでも加澄さんのそばにいて話を聞いてあげるほうが本人も喜ぶし、非行も落ち着く」「加澄さんの帰りが遅くなっても、加澄さんの分の食事を作ってあげてください」と助言しました。この言葉を受け、母親は夜7時には帰宅するようになりました。
　加澄は、当初母親の変化に戸惑い、「今さらそんなことをされても知らん！」と言って家に帰りませんでした。しかし1か月ほどすると、夕食を食べに帰るようになりました。食事中は母親の問いかけに、「うるさい！」と言うだけでしたが、食事は残さずに食べていました。
　また、家出をしていた美奈は、加澄の母親の変化を見て「自分も児童相談所に相談したい」と加澄に言ってきました。それを聞いた加澄は、美奈を児童相談所に連れて行き、「この人がお母さんに話してくれる人だから、相談したら

いいよ」とアドバイスをしたとのことでした。美奈は「なんでもいいからお母さんが作ったご飯が食べたい。もう、お弁当は嫌だ」と話していたそうです。
　しばらくはおとなしく過ごしていた加澄でしたが、「もう落ち着いた」と思った母親が仕事中心の生活に戻ると、再び万引きや深夜徘徊、喫煙で補導され始めました。万引きの手口も巧妙になり、一人が店員と話をしているすきにもう一人が盗るなどといった方法を行っていました。ある夜、加澄から「今、警察に捕まっているから、迎えに来て！」とスクールソーシャルワーカーの事務用携帯に電話がかかってきました。スクールソーシャルワーカーはすぐに校長と生徒指導主事に連絡をし、生徒指導主事と一緒に加澄がいる場所に行きました。加澄はおとなしく話をし、「先生たち、来てくれてありがとう！」と言ってくれました。対応していた警察官にも「若いのに大変やね。頑張って！」とも言いました。生徒指導主事からは、「おまえたちがおとなしくしとったら、警察も大変じゃないんだ！」と言われると、加澄と美奈は「そっか！」と恥ずかしそうに笑っていました。
　美奈は、「今はお母さんと一緒にいたくない。どうやったら仲よくなれるのかわからない」と言っていたため、児童相談所で一時保護をしてもらうことになりました。
　加澄は美奈がいなくなり、深夜徘徊をすることはなくなりましたが、学校にはなかなか来ることができませんでした。スクールソーシャルワーカーが加澄に「何か気になることがある？」と聞くと、加澄は「勉強がわからないのもあるけど、今まで悪いことばかりしていたから、みんなから何か言われそうで怖い」「美奈は児童相談所にいるのに、自分だけ家にいるのは気が引ける」と言いました。
　スクールソーシャルワーカーは担任教諭に加澄の思いを伝え、加澄と話をしてもらうことにしました。担任教諭は、「悪いことをしたと反省できているのはよいことだから、繰り返さないように。クラスのみんなは心配している。学校に来て、みんなに元気な姿を見せてほしい」と言われました。それから、加澄は短時間でしたが、学校に来るようになりました。
　加澄は教室で過ごすよりも、校内の相談室で一人で勉強することが多い状況

でした。相談室で不安そうな表情をしていたため、スクールソーシャルワーカーが「どうしたの？」と尋ねると、加澄は「ずっと気になっていることがある」と言いました。「何？」と聞くと、「お母さんはお兄ちゃんのことは大事だし好きだと思うけど、私のことは嫌っていると思う。私は、このまま家にいてもいいのかを悩んでいる。前に、施設に行けと言われたことがあるし、お母さんが私のことを嫌いなら、施設にいったほうがいいかも」と言い、泣き出してしまいました。スクールソーシャルワーカーが「お母さんに聞いてみる？」と聞くと、加澄は「自分では聞けないから、聞いてほしい」と言ったため、スクールソーシャルワーカーは母親と面談をすることにしました。

　スクールソーシャルワーカーが母親に加澄の思いを伝えると、母親は泣きながら「加澄は女の子だから、家事ができたほうがいいと思ってさせていた。自分は仕事で忙しいから、加澄が家事をするのは当たり前だと思って、ありがとうと一回も言ったことがなかった。加澄が勉強を頑張っていたのも知っていたけど、それも当たり前のことだと思っていたから、もっとよい点を取ってきなさいと言ってしまった。厳しく言い過ぎた。仕事のストレスでイライラしている時に加澄が言うことをきかないので、つい施設に入れると言ってしまったことがある。本当に施設に入れようとは思っていない。加澄がそんなに思いつめているとは思ってもいなかった」と話しました。スクールソーシャルワーカーが、「加澄さんは、お母さんの仕事が忙しいので、病気にならないか心配と、よく言っています。私が話を聞くと、最後に必ず、ありがとうと言ってくれます。お母さんから、お世話になった時には、ありがとうと言わないといけないと言われてるからと、話してくれました。加澄さんは、お母さんのことが大好きです。お母さんが教えたことは、ちゃんと守っていますよ。話を聞いてあげてください」と言うと、母親は泣きながらうなずいてくれていました。

　「2人で話すと喧嘩になりそうだから…」と加澄が言うので、スクールソーシャルワーカーが間に入り、加澄と母親が話す機会をもちました。加澄と母親は、お互いの気持ちを素直に話し、「これからは、話す時間を増やそう」と約束をしました。加澄は、母親と話した後、「言いたいことが言えてスッキリした。お母さんが私のことを嫌ってないなら頑張れる。一緒にいてくれてありがとう」

とスクールソーシャルワーカーに言ってくれました。

その後、加澄は少しずつですが、教室で過ごせる時間が増えていきました。学校や家でうまくいかずイライラした時は喫煙をしていましたが、深夜徘徊や万引きはしなくなっていました。「万引きをしていた頃は、子どもやった」と笑って言っています。

母親は、戸惑いながらも加澄を受け入れ、自分も変わろうと努力していました。母親は時々行き詰まると、児童相談所へ相談に行きました。そのたびに児童福祉司から励まされ、「頑張ります」と言って加澄に向き合っていきました。

加澄の非行は1年ほど続きましたが、母親の態度が変わると加澄の行動も落ち着いていきました。母親が仕事で遅くなっても、加澄はご飯の用意をして待つようになりました。美奈の方は家族で母親の実家に引っ越したため、加澄が心配しなくてもよい状況になっていました。加澄の勉強も少しずつみんなに追いつき、毎日学校に来て、一日教室で過ごせるようになりました。

それから半年ほどたったある日、スクールソーシャルワーカーが中学校の保健室にいると、偶然加澄がやってきました。加澄は「久しぶり。何で久しぶりかわかる？」と聞いてくるので、スクールソーシャルワーカーが「もう、私の助けはいらないから？」と答えると、「そう！自分で頑張れるから、連絡しなかった。もう一人でも大丈夫だよ」と笑顔で言いました。スクールソーシャルワーカーとしては、少し寂しい思いを感じましたが、とてもうれしい出来事でした。

スクールソーシャルワーカーの仕事は、精神的につらいことも多いですが、加澄のようによい意味で必要ないと言ってくれ、その後幸せそうに笑っている姿を見ることができると、心からうれしく「頑張ってよかった」と思うことができます。この春、加澄は無事に進学しました。時々見かける加澄は、とてもいい笑顔で手を振ってくれます。充実した高校生活を送っているようです。

4. 本事例の支援のポイント

本事例の支援では、スクールソーシャルワーカーとしては次の点を重視して取り組んでいきました。

① 加澄と定期的に面談した。

② 学校や家庭で加澄がただ困らせる子にならないよう、加澄の思いを伝えた。
③ 母親の了承を得て警察署に行き、加澄の思いを伝えた。そして、加澄を補導した時には、加澄への対応面の配慮を警察署にお願いをした。
④ 母親の了承を得て、児童相談所と連携し、互いが情報交換をしながら加澄を支援した。
⑤ 母親の了承を得て、地域の民生委員、主任児童委員に加澄を見かけた時は、返答がないかもしれないが、挨拶をし続けてほしいとお願いをした。この取り組みは、加澄が「小さい頃から知っている人から無視された」と感じ、寂しく思いつづけていたためである。

1章　子どもへの直接支援

【非行事例】

事例15　教師への暴力で逮捕された中学3年生への支援

1．事例概要

　夕方、物々しいサイレンとともに学校に1台のパトカーが急行してきました。しばらくして、警察官に両脇を抱えられながら、職員玄関を出てきたのは中学3年生の力也（仮名）です。力也は、担任教諭に対して殴る蹴るなどの暴行容疑で逮捕されました。パトカーの後部座席に乗せられた力也は、姿が見えなくなるまで教師をにらみつけていました。

　入学当初の力也は、真面目でおとなしい生徒だったと教員たちは口々に言います。そんな力也に変化が訪れたのは中学2年生のことでした。夏休みが明けた始業式。頭髪を金髪に染めた力也が校門に現れたのです。あまりの変化に対応した教員も驚きを隠すことができませんでした。

　「なんだその髪は…」と教頭が肩に手をかけようとした瞬間、「触るな!!」と激しく抵抗してその手を払いのけました。その日から、力也は学校の教員だけでなく、同級生とも距離を置き、事あるごとに暴力沙汰を起こしては、周囲と激しく対決していきました。

　日々エスカレートする行動に、学校だけでの対応に限界を感じた担任教諭は、母親に連絡を入れて対応を協議しましたが、母親も度重なるトラブルの連続に疲弊しており、「もう私には責任が持てません…」と投げやりな言葉が続き、不全感だけが残る話し合いとなりました。その2か月後、悲劇が起きました。放課後に教頭が発した何気ない一言に力也は逆上して暴行を働いたのです。学校は校長の判断のもと、警察に通報をして力也が逮捕されるという事態が起きたのでした。

　力也の家庭は、母親、兄（高校1年生）、妹（小学校4年生）の4人家族です。母親は6年前に父親の家庭内暴力（DV）が原因で離婚した後、昼は弁当配達業、夜は居酒屋で働きながら家計を切り盛りしてきました。兄が中学校に在籍していた頃より学校行事やPTA活動にも積極的に参加していて、一生懸命子育て

に取り組む姿が印象に残る熱心な母親です。そんな母親を力也は大好きで、小学校の卒業文集にも「**将来、大金持ちになってお母ちゃんに楽をさせてあげたい**」と書いていたほどでした。

　力也が逮捕された夜、学校では緊急の職員会議が行われました。その後、今後の対応のあり方について、校長、教頭、教務主任教諭、生徒指導主事、担任教諭、養護教諭、スクールソーシャルワーカーによる校内ケース会議が行われ、具体的な支援内容などについて協議を行いました。

2. 支援内容

【力也の本当の気持ちを引き出す】

　力也が逮捕された後、スクールソーシャルワーカーは定期的に少年鑑別所へ足を運び、本人との面会を行いました。今回の事件に直接的に関与した教員が接触することは、感情を逆なでする行為となる可能性もあることから、これまで接点が比較的少ないスクールソーシャルワーカーが本人と関わりを持っていくことを校内ケース会議で確認したからです。

　逮捕された当初は、表情も険しく反応も乏しい状況でしたが、スクールソーシャルワーカーは短時間の面会を定期的に重ねながら、力也の気持ちに寄り添うことを心がけていきました。面会時に注意を払ったのは、今回の教師への暴力に関する直接的な原因追及だけは行わないようにするということでした。行為に及んだ際の感情を問いただすのではなく、その背景にあった力也自身の葛藤などに焦点を当てながら、自らの語りのなかで事件に至った経緯を語ることができるように導くことを心がけました。

【母親の存在と審判に向けた準備】

　力也との面接以上にスクールソーシャルワーカーが精力的に行ったのは、母親との話し合いと家庭裁判所（調査官）との情報交換でした。少年鑑別所での本人への定期面会により得た情報については、必ず母親に伝えるように心がけ、力也の気持ちの変容については言語化されない情報（表情、視線、姿勢、少年鑑別所での生活態度など）も含め、確実に提供するようにしました。また、母

親にも定期的に力也への面会に行ってもらうよう働きかけを行いました。
　家庭裁判所の調査官とは、本人との面会により得た情報を伝達するだけでなく、母親との話し合いの内容や学校で継続的に協議を行ってきた今後の対応(指導)方針などについても説明を行い、来るべき少年審判において力也に対する適正な判断がなされるよう情報提供に努めました。現在という一部分だけでは推し量ることのできない本人のさまざまな情報(非行に走る以前の様子や生育歴など)も丁寧に伝えるよう心がけました。もちろん、情報提供されるこれらの内容については、予め母親に承諾を得たうえで学校とも相談して対応を進めていきました。

【学校復帰に向けた環境づくり】
　逮捕直後、教員のなかには本人に対して今後も厳しく臨むべきという声も一部ではありました。また、保護者の監督責任を厳しく追及する教員もいました。これらは、力也の学校復帰に向けた準備どころか、まるで学校から排除しようとしているようにスクールソーシャルワーカーの目には映りました。
　そのような状況を改善していくため、今後の支援のあり方を検討する校内ケース会議には母親にも出席をしてもらい、力也のこれからの更生に向け家庭と学校が協力していくことを確認する場を設定しました。近いうちに訪れる学校復帰については、力也への関わりが懲罰的にならぬよう対応していくことを心がけました。まずは、本人の意思も尊重して、復帰初日には事件に関係するすべての教職員への謝罪の機会をセッティングすることにしました。
　ただし、過度に加害者と被害者が強調されることがないよう、力也の決意表明の場にしていくことも話し合いました。学校生活については、学習の遅れなども考慮して、当面は別室での対応を継続すること、ある程度の学力補充が完了した時点で、段階的に教室で授業を受けるように進めていくことにしました。
　家庭では、母親が今回の逮捕をきっかけに、居酒屋を退職してしばらくは家庭で力也と過ごす時間を大切にすることを決意しました。力也に寄り添いながら学校とも情報交換を頻繁に行い、本人の家庭や学校での様子を連絡して報告することを続けました。逮捕直前には深夜徘徊も頻繁に見られましたが、それ

らの生活習慣も改善していくよう、母親が家庭内キーパーソンとして全力で取り組んでいくことの強い意志を示されたのです。

3. 支援経過
【孤独と寂しさの裏返し】
　逮捕されて1週間が経過した頃より、次第に力也の表情に変化が見られ始め、少しずつ当時の気持ちを語り始めてくれました。力也が周囲に対して心を閉ざすきっかけとなったのは、母親が勤め先であった居酒屋の店長と交際を始めたことでした。女手一つで育ててくれた最愛の母親を奪われた気持ちは、唯一の肉親を失ったような喪失感を力也に抱かせたのでした。

　母親は交際を始めた頃より仕事以外で家を空ける機会も増え、兄妹だけで過ごす日も増えるようになりました。金髪に染めた頭髪や耳に開けたピアス、派手な行動も何もかもが自暴自棄となった力也の反発だったのです。

　その一方で、それらの行動は「**母親に構ってもらいたいという思いもあった**」と力也は言いました。そのような状況など知る由もない教頭は、あの日も本人のやる気を促そうと、「**お前がしっかりしないとお母さんが悲しむぞ**」と安易に発してしまったのです。力也は「**俺の気持ちなんか何もわからないくせに！**」という怒りとやり場のない気持ちが爆発したのでした。

【母の変容＝子の変容】
　力也の本当の気持ちを知った母親は、家庭を顧みず本人を傷つけてしまったことに深く後悔と反省をしました。少年鑑別所に面会へ行った際には、涙ながらに力也に謝罪をしました。母と子として会話をしたのは、久しぶりのことでした。力也はあふれる涙を拭うことなく、これまでの心情を吐露しました。

　その後も母親は定期的に本人と面会するため、足繁く少年鑑別所に足を運びました。家庭裁判所で「試験観察」が言い渡された頃には、母親は交際していた男性と別れ、居酒屋でのパートも辞めました。これからは、家族4人でもう一度やり直していく決意を新たにされたのです。

　本人が自宅に戻ってからは、学校への謝罪にも母親は本人と一緒に現れて、

児童相談所への定期的な通所指導も休むことなく力也と一緒に通いました。母親の力也への愛情は、本人の更生を急速に進めていったのです。

【卒業という日を迎えるまで】

　試験観察の審判から１か月後、力也は母親と共に校長室を訪れました。そこには神妙な面持ちで直立する、頭を丸めた力也がいました。関係する教員に対し、一人ずつ頭を深々と下げて謝罪をした力也に、校長は教員を代表して言葉をかけました。「あなたが先生に暴力を振るった行動は、理由が何であれ決して許されることではない。今後、このようなことが二度とないよう改めてほしい。ただ、力也君がいろいろなつらい思いを抱えていたのに、私たちはそれに気づいてあげることができなかった。そのことについては私たちも反省している。今日から新たな気持ちでやっていこうじゃないか」。力也は校長の言葉に深くうなずいていました。

　２学期が開始した９月から約１か月間は別室で学習をすることになりました。その間、一度も遅刻や欠席をすることもなく、10月の途中からは教室に入ることが許され、段階的に集団生活を送ることができるようになりました。そのような力也の頑張りを評価した担任教諭が中心となり、有志のスタッフで放課後の個別学習支援を開始しました。

　あの事件から10か月が過ぎ、３月を迎えた今日は卒業式。卒業生が卒業証書を受け取った後に行う壇上での一言スピーチ。力也ははっきりとした口調でこう言いました。「僕はたくさんの人に支えられて今日の日を迎えることができました。クラスの仲間、先生方、そして何よりお母さん、本当にありがとうございました！」

　力也は４月から定時制高校に入学します。昼間は、親戚が営む工場でアルバイトをして家計を助けながら勉学に励む予定です。その表情は実に晴れやかに未来を見据えていました。

4. 本事例の支援のポイント
(1) 原因追及を回避したコミュニケーション
　力也と鑑別所で出会った当初は、周囲に対する不信感が強く、言葉による意思表出はほとんど見られませんでした。そのような状況下、スクールソーシャルワーカーとして気をつけたのは、本人の語りから課題の本質を明らかにしていくことでした。面接で重要視したのは、単に力也から発せられる言葉だけでなく、視線、表情、態度などの非言語コミュニケーションより得られる情報でした。

　また、こちらからは「なぜ教師に暴力を振ったのか？」というような原因追及は一切行いませんでした。その理由は、教師への暴力という行動面に焦点化してしまうと、力也がこれまで抱えてきたさまざまな思い（不安・不満・葛藤・孤独等）が薄れてしまい、課題の本質に迫ることができないと考えたからです。

　スクールソーシャルワーカーは対症療法的に問題解決に取り組むことよりも、その本質的課題を段階的に改善していくことにこそ力を発揮していかなくてはなりません。すなわち、同じ過ちが繰り返し起こらないよう、早期発見や未然防止という部分により専門性を発揮していくことが求められます。

(2) 母親の存在が支えるもの
　母親の存在は力也にとって唯一無二の存在です。ひとり親家庭で育ち、献身的に自分たちを育ててくれた母親に新しい交際男性が出てきたことは、力也にとって母親を取られたという喪失感よりも、母親に捨てられたという絶望感が強かったようにとらえました。そのことで力也自身が全幅の信頼を寄せていた母親と距離ができて以降は、自暴自棄ともとれる場面が増え、無理やり暴れては自分を傷つけているような印象がしました。

　二度とこのようなことを起こさないためには、学校での取り組み以上に、家庭で母親がどのように力也と向き合うかということが重要であるととらえました。審判が下されてからの力也は見違えるように反省をして、学校生活にも必死で取り組んでいました。しかし、本当のところは相当な無理をして頑張っていたように思います。卒業まで辿りつけたのは、家庭で母親が常に力也を見守

り、受け入れ、励まし続けてくれたからです。

　問題を抱える子どもの多くが、さまざまな心身の負担をストレスとして感じながら学校生活を送っています。これらは適度に処理されなければ、感情が激しく爆発してしまいます。母親の存在が力也の更生の一番の後ろ盾になったのは間違いありません。

(3) "コントロール"から"ガイド"へ

　学校現場において教師がよく用いる言葉に「指導」があります。本来、この「指導」という言葉には、「ある目的・方向に向かって教え導くこと」という意味があります。

　しかし、学校での生徒指導場面では、指導が子どもたちを「コントロール」する傾向が強くあるため、どうしても力で抑え込んでいるような印象が否めません。支援を専門的に行う立場であるスクールソーシャルワーカーは、この指導を「ガイド」として展開していく必要があります。

　今回、慎重にアセスメントを進めていく過程のなかで、問題に潜在するさまざまな生活課題が明らかとなりました。そのような状況を改善して力也を更生へと導くためには、大人の力で行動を修正していく「コントロール」ではなく、子どもの力を伸ばす支援としての「ガイド」が必要でした。

　スクールソーシャルワーカーは、「寄り添う」という言葉をよく用いますが、それはまさに子どものそばにいて、必要に応じて進むべき道へのアドバイスを与えていく存在だということを力也との出会いを通して学んだ気がします。

スクールソーシャルワーカー必携 7つ道具
- Seven tools of SSW -

No.1 名札・名刺

名札は、学校別で使い分けています。また、先生方と同じ名札を身につけることで、一職員として仲間入りしていることが実感できる一番身近な道具の一つです。子どもに渡す名刺も必要です。

No.2 携帯電話

身近に感じる連携や効率的なアウトリーチ活動を行ううえでは必須道具です。また、学校に直接連絡をすることができない保護者や緊急時の対応においても貴重なツールの一つといえます。

No.3 チラシ

チラシを作成する際は、誰がみてもわかるように、そして目に留めたくなるようなチラシ作成を心がけています。また校内通信や学年通信による紹介も、スクールソーシャルワーカーを知ってもらう広報ツールです。

No.4 手帳

スケジュール管理を行ううえでは、自分に合った手帳は必須です。私の場合は、既存の手帳では物足りなかったため、自分で構成したオリジナル手帳を使用しています。

No.5 机

記録を保管するためには、鍵付きの引き出しは必須です。専用の机があることでさまざまな資源や資料をまとめたファイルも常時備えておくことができます。

No.6 パソコン

支援ツールの作成、記録、統計、研修活動等、業務のなかでパソコンを使用する機会は非常に多いです。もはや、スクールソーシャルワーカーの業務をサポートしてくれるパートナー的存在です。

No.7 ロッカー

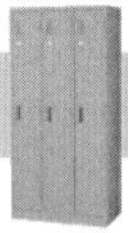

スクールソーシャルワーカーの仕事では、対象や場面がさまざまです。たくさんのシチュエーションに対応できるようにスクールソーシャルワーカーが七変化できるロッカーは欠かせません。

番外編 お揃いのポロシャツ

名札以上に所属意識を実感できるのは、各学校オリジナルで作っているポロシャツです。運動会などの行事、また日常的にも着用します。お互いが身近に感じられる道具の一つです。

【発達障害事例】

事例 16　学級でパニックを起こす小学校4年生への支援

1．事例概要

　小学校の校長よりスクールソーシャルワーカーに、「気になる児童がいる。見に来てほしい」と要請を受けて、学校を訪問しました。校長からの相談は、小学校4年生の風太（仮名）のことでした。

　風太は、母親、祖母、本人の3人暮らしです。風太は3年生になった頃から、苦手な図工の時間になるとパニックを起こし、教室に水をばらまいたり、刃物を投げたりと危険な行動が見受けられるようになりました。家庭でも同様にパニックを起こすことがあり、暴れだすと止まらずに電化製品を壊したり、窓ガラスを割ったりしてケガをして登校することもありました。

　普段は、教室ではおとなしくて目立たないタイプで、同級生との交流もあまりありません。話をするときは視線が合わず、向かい合って話すとソワソワと落ち着かない様子が見受けられました。

　風太が小学校に入る前に両親は離婚しており、父は遠方で生活しています。風太は母親のことを「あの人」と呼び、どちらかというと祖母を慕っている様子がうかがえました。母親はコミュニケーションを図るのが苦手なタイプで、学校行事には祖母が主に参加していました。母親は地域との交流も少なく、身近に家族を支援する人がいないような状況にありました。

　学校は、風太には何らかの支援が必要と考えていましたが、母親は学校との連携には拒否的でした。また、祖母も母親に遠慮して学校からの協力依頼には消極的であったため、スクールソーシャルワーカーへの相談依頼となりました。

2．支援を始めるにあたって

　スクールソーシャルワーカーは風太への支援を始めるにあたって、次のことに留意しました。

　①　風太の行動課題の要因は何だろうか。そこで、a）風太に関わっている

人や関わっていた人から情報を収集していく。b) 風太の発達過程についても知る必要があるため、母親や祖母との関係作りを行っていく。c) 医療機関の受診を母親に促し、風太の行動課題を理解していく。
② 風太や母親のニーズを知り、どのような支援を必要としているのかを確認していく。そこで、a) 風太との遊びを通した関係作りをしていく。b) 母親との面談で信頼関係の構築に努め、母親の困り感を引き出していく。その困り感の改善には、どのような支援が必要かを一緒に考えていく。
③ 校内ケース会議にて、風太への支援計画を検討していく。この会議では、スクールソーシャルワーカーは母親や風太の思いを学校に代弁し、家庭・学校の協働を促進していく。

3. 支援内容と経緯

【学校からの相談受付】
　スクールソーシャルワーカーは、まず初めに校長と担任教諭から風太について「気になる」エピソードや、困っていることについて尋ねました。校長は「入学当初より、こだわりの強さやコミュニケーションの取り方を見て、少し気になっていました。クラスの児童数も少なく、風太に対する他の児童の理解とフォローも手厚かったため、今までは何とか集団で過ごすことができていました。しかし、3年生の頃くらいから、できないことや苦手なことがあると、パニックを起こすようになってきました」と話され、担任教諭は「母親と連絡を取りたいのですが、携帯に連絡しても、訪問してみてもなかなか会えません。祖母に働きかけても、あまり対応してもらえないのです」と話をされました。

【母との面談】
　母親は学校からの連絡には拒否的であったため、市役所の子育て支援課に出向き、窓口の保健師より児童扶養手当の関係で市役所の窓口に母親が来所する予定であることを教えてもらいました。そこで、これまでに母親と話をしたことがある保健師からスクールソーシャルワーカーとの面談を母親に打診してもらうことにしました。後日、保健師より母親がスクールソーシャルワーカーと

の面談を了解されたという連絡が入りました。

　母親は学校や家庭訪問での面談を拒否されたので、保健師の仲介により市役所の相談室を利用しました。スクールソーシャルワーカーは母親の緊張感をほぐすことに努めながら、風太の生育歴から風太の抱える課題や母親の困り感を聴きだしていきました。

　母親はこれまでの風太の育ちを振り返りながら、「**風太の抱える課題には気づいていましたが、その課題に向き合う気力が自分自身低下しているんです**」と語られました。また、これまでにもいろいろな相談機関や医療機関を利用したが、母親が早急の「成果」や「結果」を求めてしまうため、相談機関の利用が長続きしないことも述べられました。さらに、母親は、離婚した父親のことも話されました。風太に対して父親はとても威圧的で、ときには暴力的な方法で風太の行動を制限していたようです。このことについて母親は、「**父親がいた頃は、風太はもっということを聞いていたのに。私が甘すぎるんでしょうか。接し方がわかりません**」という認識を示されました。

【風太との遊びを通して】

　スクールソーシャルワーカーは昼休みに風太も交えて子どもたちと一緒に、ボール遊びや室内遊びをしました。しかし、風太の様子を見ていると集団で遊ぶことがとても苦手なようでした。大人など風太のペースを乱さない相手との二者関係では、風太は興味のある遊びをして楽しんでいました。

【関係機関との連携】
①風太の課題を整理する

　今後の支援を検討していくために、母親の了解を得て、風太は専門の医療機関で発達検査を受けることになりました。スクールソーシャルワーカーは事前に医療機関と打ち合わせを行い、風太の学校での様子や家庭状況、母親のことについて伝えました。特に、受診時には専門医より母親に、風太の検査結果の説明や家庭での風太への声かけなどについては、丁寧にわかりやすく伝えてもらうことをお願いしました。

受診日、スクールソーシャルワーカーは母親が不安や不信に思っていることを聞きながら、医療機関側の説明を母親に補足して伝えたり、医療機関側に母の思いを伝えるなどの仲介役を担いました。
　発達検査や心理検査、問診を終え、専門医は風太が「アスペルガー症候群」であることを母親に伝えました。そのため、風太にはコミュニケーションの苦手さがあり、他者との関係のなかでストレスを抱えやすいこと、情緒的に不安定な状態であり、精神的にも支援が必要であることが説明されました。

②風太を支援する体制を築く
　診断結果を受けて、学校では校内ケース会議が開かれました。参加者は、校長、教頭、担任教諭、特別支援担当教諭、養護教諭、スクールソーシャルワーカーです。また、校内ケース会議後、母親、担任教諭、スクールソーシャルワーカーの三者面談を行い、母親に校内ケース会議で検討した支援内容を伝えました。
　風太へのクラス内の支援としては、
　a）風太と関係が良好な児童を同じ班にする。
　b）風太が集中しやすいように席を前列にする。
　c）風太の学力を伸ばすために特別支援学級を利用し、適宜通級しながら様子を見ていくこととする。
　d）情緒面やコミュニケーションスキル訓練を行うために、医療機関への受診と療育を月2回実施してもらう。医療機関受診時には、母親も作業療法士から風太への接し方のアドバイスをもらい、家庭での母子間のコミュニケーションの機会を増やしていく。
　e）風太の放課後の居場所作りと同年代の子どもたちとのコミュニケーション技能を学ぶ場として、「放課後等デイサービス」の利用を検討していく。
　学校や医療機関での支援を実行していくにともない、母親からは「**宿題をさせようとするとパニックになる**」といった困り感の発信が聞かれるようになりました。そして、放課後等デイサービスの利用に関しては、風太は療育手帳の対象外でしたが、医療機関の検査結果と児童相談所の「福祉サービスの利用が

望ましい」という内容の意見書を持って、母親とスクールソーシャルワーカーは福祉課に出向き申請しました。その後、放課後等デイサービスの利用が可能となりました。

【母を含めた校外ケース会議の開催】

　スクールソーシャルワーカーは、母親にも学校でのケース会議に参加してもらい、風太の今後の支援を一緒に考えてもらう必要があると考えました。そこで、スクールソーシャルワーカーは母親に「**風太くんやお母さんをサポートする応援団の人たちと一度みんなで話をしたい**」と伝えました。このスクールソーシャルワーカーの提案に、母親は了解してくれました。ケース会議の参加人数はあまり多くない方が母親に威圧感を与えなくてよいと考え、担任教諭、医療機関の作業療法士、放課後等デイサービスの管理者、スクールソーシャルワーカーにしました。

　ケース会議の場で、最初にスクールソーシャルワーカーは風太のがんばりや母親の思いなどを参加者に伝え、母親の安心感を促していきました。そして、会議のテーマとして、これから風太や母親にどのような支援が提供できるかを話し合いました。

【風太と母親の変化】

　風太は、学校では特別支援学級の教諭と少人数の子どもたちと一緒に勉強することになりました。当初、小学校低学年程度の理解であった算数は、同学年相当の理解までに向上しました。また、拒否感を示していた社会の教科も、風太が興味を示す内容から取り組んでもらうことで理解が深まっていきました。そして、ときには風太の方が「**この教科は教室で受けられそう。この教科は特別支援学級で受けたい**」などと自分の意思を表示するようになりました。また、友達との関係では、今まで苦手な場面ではすぐにパニックを起こしていましたが、それもなくなり、友達と一緒に楽しく遊んだりするようになっていきました。

　母親は人とのコミュニケーションが苦手な状況のままですが、スクールソー

シャルワーカーや担任教諭からの電話連絡や家庭訪問には拒否することなく対応してくれるようになりました。これまで、母親は風太とどう向き合っていいかわからず、風太を避けるような行動をとっていました。これにより、母親と風太、祖母との関係は悪化していくばかりでした。しかし、母親が支援を受けいれることで、母親自身も風太と向き合うことができるようになっていきました。当初、風太は母のことを「**あの人**」と呼んでいましたが、今では「**お母さん**」と呼ぶようになりました。

4．本事例の支援のポイント

①ポイント1：「母との面談」の場面

　初回面談では、母親が少しでも安心してスクールソーシャルワーカーに話ができるように心がけました。また、面談では、風太の生育歴などを確認しながら、これまで母親ががんばってきた経緯を賞賛し、母の困り感を受けとめて「**一緒に考えていきましょう**」という姿勢で関わりを深めていきました。

②ポイント2：「風太との遊びを通して」の場面

　風太とは遊びを通して関係作りを行い、「本人の持っている力」を知ることに努めました。また、授業時間や休み時間での友人関係や教師関係での風太の様子を観察し、どのような反応をしていくのかを見ていきました。

③ポイント3：「関係機関との協働」の場面

　母親はこれまで関係機関を利用しても、些細な不信感を抱いた時点で利用を中断してきました。このような状況を予防するため、スクールソーシャルワーカーは事前に関係機関に情報提供を行い、母親へのより丁寧な説明やフォローをしてもらうように関係機関にはお願いしていきました。

④ポイント4：「母を含めた校外ケース会議の開催」の場面

　風太に関わる人みんなが、風太と母親の応援団であるということを伝えながら、同時に母親も風太の支援チームの一員であることを伝え、母親の不信感や不安の軽減を図っていきました。

【発達障害事例】

事例 17　遅刻を繰り返す注意欠陥／多動性障害の小学校 4 年生への支援

1．事例概要

　2 学期も始まった頃、スクールソーシャルワーカーが小学校内を巡回しているときです。4 年生の教室がある廊下を歩いていると、教室から担任教諭が出てこられ、「**毎日遅刻して、そのうえ、学級でも手がかかる子がいるんです。ちょっと見てもらえますか？**」と相談がありました。

　早速、学級に入って見てみると、授業も聞かず、歩き回ったり、周りの児童にちょっかいをかける洸介（仮名）の姿がありました。担任教諭の話では、毎日の登校時間が昼前であること、母親自身、洸介の様子には困っているものの弟の育児に手いっぱいで、洸介にあまり関われていないとのことでした。

　洸介は小学校 4 年生の男子で、家族は母親（パート就労）、弟（5 歳）、本人の 3 人暮らしです。遠方に祖母が住んでいます。

　学校では、事前に注意欠陥／多動性障害（ADHD）があるとの情報を得ていたのですが、日々対応に苦慮しているのが現状で、主に洸介には指導的関わりが中心でした。母親との連絡においても、洸介のトラブルに関するものがほとんどであったため、母親自身も学校との関わりを避けており、連絡が取れない日もありました。

2．支援内容

　スクールソーシャルワーカーは、洸介と母親との面談を行い、「洸介が遅刻をせずに登校できるようになる」ことをまずは支援目標とし、以下の支援計画を立てました。

① 洸介と母親との関係形成：学校内外で洸介と遊びを通した交流、および定期的に家庭訪問にて母親との面談を実施。
② 洸介の遅刻を改善するために、トークンエコノミー法による支援の導入：担任教諭と協働した支援ツールの作成と実施。

3. 支援の経緯

【洸介との関係づくり】

　スクールソーシャルワーカーは休み時間を中心に校内巡回を行い、洸介と関わっていきました。スクールソーシャルワーカーが学級に入ると洸介はスクールソーシャルワーカーに関心を示しますが、話しかけてくることはありませんでした。スクールソーシャルワーカーは、まずは学級全体の児童と関わりながら、洸介と顔見知りになることから始めました。

　スクールソーシャルワーカーが洸介との関わりを始めて2週間後、洸介の方から「先生はどんなお仕事をするの？」と話しかけてきました。スクールソーシャルワーカーは「みんなが学校や家で困ったり悩んだことがあった時に相談に乗るお悩み相談先生だよ」と洸介に説明しました。すると、洸介はうれしそうに「僕の相談にも乗ってね」と言いました。こうして、洸介との関係は少しずつ形成されていきました。

　ある日の休み時間、洸介がスクールソーシャルワーカーに「相談がある」と言ってきました。早速、相談室で洸介の話しを聞くと、「学校が楽しくない」とのことです。理由を聞くと、「先生に怒られてばかりで、誰も自分のことを褒めてくれない」「友達からも遅刻ばかりしていることをからかわれる」とのことです。最後に洸介は、「遅刻しないように頑張りたいけど、どうしたらいいかな？」と自分の思いを口にしました。

【母親との関係づくり】

　母親とは家庭訪問で面談を行っていきました。母親も洸介のことをとても心配していましたが、学校からの連絡では「洸介の悪い話しか聞かされず、本当に洸介には何もいいところがないのではないか？」「注意欠陥／多動性障害の診断を受けているので自分なりに本を読んだりしているが、ついつい自分も怒鳴ってしまうことが増えてしまった」と涙ながらに話をしてくれました。

【トークンエコノミー法による遅刻解消支援】

　洸介の「遅刻をしないように頑張りたい」という思いを受けて、スクールソー

シャルワーカーは担任教諭と相談しながら、トークンエコノミー法を活用した遅刻解消支援を行っていくことにしました。また、洸介の自己肯定感を高めていくことにも重きを置きました。

① 1回目（2学期）

まずは登校するまでの時間を9時に設定し、洸介がその時間までに登校できたら担任教諭はジグソーパズルのピースを1枚、洸介に渡しながら褒めます。ジグソーパズルは、3枚で完成するもの、5枚で完成するもの、7枚で完成するものの3種類を用意しました。

最初は、3枚で完成するものから始め、パズルが完成したら担任教諭は手作りの賞状を洸介に手渡しながら褒めました。ジグソーパズル3枚の完成が確実になったら、次には5枚のもの、そして7枚のものへとハードルを上げていくことにしました。しかし、常に本人の登校状況を見ながら、完成パズルの枚数を変更したりして、2学期中には必ず9時までには登校してくることを目標に取り組んでいきました。

また、ピースをもらう教員も担任教諭だけではなく、教務主任教諭、教頭、校長と変え、多くの教員から褒めてもらうようにしました。完成したジグソーパズルは洸介と話し、学級のみんながわかるところに飾っておくことにしました。洸介の「**自分の頑張りをみんなに見てほしい、わかってほしい**」との思いからでした。実際、同級生も洸介を応援する声が増えてきました。

数日の遅刻はありましたが、2学期が終わるころには目標を達成し、うれしそうに賞状を母親に見せる洸介の姿がありました。また、洸介の変化を担任教諭から母親に伝えることで、疎遠になっていた担任教諭と母親との関係も改善されていきました。母親からも担任教諭に連絡が入り、家での洸介の様子を話すようになりました。

② 2回目（3学期）

3学期での取り組みは、登校時間を8時20分に設定し、ジグソーパズルのピースの枚数も3枚で完成するもの、5枚で完成するもの、7枚で完成するもの、12枚で完成するものの4種類にしました。今回はジグソーパズルの完成ごと

に賞状を渡さず、4種類のジグソーパズルをすべて完成させたときにご褒美として金メダルを渡すことにしました。このルールに洸介も了解し、「頑張る！」と言ってくれました。この洸介の意欲的な取り組みにより、3学期はほぼ遅刻なく登校することができるようになりました。併せて、授業中も落ち着いて学習に取り組んでいました。

4. 支援成果

【遅刻の解消、授業態度の改善】
　毎日の登校時間が10時～11時半だったのが、支援を通して3学期には始業時刻までには登校できるようになりました。母親によると、洸介は夜も早く寝るようになり、朝も本人が時計を気にして自分で準備をするようになったとのことでした。そして、遅刻が解消していくことで、授業中も寝ることなく学習に取り組めるようになっていきました。

【洸介の自尊感情の向上】
　今回の遅刻解消支援の取り組みは、洸介にとっても目標達成度がわかりやすく、褒めてもらう、認めてもらうことで「頑張る」モチベーションを維持することができました。ジグソーパズルが完成していくにつれ、学級の児童も洸介を応援し、本人の言葉からも肯定的な発言が増えていきました。
　また、トークンエコノミー法の実施により、担任教諭の「叱る指導から褒める指導へ」と、児童への関わり技術も変化し、他の児童においてもこの手法を実践するようになりました。3学期の学校アンケートで洸介は、このように書いていました。「学校がとても楽しい、みんなが優しい。一緒に遊ぶのが大好き！」

【母親と学校の関係改善】
　相談当初は、担任教諭と母親との連絡が取れないことが多く、徐々に双方の関係は疎遠なものとなっていました。今回の支援により、担任教諭は洸介の頑張りや肯定的な評価を母親にフィードバックする機会が増えました。これによ

り、徐々に担任教諭と母親との関係が改善し、母親は授業参観や懇談会にも積極的に顔を見せるようになりました。また、現在では母親はPTAの役員をしています。

その後、洸介はたまに遅刻をしたり、授業中も怒られたりしますが、それ以上に褒められることも増えたので、毎日笑顔で学校生活を送っています。

5. 本事例の支援のポイント

今回の事例において、担任教諭、母親の洸介に対する評価は否定的なものになっていました。そこで、スクールソーシャルワーカーは洸介との関係づくりをしっかりと行い、洸介の思いを聞くことができました。そして、その洸介の思いを担任教諭に代弁していきました。

洸介への支援では、洸介の自己肯定感の向上を目的として、洸介の変化を定期的に担任教諭や母親にフィードバックしていくことに留意しました。例えば、洸介が目標達成をした時には賞状を渡すなど、洸介の頑張りが視覚的にわかるように、また担任教諭や母親が洸介に対して肯定的なフィードバックをしやすいようにしました。このことが洸介の自信につながったのだと考えます。

Best Practiceに向けて

「トークンエコノミー法」（token economy）について

学習理論に基づく行動療法の技法です。目標とする行動（例：洸介の8時20分までに登校する）をした場合、トークン（代用貨幣）という報酬を1枚与えます。事前に取り決めたトークンの枚数が貯まれば、本人と事前に取り決めた物品（例：洸介の場合は賞状や金メダル）の交換や活動（例：好きな先生とキャッチボールをする）が叶えられます。トークンには、スタンプやシールなどが活用されます。大切なことは、事前に取り決めた物品や活動が本人にとってぜひ手に入れたいと思うものでないといけません。また、最初は、無理なくトークンが貯まりやすい回数から始め、本人との取り決めで徐々に枚数を増やしていく方法がよいでしょう。

【場面緘黙事例】

事例 18　学校・家庭・関係機関の連携に課題を抱える場面緘黙の小学校4年生への支援

1．事例概要

　小学校4年生の智子（仮名）には場面緘黙があります。入学式から続くその様子を心配に思った当時の担任教諭は、母親に対して児童相談所へ一度相談をしてみることを助言しました。

　当初、担任教諭から学校での様子について聞かされた母親は、その事実を信じることができませんでした。なぜなら、入学前に通っていた幼稚園では何ら問題なく集団生活を送ることができており、入学後も家庭ではごく普通に会話をすることができていたからです。母親は何度か本人に内緒で学校へ足を運び、遠目から智子の授業や休み時間の様子を観察しました。そこには、母親が知る普段の智子とは正反対の姿がありました。

　このまま学校生活が続くことに不安を覚えた母親は、児童相談所へ相談をすることを決意しました。その約1か月後、児童相談所で行われた検査の結果、智子は「場面緘黙」であることを告げられました。

　あれから3年、母子は今もなお児童相談所への通所を継続していますが、近頃その通所が停滞しているという情報が学校にもたらされたのは、つい数日前のことでした。きっかけは別件のケース会議終了後、スクールソーシャルワーカーに声をかけてきた児童福祉司からの相談でした。

　児童相談所では、これまで月2回程度のカウンセリングやさまざまな心理療法を行ってきました。しかし、その効果が学校で現れることはなく、智子の場面緘黙は依然として続いていました。通所開始2年目からは、母親の仕事の都合で月1回へと減らされ、今年に入ってからは通所をキャンセルする機会も増え、ついにはその電話連絡すらなくなったそうです。

　児童福祉司は非常に心配した表情で、スクールソーシャルワーカーに智子の学校での生活状況について尋ねてきたのでした。児童相談所としては、これ以上の通所継続は母子の負担となると考えており、学校以外では生活上に何ら問

題がないことから支援を終結したいと考えているとの報告を受けました。
　一方で、学校からの紹介で通所を開始した経緯もあることから、児童福祉司の思いとしては家庭や学校ともきちんとした話し合いを行うということでスクールソーシャルワーカーに相談が寄せられました。

2. 支援内容
【学校での智子の生活実態を拾い上げる】
　まず、スクールソーシャルワーカーは、これまでの支援経過や現状把握を目的に学校関係者から情報収集を行うことにしました。特に、智子のことを最も理解し、母親とも定期的に連絡を交わしている担任教諭に対しては、時間をかけてアセスメントを行いました。
　聴き取りで明らかとなったのは、担任教諭や同級生のサポートにより、学校生活そのものは大きな問題はなく過ごすことができているとのことでした。ただ、智子はコミュニケーション場面で筆談を用いることを好まないため、稀に伝えたい気持ちが周囲に対して十分に伝わらず、かんしゃくを起こすこともあるそうです。担任教諭としては、幸いにして現時点まで大きなトラブルもなく学校生活を送ることができているが、これから高学年に進み、卒業後を見据えた場合、果たして今の関わり方が適切かどうかの判断がつかないとのことでした。
　学校としては、児童相談所への通所に限界を感じており、可能であれば通級指導教室などの利用を検討する必要があると感じていました。担任教諭は通常学級での智子の集団生活について、今後どのように向き合っていくべきか苦悩を抱えていきました。
　次に、スクールソーシャルワーカーは智子が所属するクラスに直接入り込み、授業中や休み時間などの様子を定期的に観察しては、教員と異なる視点から情報収集を行いました。授業では、智子に板書をする機会を与えることで、それを発表と見なす工夫がなされていました。智子はとても絵を描くことが上手なので、それを担任教諭や同級生が高く評価するなど、クラスで褒められる機会もたくさんあるようでした。これらは、クラスに智子の居場所を作る重要な取

り組みや姿勢であり、クラス全体に智子を包み込むような雰囲気ができている印象を受けました。

また、休み時間にスクールソーシャルワーカーが教室にいると、本人から近寄ってきて笑顔を見せるなど、人懐っこい一面があることも垣間見ることができました。この非言語コミュニケーションは智子が持つ能力の一つであり、これも同級生に受け入れられる理由であると感じました。

【関係性にヒントを得た母親との出会い】
スクールソーシャルワーカーは、母親―担任教諭間と母親―児童福祉司間の関係性の違いに着目しました。担任教諭からの情報では、母親は学校行事には欠かさず参加することや、母親との連絡が取れないということもないため、その関係における困り感は一切ありませんでした。

一方、児童相談所と母親との関係性においては、智子自身は月に1回の通所を楽しみにしてはいるものの、仕事の都合を優先しては通所ができない日が増え、最終的には連絡も途絶えた状態でした。母親と両者の関係性に違いが見られるのは、スクールソーシャルワーカーが支援介入していくうえで大きなヒントとなりました。

そのうえで、スクールソーシャルワーカーは母親との初めての出会いを大切にしたいと考えました。特に心がけたのは、できる限り母親が負担を感じない出会いの瞬間を作り出すことです。そこで、1つ目に母親と良好な関係を築けている担任教諭からスクールソーシャルワーカーを紹介してもらうことです。

2つ目は、母親の仕事に配慮をしたタイミングで出会いの場を作ることです。母親がスクールソーシャルワーカーの面談のために貴重な時間を割いてもらうのではなく、欠かさずに出席しているという学校行事に照準を合わせて場面を設定することを考えました。これらのことについては、担任教諭とも入念な打ち合わせを行ったうえで準備を進めていきました。

迎えた当日、学校行事終了後に担任教諭は、打ち合わせ通り母親をさりげなく呼び止めました。担任教諭は、普段と変わらぬ様子で智子の学校生活の話を始めました。そのなかで、担任教諭は教師という立場から、これまで感じてい

た智子の今後への心配を母親に伝えました。すると、母親も苦しい胸の内を明かしてくれました。ここ最近、智子が学校生活で溜めたストレスを家庭で爆発する機会が増えており、対応に苦慮しているとのことでした。

しかし、児童相談所への通所では状況は改善することがなかったため、児童相談所を紹介してくれた学校に相談することに躊躇があったことを話してくれました。そこで、担任教諭は状況を打開する切り札の一つとしてスクールソーシャルワーカーとの出会いの提案をしたところ、意外にも母親はあっさりそれを快諾してくれたのでした。

職員室で待機していたスクールソーシャルワーカーのもとに、担任教諭と母親が一緒にやってきました。スクールソーシャルワーカーは自己紹介と仕事内容を簡単に説明し、家庭訪問による面談の提案をしました。その提案に母親は了解してくれました。

【過去の"負担"と未来への"不安"】

家庭訪問での面談で、母親はこれまでのことを語ってくれました。智子が1年生の時、当時の担任教諭から児童相談所に相談するよう勧められたが、母親としては智子の家庭生活に困り感はなく、相談に行くことに戸惑いを感じたとのことでした。それでも、智子にとってそれが良い方向へ進むのであればという思いから、仕事を調整して通所を今日まで続けてきたものの、一向に好転の兆しが見られない智子の様子をそばで見ていると、やり場のない空しさから次第に足が重くなっていったことを申し訳なさそうに振り返ってくれました。

今年に入り、時期を同じくして児童相談所と学校の双方から通級指導教室を勧められたことがありました。しかし、どんなことをする場所なのかイメージが湧かず、その必要性を感じることはできなかったというのが率直な気持ちだったといいます。通級指導教室への送迎のことも考えると、成果が得られる確約のない取り組みに生活が振り回され、仕事のやり繰りをしていかなくてはならないことを考えると、前向きな気持ちにはなれない状況でした。

ただ、最近になり家庭で目立つ智子の"荒れ"は、母親がこれまでに経験をしたことがなかったことであり、どのように対応したらよいものか迷う日々

だったといいます。もしかすると、これまでも時折、学校で見せていたかんしゃくも含め、智子は自分の気持ちを相手に伝えることができず苦しんでいるのかも知れません。今の智子にとって必要なら、母親は通級指導教室に通級させることもよいのではないかとも考えていました。

今回の面接を通して母親は、過去の"負担"と未来への"不安"の両方を抱えて迷っているような印象を受けました。母親のその迷いの要因の一つとしては、通級指導教室に対する正しい情報を持ち合わせていないことでした。

そこで、スクールソーシャルワーカーは、通級指導教室の利用の判断をするための方法として2つの提案を行いました。1つ目は、通級指導教室に母親とスクールソーシャルワーカーが一緒に見学に行くことです。2つ目は、母親が見学に行くことができない場合は、スクールソーシャルワーカーが代理で通級指導教室へ出向き、そこで得た情報を母子に提供するということです。母親は、後者を希望したため、母親や智子が通級指導教室のイメージがわくようなオリジナルの冊子をスクールソーシャルワーカーが作ることを提案しました。

その後、作成した通級指導教室の冊子は、許可を得て室内での活動の様子を撮影した写真に加え、事前に母子から聴き取りを行った通級指導教室への質問を指導員に回答してもらったものをまとめた内容で構成しました。冊子の作成は、一般に配布されている通級指導教室のリーフレットとは異なる母子のためのオリジナルのものを作りたいというスクールソーシャルワーカーの考えによるものです。

3. 支援経過

通級指導教室に関する母親と智子への情報提供は、学校主催でのケース会議という形で実施することになりました。その場には、担任教諭とスクールソーシャルワーカーに加え、児童相談所から児童福祉司も参加しました。会議という雰囲気に、最初は母子ともに少し緊張した表情に見受けられました。ケース会議の前半は、家族、学校、児童相談所から、これまでの経過報告やおのおのの立場から率直な思いが語られました。

母親もこれまでの苦しい胸の内を明かした後、最後に智子自らが書いた手紙

を代読しました。そこで最も印象に残ったのは、智子が「先生や友達と楽しく会話がしたい」と望んでいることでした。お互いが抱えていた課題や葛藤を共有することができたのは、ある意味で初めてだったのかも知れません。

このなかで共通理解として確認できたことは、智子自身が現状に困り感を抱えているということでした。そこで、いよいよ後半では通級指導教室について検討することにしました。スクールソーシャルワーカーは自ら作成した冊子を母親と智子の前に提示して、説明を始めました。母子は、スクールソーシャルワーカーがそれを手作りで作成したことに大変驚いた様子でした。

スクールソーシャルワーカーが説明を終えた後、母子は通級指導教室に強い関心を示し、利用について活発な質問をしました。何より智子が食い入るように冊子に関心をもってくれたことが、スクールソーシャルワーカーにはとてもうれしく思いました。

それから半年後、就学相談に関する専門機関の仲介を受け、新年度から智子の通級指導教室への入級が正式に決定しました。新たな挑戦が智子のさらなる成長へとつながるよう、学校・家庭・関係機関の協働を深めていきたいとスクールソーシャルワーカーは心に誓いました。

4．本事例の支援のポイント

今回の事例では、"情報提供"と"専門職間協働"の方法が一つのポイントでした。"情報提供"や"専門職間協働"というのは、スクールソーシャルワーカーの活動のなかでは非常に多い頻度の活動内容かと思います。ただ、それが誰のためなのかということを忘れずに、丁寧に行っていかなくてはなりません。「伝えた」ではなく「伝わった」、「つなげた」ではなく「つながった」ことを大切に一つひとつの支援を行わなければなりません。そして、「伝わった」や「つながった」にたどり着くためには、相手がどんなことに困っているのか、どんなことを必要としているのかを共有することが大切になってきます。それを敏感にキャッチして具現化していくこともスクールソーシャルワーカーの役割だと思います。情報提供の方法を一つとってみても相手の数だけ選択肢はあってよいのではないでしょうか？

【自傷行為事例】

事例 19　母子関係の不和から自傷行為を繰り返す中学3年生への支援

1．事例概要

　結衣（仮名）は中学3年生の女子で、母親との二人暮らしです。両親の離婚により1年前に他県から転入してきました。小学生の時は家庭は円満で、学校生活上の問題もありませんでした。しかし、中学生になると両親の不仲が顕著となり、漫画の主人公をまねて軽い気持ちでリストカットを始めました。結衣は、両親の都合によって仲のよかった兄や友達と会えなくなったこと、離婚後の母親の生活や素行が乱れていることに対して不満を持っており、次第に母子で衝突することが多くなりました。

　母親自身は学生時代に不登校経験があり、現在はうつ病で心療内科に通院しているため就労はしていません。生活保護を受けていますが、金銭管理が十分できず複数の男性の影があるようです。以前は家事をきちんとこなす母親でしたが、離婚後は掃除や片づけをしなくなり、家はゴミ屋敷状態です。結衣は真面目な性格で、母親に対して「ご飯の支度や掃除をしないで役所からお金を貰っている。それなのに、夜着飾って出て行く」と不満を持っており、イライラが募ると反抗的態度でリストカットを繰り返します。

　友人に「死んでもどうでもいい」と自暴自棄な発言をするようになり、欠席も増加、次第に学校でも孤立するようになりました。学校では結衣と関係のよい養護教諭が中心になって声かけを行いながら、家庭には欠席時に電話連絡や家庭訪問を実施しています。しかし、母親は外部からの連絡に拒否的でなかなか連絡が取れない状況でした。学校では家庭機能の低下やネグレクトの可能性を懸念し、母親に結衣の施設入所の提案もしましたが、そのことで学校に対する拒絶感がより強くなりました。また、校内では結衣が授業中や部活中に手首を切ったり、傷口の写真を携帯電話で友人に送ったりしたことからリストカットが流行し、学校も対応に頭を悩ませていました。

　ある日、母親が夜中に結衣のお金を無断で持ち出し散財したことをきっかけ

に衝動的に手首を深く切り、精神科病院の閉鎖病棟に入院することになりました。「適応障害」と診断され、「**生きていてもしょうがない**」という慢性的な希死念慮や極端な絶望感などが見受けられ、周囲への警戒心も強くありました。

　数か月が経ち、他の患者とも接するようになると、次第に笑顔が増え、年齢相応の反応を示すようになりました。母親以外の大人には反抗的な言動はなく、年代を問わず社会的な振る舞いができ、情緒は安定していきました。結衣が精神的に安定しているため、病院としては退院を促す方針となりましたが、「**母子で生活すれば、再び命の危険性がある**」という学校、病院からの相談が入り、スクールソーシャルワーカーの支援がスタートすることになりました。

2. 支援内容

　本事例における課題は、①母子間の関係不良、②母親の精神疾患による育児放棄・生活能力の低さ、③結衣のストレス・精神的不安定による衝動的自傷行為という３点でした。結衣が自傷行為に至るほど母子関係が悪化していることには、母子の特徴や思いが背景にありました。

　結衣は、基本的には自分の考えをしっかりと持っていてとても頑固な性格です。その反面、「**高校に受からないと人生終りだ**」というように極端な考えや、自分の思った通りにならないと感情やストレスをうまく消化できないという面があります。友達を非常に大切にしますが、迷惑をかけたくないという思いで何かあっても相談はしません。生活面でも几帳面でだらしないのが嫌いです。

　本心では「**母親と近づきたい**」という思いを持っていながらも、「**母親には期待をしてもどうせ裏切られる**」とあきらめや絶望感を持っていました。一方で「**自由のきかない施設には絶対に行きたくない**」というような意思もありました。

　母親は、通院先の心療内科で「うつ病」と診断されていますが、医師でも本心や思いを引き出すのは難しいとのことで、他者に対して表面上は丁寧な対応をしますが、なかなか本音を語りません。母親は、「**子どもがいうことを聞かず、一緒に過ごすことが負担であり、そのせいで何もやる気が起こらない**」と語ります。結衣の不満や反抗的言動が母親の負担となり、それによるきつさによっ

て母親の家庭での過ごし方や素行が乱れ、結衣がさらにイライラするという構図でした。

　中学3年生で、本来であれば体育大会や受験を控え充実した生活を送っているはずの夏休みですが、結衣は居場所をどこにも見つけられず閉鎖病棟で毎日を過ごしていました。病院では安定し、医師や看護師には礼儀正しく接していましたが、母親のことになると顔つきが変わり、感情のコントロールがきかなくなります。

　家では母親が「帰ってこないでほしい」と訴えており、社会的入院を余儀なくされている状況でした。また、自分が精神科病院に入院しているという噂が学校で広まっているのではないかという不安があり、「元の学校に戻りたくない」という思いがありました。半年にわたる入院によって学校や友人とのつながりが希薄になっていることや、退院によって病院関係者の支援が途絶えてしまうことが心配され、退院後も結衣の思いを聞き取り、継続した支援のできる存在が必要であることから、スクールソーシャルワーカーが本人と直接関わっていくこととなりました。

　具体的には、入院中から週に1回程度の面談を行い、信頼関係を構築しながら結衣の気持ちを引き出し、学校、各関係機関に結衣の置かれている状況や思い、進路への希望などを代弁することを目標としました。また、自宅に退院することになれば再び母親と衝突し、自傷行為を繰り返すことが予測されるため、学校としても結衣の命を守るために行政の介入が必要であると考えていました。当時、学校・病院・児童相談所・福祉事務所や保健所など、多くの関係機関がこの家庭に関わっていましたが、結衣の処遇をめぐっては意見の食い違いがみられ、方向性を検討する必要があると感じました。

　適切な方針を検討するには、まず情報の整理が必要であると考え、スクールソーシャルワーカーが学校・各関係機関に聞き取りを実施し、それぞれの情報や方針をつかみながら、課題を明確化していくことから始めました。そして、退院や緊急時にあたっては迅速な対応が求められるため、適宜関係者を集めたケース会議を実施しながら、支援方針や関係者の役割分担をしていくことで結衣を支える協働体制を構築していくことにしました。

さらに、結衣の精神的な安定を図るため、面談のなかでストレスとのつきあい方を一緒に考えたり、母親とのトラブルが予測される場合には母子面談にて仲介的な関わりを実施したりしていきました。同時に、結衣が不安定であると判断されるときは、病院へのつなぎを実施していくことにしました。

このように、スクールソーシャルワーカーの支援としては、①結衣の状況や思いを代弁し、結衣と学校のつなぎを図ることで進路や教育保障を実現すること、②校外ケース会議や連絡調整を実施し、学校・各関係機関の協働体制を構築すること、③母子間の仲介や医療とのつなぎを行い、結衣の精神的な安定を図ること、の3点を目標とし介入していきました。

3. 支援経過

学校、各関係機関に聞き取りを実施し、情報共有を図ったところ、退院後再び自傷行為をする危険性があることが関係者の共通認識としてあることがわかりました。しかし児童相談所では、リストカットがあること、結衣の同意がとれないこと、適応障害という疾患があり、治療のなかで対応していくべきとの旨で一時保護などの法的介入が難しいことが確認されました。

ケース会議では当面の方針として、
① 母子の希望している家庭内で別々の空間が持てるような二間あるアパートへの引っ越しを支援すること。
② ホームヘルパーを導入して家庭支援を行うこと。
③ 適応指導教室へのつなぎを図り、結衣の日中の居場所を確保すること。
以上の3点が決定し、自宅へ退院することになりました。

また、家庭と生活面・教育面の両面にわたって継続的に関われる存在がいなかったため、スクールソーシャルワーカーが直接的に支援することが方針として決まり、入院中から母子それぞれと個別面談を開始しました。結衣からは「良い高校に行って夢をかなえたい」という思いを聞き取ることができたため、進学への意欲が高いというストレングスに焦点をあて力づけながら、学校や関係機関にはその思いや頑張りを代弁していきました。また、思いのすれ違いや衝突を防ぐため、母子面談を実施するなど母子間の仲介を行っていきました。

退院後、数か月は母親との衝突から家出、一時保護、大量服薬による救急搬送、公共料金滞納によるライフラインの停止、母親の長期外泊等、さまざまな事象が発生しました。そこでケース会議を開催し、対応について迅速に検討していきました。
　ケース会議では、どの関係機関も緊急時に母親と連絡がとれないことが課題であるとし、母親とのつながりの構築、支援と養育面に対する指導的関わりを両面から行うことにしていきました。そして、次の支援計画を実施していくことにしました。
① 学校は、結衣と関係を切らさない関わりを継続する。
② 適応指導教室は、結衣の日中の居場所づくりと見守りを行う。
③ 児童相談所は、緊急時に一時保護等の受入れを行う。
④ 生活保護課は、母親への連絡やライフラインの確保を行う。
⑤ 保健所は、母親の相談役を担う。
⑥ 精神科病院は、結衣の精神的ケアと医療の確保に重点を置く。
⑦ スクールソーシャルワーカーは、結衣との定期面談を通して、結衣の思いを引き出し、その思いの代弁役を担う。

　支援計画の実行を通して、結衣は緊急時以外の欠席はなく、勉強に熱心で、受験を目標に適応指導教室へ毎日通うようになりました。適応指導教室に通うことで日中の居場所や支援者の見守りが確保できるようになり、次第に結衣も安定するようになりました。また、将来に対する希望や思いも強くなり、その頑張りから学校も進路を軸に適応指導教室に出向いて結衣との面談や個別指導を行っていきました。
　結衣は目標に向かって勉強に打ち込みましたが、受験が始まっても母親に対するイライラ感は残り、スクールソーシャルワーカーに「**卒業後、母親とうまくやっていけるのか…**」という相談がありました。そこで、その都度病院の精神科ソーシャルワーカーと協働し、通院できていない時や結衣の状態がよくないときはつなぎ役を担うようにしました。また定期面談を継続し、困った時の相談窓口の情報提供を行いながら卒業に向けた話をし、不安感の軽減を図りました。

1章　子どもへの直接支援

　その後、受験を控えた1月、結衣は進路に関する手続きや面接指導を受けるために約1年ぶりに登校することができました。面接指導では、校長にこれまでの大変だったことを自分なりに振り返るとともに、将来に対する希望や思いを自分の言葉で表現することができました。

　クラスでは一度も授業を受けることはできませんでしたが、自主学習と学校での個別指導によって力をつけ、第一志望であった公立高校に見事合格し、そこへ通うことになりました。受験後は、今後何かあれば自分でも対処できるよう、本人を行政の窓口に連れて担当者に顔つなぎを行うと同時に、卒業後も緊急的な事象が発生することも予測されるため、その場合の対応と引継ぎの確認をケース会議で行いました。会議も回を重ねていたため、それぞれの役割分担のもと、今後できる支援についての話し合いが円滑に進みました。

　卒業によりスクールソーシャルワーカーの支援は終結となりましたが、結衣については自傷行為が減少し、以前より落ちついて母親と話ができるようになり、母子で合格発表を見にいくことができました。その後は、母子間の関係に課題は残りながらも高校に進学し、欠席もなく登校しているようです。

4．本事例の支援のポイント

　本事例は、結衣が適応障害と診断されており、結衣を取り巻く環境との関係性に着目する必要がありました。また、学校・各関係機関が共通認識として母子分離や法的介入の必要性を示唆しながらも実現には至っていませんでした。そこには制度上の課題や当事者の意向が大きく影響しています。

　そこでスクールソーシャルワーカーは、母子分離による生活環境の整備に着目するのではなく、結衣の思いを優先して介入していきました。具体的には、将来の夢や目標を引き出しながら、そのための進学というところに焦点を当て、結衣に目の前の受験という目標を立てることによって、自立を促していく方向で支援していきました。また、母子の関係性から自傷行為があり、命にかかわる緊急性があることから学校・各関係機関で協働体制を早急に構築することもポイントと考え、スクールソーシャルワーカーがコーディネート的な役割を担っていきました。

実際には、結衣の処遇をめぐって関係者の意見が衝突することが多くあり、スクールソーシャルワーカーとしても結衣を支援していく体制を構築するための調整や制度を利用することの難しさについて悩むこともありました。それは結衣の安全を確保することが最優先するべき課題とは考えながらも、結衣の「**本当は母親と近づきたい**」という願望や「**施設には行きたくない**」という意思をより身近に聞き取っていたからです。そこには結衣の思いやニーズを最優先にしたいというスクールソーシャルワーカーとしての思いがありました。

　結果として、母子分離ではなく自宅に退院となることでさまざまな事象が起こることになりましたが、そのような厳しい環境のなかでも結衣は進学という希望を見いだし、自立へと歩んでいきます。スクールソーシャルワーカーの役割が、このような困難な事例において見逃されがちな結衣の本来持っている力や強み・熱望（ストレングス）に着目し、力づけていくこと、またそれを焦点化した支援につなげていくことであると改めて実感した事例でした。

Best Practiceに向けて

「協働」（collaboration）について

　「協働」とは、望む結果に向けて一緒に取り組み合い、互いに責任を共有することです。これは、専門機関や専門職が子どもとその家族の多様なニーズに単独では取り組むことができないことを意味します。

　協働にはいくつかのタイプがあります。まずは、子どもへのアウトリーチとサポートを提供するために形成されてきた「組織間協働（Interorganizational Collaboration）」、子どもとその家族を援助するために、二人以上の異なる専門職が共に取り組みあう「専門職間協働（Interprofessional Collaboration）」、親が必要とするサービスやサポートをパートナーとして専門職が一緒に取り組んでいく「家族中心協働（Family-Centered Collaboration）」、そして、親、子ども、住民、地域リーダー、学校、児童相談所、行政、精神保健専門職、企業者、警察、その他が共に一緒に取り組む「地域協働（Community Collaboration）」などです。

　例えば、児童福祉法では、虐待を受けている子どもを始めとする要保護児童の早期発見や適切な保護を図るために、関係機関がその子ども等に関する情報や考え方を共有し、支援内容を協議していく協議会の設置が推進されています。この協議会を「要保護児童対策地域協議会」（略して要対協）といいますが、この要対協は「組織間協働」の例といえます。

　また、荒れた中学校を立て直すために、学校のみならず保護者や民生委員、主任児童委員、警察、町内会役員、その他の地域住民などが協働して取り組んでいく場合は「地域協働」といえます。

　スクールソーシャルワーカーは組織間協働や地域協働にも関っていきますが、子どもとその家族への直接支援を行う場合、専門職間協働で取り組んでいくことが多くあります。子どもの不登校が学校内のいじめに加え、保護者のネグレクトや精神疾患、父母間の不和、経済的問題などが複合し

ている場合、学校管理職や教員、児童相談所、保健師、精神科ソーシャルワーカー、生活保護ケースワーカー、その他の関係機関の専門職が協力関係（パートナーシップ）で子どもとその家族が抱える「状況（situation）」を改善していく必要があります。

　この専門職間協働の基盤となる協力関係、すなわち「パートナーシップ」（partnership）を発展させる要因としては、①専門的役割の相互知識（互いの役割と責任を知る）、②意欲的な参加（協働実践の動機と実行が重要）、③専門性の自信（経験のみならず専門的知識・技術の保有）、④誠実なコミュニケーション（意欲的な傾聴と建設的な意見）、⑤信頼と相互尊重（時間をかけて築いていく）などがあげられます。

　専門職間協働のコーディネーター役を担うスクールソーシャルワーカーは、子どもの状況改善のために教員や関係機関の専門職との協力関係を築いていくことが大切です。特に、誠実なコミュニケーションを通して、"人と人との心のつながり"を深めていくことが欠かせません。

※参考文献：Anderson-Butcher, D., & Ashton, D.（2004）. Innovative model of collaboration to serve children, youths, families, and communities. *Children & Schools*, 26（1）, 39-53.

2章

家庭への支援

| 事例 20 | ゴミ屋敷状態の不衛生な家庭環境にある小学校6年生への家庭支援 |

1．事例概要

　翔太（仮名）は小学校6年生の男子で、母親、弟（小学校3年生）、妹（5歳）、本人の4人暮らしです。幼い頃に両親が離婚し、その後母親と別の男性との間に弟と妹が生まれました。母親は再婚をしなかったため、母子家庭で生活しています。また、別世帯に異母兄弟が4人おり、複雑な家庭環境のなかで育ちました。家庭は数年前に自己破産し、家賃滞納で住居を追われ、生活保護を受けるようになりましたが、家の中は犬の糞尿(ふんにょう)やゴミが散乱し、不衛生な状態でした。

　翔太は小学校入学時より欠席することがたびたびあり、慢性的な不登校状態でしたが、長期で休むことはありませんでした。ところが、6年生の春より遅刻・欠席が急増し、連続して休むことが多くなりました。欠席時は担任教諭が電話連絡や家庭訪問を行っていましたが、母親とはなかなか連絡が取れず、会うこともできませんでした。翔太は学校を欠席しても、休日に外で遊んでいる姿が目撃されているため、校長が主任児童委員に相談し、地域からの声かけも行ってもらっていました。

　翔太は内向的な性格で、登校すれば教室で落ち着いて過ごすことができますが、体から臭いがすることや髪の毛を洗っていないことがあり、家庭での衛生環境が心配されていました。小学校3年生の弟は週1回程度欠席しますが、登校時は身なりもきちんとしており、社交的な性格で友達も多くいます。保育園の妹はあまり登園できておらず、発達に遅れがあるようです。母親は生命保険会社の外交員をしていますが、職場の人間関係でトラブルとなり、精神的に不安定さを抱えているようです。

　また、母方祖父母とは折り合いが悪く疎遠になっています。母親は翔太の父親へ連絡をとっているようですが、父親の家族への関わりは消極的で、翔太の養育にも関与していません。そのため、母親には頼れる相手もなく、家事や育

児が十分できていませんでした。

　翔太の欠席が増加した矢先、翔太の就学について福祉事務所より適応指導教室を紹介され、翔太はそこに通い始めるようになりました。その一方で、学校と家庭は一層疎遠となってきたため、学校は翔太の家庭支援と関係機関の協働が必要であると考え、スクールソーシャルワーカーに相談依頼をしてきました。

2. 支援にあたっての情報収集

　本事例における課題としては、次の3点です。
① 　家庭基盤の脆弱さと不衛生な環境
② 　長期化している翔太の不登校
③ 　翔太の対人コミュニケーション能力の課題

　そこで、まずは支援計画に向けた情報収集を行っていくことにしました。実際には、学校と関係機関に以下の依頼をしていきました。
① 　学校・保育園は、翔太の出席状況や家庭とのやり取りを記録する「登校（登園）管理表」を準備し、翔太と本人を取り巻く家庭の動向を記録していく。
② 　学校は、適応指導教室との情報共有と連携を図り、適応指導教室での翔太の様子や家庭の学校への思いを相談員に聞き取ってもらう。
③ 　スクールソーシャルワーカーは生活保護課や保健福祉課と協働し、家庭の生活状況と母子の医療機関への通院状況などを確認していくと同時に、翔太の衛生面の指導や家庭訪問での見守りをお願いする。

3. 支援経過

【支援計画を立てる】

　担任教諭は翔太が欠席したときは必ず安否確認のために数回電話連絡を入れ、返信がなければ家庭訪問をしていました。そして、電話がつながると母親のほうは「**欠席連絡はしました**」と主張して、その場しのぎの応答をしている状況でした。

　適応指導教室の相談員によると、翔太はすぐに適応指導教室の環境になじみ、

活動やイベントを楽しみにいきいきと通うようになっています。担当相談員にも心を開き、「**学校には行きたくない。2年生のときに友達とケンカをした。みんな僕のことを嫌っている。担任の先生が怖い**」と学校に行けない理由を述べたそうです。また、家庭については「**汚いのが嫌だ。お母さんは弟ばかりかわいがる**」と、家族への複雑な気持ちや不満を話しました。さらに、翔太の家庭での生活習慣が乱れていること、基礎学力がついておらず学習に対する劣等感や拒否感が強いことなどもわかりました。集団に入ると悪ふざけや嘘をついて相談員や他児の気を引くような行動がみられ、「**自分に振り向いてほしい。認められたい**」という気持ちが強くあり、満たされていない愛情や対人コミュニケーション課題があるようです。

　生活保護課の話からは、母親が学校について「**仕事をしていて忙しいのにしつこく連絡してくる。信じてもらえていない**」と担任教諭に対する不信感を漏らしていること、翔太の不登校については困り感がなく、「**登校してくれればいいが、行けば友達に嫌なことを言われるようなので無理には行かせていない**」と語っていたとのことです。就労については、外交員は自由がきき、妹を保育園に連れて行ってから勤務しているとのことでしたが、仕事はこれまで長続きしたことがなく、人間関係でもめては辞めるということを繰り返しています。

　保育園からの情報では、妹があまり通えていないという情報を学校がつかんでいましたが、実際には週1回の登園でした。また、翔太が妹の送迎をすることが多く、忘れ物があれば翔太が持ってくることもあるとのことでした。そして翔太も入学前は同じ保育園に登園しており、当時を知る保育士から翔太がとても落ち着きがなく手のかかる幼児だったということもわかりました。

　以上の情報収集から、家庭の学校に対する思いや翔太自身の課題、生活状況がみえてきたところで、スクールソーシャルワーカーは校外ケース会議を学校に提案し、関係者での情報共有と役割分担を話し合うことにしました。

　会議では、学校・保育園が記録した「登校（登園）管理表」をすり合わせ、翔太の欠席には妹の送迎や世話が関係していることがわかりました。また、翔太の欠席理由の一つである病院受診が生活保護課の記録と合致しないことがあり、翔太が頻回に病院にかかっている訳ではないということも確認できました。

そこで支援計画を検討し、次のような支援を実行していくことになりました。
① 学校では、今までの登校についての頻回な指導的関わりは効果的ではないことから、母親や翔太の思いを聞き取っていく受容的な関わりをしていく。
② 適応指導教室では、翔太の居場所を確保するなかで自尊心や対人コミュニケーション能力を高めていく関わりを持つこと、そして段階的に学校へのつなぎを図っていく。
③ 生活保護課は家庭訪問を実施し、衛生面の指導や母親の送迎による妹の登園の促しを行う。また、母親の病状調査も早期に実施していく。
④ 保育園は引き続き妹の登園を支援し、母親との連絡を密にしていく。
⑤ 主任児童委員は声かけや家庭訪問を継続し、地域での見守り体制を築いてもらう。
⑥ スクールソーシャルワーカーは全ての情報を集約し、家庭状況を整理していきながら、ネグレクトの可能性も視野に入れ、保健福祉課や児童相談所との調整役を担う。

【支援の実行】
　学校では、他児の対応に多忙な担任教諭に代わって管理職がじっくりと母親の話を聞くようにし、「何でも相談してください」というスタンスで関わっていきました。これにより、支援を開始して数か月が経ち、拒否的であった母親が、学校に子育てや翔太の登校について相談する姿がみられるようになりました。母親は、「若い頃から人間関係でうまくいかない。頼れる友達なんて一人もいない」と自分自身の悩みや相談も打ち明けるようになり、そこから「子どもも友達とうまくやれない。校長先生は信頼できるので、迎えに来てくれれば登校するかもしれない」と翔太や登校についての具体的な要望が出るようになりました。
　母親の要望について学校で対応できる部分について検討し、家庭に寄り添いながら翔太への登校支援を行いました。また、生活保護課の指導により、妹は母親の送迎でほぼ毎日登園できるようになりました。保育士は母親と話ができ

る機会が増え、育児や子どもについて適切なアドバイスができるようになりました。

　翔太自身も校長に同級生や担任教諭への思いを語るようになり、勉強がわからないことへの悩みを表出したことから、登校時は別室での個別対応やスクールカウンセラーによるカウンセリングを実施するようになりました。他児に対しては、校長から翔太の様子や頑張りを伝えていき、理解を促す関わりをしていきました。翔太は適応指導教室を活用しながら次第に学校にも足が向くようになりました。

　母親への支援は、その後のケース会議でもたびたび検討され、医療の確保と生活支援という方針になりました。そこで、スクールソーシャルワーカーが母親の生育歴や対人コミュニケーション能力の課題からくる生活のしづらさを理解する必要性を発信し、母親のつらさや困り感の軽減のための通院を各関係機関で促していきました。さらにそこから、それぞれが「子どものために」という視点に立ち母親の支援を進めた結果、週に1回のホームヘルプサービスが入るようになり、家庭生活が少しずつ改善へと向かっていきました。

　翔太の登校は改善の方向にありましたが、波があり、中学校進学に向けて課題が残されていました。母親も今後に対する意識が高いとはいえず、卒業後が非常に心配される状況でした。そこで、スクールソーシャルワーカーは母親と話し合いの場を持つ必要があると考え、母親に面談の呼びかけをしました。

　数回の呼びかけにより、母親はスクールソーシャルワーカーとの面談に応じてくれました。面談で最初にスクールソーシャルワーカーは、翔太のこれまでの頑張りを大いに称賛しました。そして、今後は翔太の友人関係や学習の課題に対して、翔太のレベルに合わせた支援や環境が必要であるため、母親に就学相談を受けてもらうことを提案しました。また、今後も登校させることが難しい場合にはスクールソーシャルワーカーに相談してもらうことも伝えました。

　その後、翔太は卒業式前の1週間、連続して登校することができました。中学校に対する不安がありましたが、同時に卒業式前に登校できたことが自信となり、期待感を持つこともできました。

　なお、中学校の進学後も、翔太は適応指導教室を活用しながら登校に意欲を

みせ頑張っています。

4．本事例の支援のポイント

　本事例では、生活実態が不透明なまま、翔太の不登校をめぐってさまざまな関係機関が個々に動いている状況でした。また、一見おとなしく落ち着いて過ごすことのできる翔太や、表面上の応対はできる母親の課題は見えにくく、支援者には翔太や家庭の怠けと映ってしまいがちな事例となっています。課題が明確化しておらず、支援が一方的に進行している場合、通常の対応では期待される改善が得られず、逆に家庭の拒否感を強くし、状況によっては関係者への不信感を招く結果となってしまうことがあります。

　そこでスクールソーシャルワーカーは、翔太と家族の情報収集を実施していくなかで、翔太や母親の思いと家庭の実情を整理していきました。同時に、翔太の将来を見据え、熱心に関わっている学校の思いも聞き取っていきました。すると、厳しい指導に応えられない翔太の思いや反発心、母親の疲弊感、懸命に指導しているにも関わらず拒絶される担任教諭のやりきれない思いなどが、悪循環となっていることが浮き彫りになりました。

　状況改善に向けては、両者の思いをくみとりながら、その思いを取り組みのなかにうまく機能させていくことが重要であると考えました。そこで、翔太には適応指導教室の相談員が、担任教諭には管理職やスクールソーシャルワーカーが話を聞き、心理的な負担を軽減していきました。

　また、校外ケース会議を開催することで、学校だけではなく関係機関も含めて、みんなで支援の役割分担をしていくという認識が持てるように取り組みました。そして、学校内でも教員間の役割分担が行われ、学校での「何でも相談して下さい」というスタンスにより、次第に家庭が学校に信頼を寄せるようになっていきました。

　そして、翔太は人一倍「**認められたい**」と感じており、母親は「**相談相手が欲しい**」というニーズを抱えていました。その思いに寄り添えた時、状況は好転へと動き出したように思います。

| 事例 21 | 精神疾患の保護者からネグレクトを受ける中学3年生への家庭支援 |

1．事例概要

　担当校への着任の挨拶時に、早速、校長より不登校生徒の一覧をいただきました。そのなかには友哉（仮名）もいました。友哉は中学3年生の男子で、母親、友哉、弟（小学校4年生）の3人家族です。

　友哉は小学校時代より学習の遅れが目立ち、欠席も多くありました。6年生当時の担任教諭は友哉のために、放課後の学習補充や夏休みには学校に呼び出して一緒に宿題に取り組みました。親密に関わってくれていた先生とも別れ、中学校に入学して以降、友哉は教室に入るのが怖くなり、校内適応指導教室で過ごすようになりました。

　いつものように小学校の校内巡回をしているときです。スクールソーシャルワーカーの携帯電話が鳴りました。電話は校長からのもので、友哉の母親が一昨日、緊急入院をしたとのことです。どうやら多量服薬で昏睡状態となり、病院に運ばれたようです。幸いにも重篤に至ることなく、昨日、退院したということでした。

　校長からの支援依頼を受けたので、スクールソーシャルワーカーは不登校対応教員と一緒に母親の容体の確認と自己紹介のために、友哉の家庭に行きました。初めての家庭訪問でしたが、母親は快く迎えてくれ、「**おかげさまで体調もよくなりました。今後ともよろしくお願いします**」と挨拶をされました。しかし、その丁寧な対応とは反対に、母親の表情は疲れきっているようにも見えました。不登校対応教員の提案で、母親とは挨拶程度で家を出て、その足で友哉に会いに校内適応指導教室に向かいました。

　校内適応指導教室の戸を開けると、元気に迎えてくれる生徒やこちらの様子をうかがう生徒、自分のペースで音楽を聴いている生徒など、さまざまです。そんななか、教室の隅で野球雑誌をみている友哉がいました。スクールソーシャルワーカーが友哉に挨拶をすると、たどたどしい返事を返してくれました。

その後、スクールソーシャルワーカーは、中学校を訪問した際には友哉との面談の機会を持ちました。友哉の思いを聴いていくなかで、友哉自身から「とにかく何もかもがおもしろくない」「学校に来ても友達や先生は僕のつらさをわかってくれないし、家に帰っても弟の面倒や家事をやらされる。僕の居場所はどこにあるんだ」と、心の内を聴くことができました。

2. 支援内容と経緯
【友哉との約束】
　友哉の訴えは、家庭にも学校にも居場所がないということです。そこでスクールソーシャルワーカーは、友哉の居場所づくりを目標に支援を行っていくことにしました。
　まずは友哉の思いをさらに理解するために、継続的な個別面談を行っていきました。面談では、母親が精神疾患を患っており、家事全般を友哉がやっていること、ときに感情的になった母親から叩かれること、弟の世話をしなければいけないことなどを聞くことができました。そして、夜は眠れないこともあり、すごく疲れて学校に行きたくなくなることも話しました。
　また、母親は調子が悪くて一日中寝ていることもあり、緊急入院もあったことから兄弟は不安で、母親から目を離せないため家からも出られないこともあると言いました。しかし、学校ではそんな家庭の事情を知らない教諭から、「なぜ学校に来ないんだ！」「もっと早く来なさい！」と言われることが嫌だとのことです。
　友哉は自分の思いとして、「本当は家から離れてゆっくりしたい」「学校では別室でも周囲の生徒とうまくいかない」「嫌なことばかり言われる」「仲よくやりたいんだ」と述べました。
　スクールソーシャルワーカーは、友哉が落ち着ける空間としての居場所も重要であるが、友哉の思いを受け止めてくれる人の存在とその人を増やしていくことも必要であり、同時に家庭生活が安定するように、母親への支援も必要であることを友哉に伝えました。友哉は、このスクールソーシャルワーカーの提案にうなずいてくれました。

【友哉の新たな一歩】

　早速、スクールソーシャルワーカーは友哉と一緒に、不登校対応教員に友哉の家庭内の事情や学校に対する思いを伝えました。不登校対応教員は黙って話を聴いていましたが、聴き終えると「友哉自身、嫌なことをされると言うが、周囲にちょっかいを出しているのも友哉だよね。でも、そんなことが家庭で起こっていたんだね。そりゃあ知らなかったよ。よし、わかった」と言ってくれました。

　それから、不登校対応教員による友哉との関係づくりが始まりました。最初はぎこちない関係のなかでのキャッチボールをしました。友哉は「キャッチボールにつきあってやった」と言いますが、うれしそうでした。不登校対応教員とのキャッチボールは、その後、友哉にとって学校生活には欠かせない活動の一つとなりました。そしてキャッチボールの合間には、不登校対応教員に家庭内のことや友達関係のことについても相談するようになりました。

　さらに、校内適応指導教室で行われたデイキャンプには、担任教諭や養護教諭も誘われ、友哉との和やかな会話に花が咲きました。デイキャンプでは、われ先に野球道具を準備し、他生徒や先生方と楽しむ友哉の姿がありました。

　不登校対応教員とのつながりに加え、担任教諭ともつながり、さらに校内適応指導教室の他の生徒たちとの関係性が深まっていきました。そして、中学3年生になってからは、校内適応指導教室の生徒とお互いに朝、迎えに行き、一緒に登校するようになりました。

【母親の精神状態の安定】

　スクールソーシャルワーカーは、友哉の学校生活の様子や友哉の思いを母親に伝えるために家庭訪問に行きました。スクールソーシャルワーカーが「友哉くんはお母さんのことをとても気にかけていますよ」と伝えると、母親も「わかってはいるんです。子どもらのために早く、調子を戻したいです」と言われました。スクールソーシャルワーカーが「そのためにも、今、中断されている精神科への通院を再開されてはどうですか？」と提案すると、母親は「そうですね」と答えました。

スクールソーシャルワーカーが「どんなときに調子が悪くなるんですか」と尋ねると、母親は「ストレスがたまると調子が悪くなるんです」「特に経済的な問題です」と打ち明けてくれました。母親の話では、自らの浪費癖に対して生活保護課のケースワーカーに厳しく指導され、相談することへのストレスが大きくなったそうです。

　そこで、スクールソーシャルワーカーは今後、母親が生活保護課のケースワーカーに相談をする際、事前に相談内容をスクールソーシャルワーカーに話してもらい、スクールソーシャルワーカーからケースワーカーに事情を伝え、そのあとで母親がケースワーカーに直接相談するという流れを提案しました。この提案に、母親は「**だいぶ気持ちが楽になります**」と言われました。その後、この取り組みによって母親とケースワーカーの関係性は徐々に良好となり、ケースワーカーによるお金の使い方に対する助言にも母親は応じていくようになりました。

【家庭に新しい家族が加わる】

　友哉との面談から、母親を経済的、精神的に支えてきた男性の影が見え隠れするようになりました。そして、その影は現実の姿となり、その男性が同居することになりました。

　男性はよい仕事を見つけ、家庭を楽にさせてやりたいと話していましたが、なかなか仕事が見つからないうちに、家庭の生活費を使っては遊ぶ生活が続きました。そして、男性も思いどおりにならない現状にいらだつ感情をあらわにし、家庭内で暴力をふるうようになりました。このことで、母親の精神科通院や生活保護課のケースワーカーとの良好な関係も途切れていきました。

　母親の病状はますます悪化していき、スクールソーシャルワーカーとの面談で母親は、憔悴した表情で「**男性との同居に好意的ではなかった精神科の先生や生活保護課のケースワーカーに対して、今さら相談なんてできません**」と言われました。

　スクールソーシャルワーカーは、母親が精神科医やケースワーカーとの関係改善を求める思いがあることを実感しました。そこで母親の承諾を得て、精神

科医とケースワーカーに状況説明に行きました。精神科医は、「そんなことを気にしなくていいのに。それも一つの選択なんだから。そんなことをとやかく言うつもりはないですよ」と笑顔で言われました。この精神科医の言葉は、母親にとって苦しいつらさを最大限に受け入れてもらった言葉でした。母親はホッとされ、再度通院を再開しました。

　これを契機に、母親は警察と生活保護課にも相談に行き、男性と別れる決断をしました。この決断に至るまでの期間、母親とケースワーカーの関係は良好ではありませんでした。しかし、スクールソーシャルワーカーが何度も仲介を行うことで、母親が男性と別れるときにはケースワーカーは熱心に支援してくれました。

　母親が男性と別れた後、しばらくは男性のストーカー行為が続いたため、警察による巡回パトロールと通報時の支援体制が作られ、見守りが行われました。

【友哉の自立】

　心痛が重なった母親は身体疾患を発症し、入退院を繰り返すようになりました。これまで以上に母親は、寝て過ごす日々が増えました。友哉も進路決定の時期であったため、学校での諸手続きが増えてきました。

　母親の体調を配慮して、友哉は担任教諭に教えてもらいながら学校の書類を作成していきました。また高校進学には生活保護費だけでは難しいので、自分で奨学金の申請をしました。

　さらに、スクールソーシャルワーカーや不登校対応教員、担任教諭の支援を得ながら、区役所や銀行にも自分で相談に行き、各種手続きを行いました。スクールソーシャルワーカーも友哉の個人通帳を開設するときに同行しましたが、銀行窓口の職員から父親と間違われる始末でした。銀行を出て、二人で笑いながら帰りました。申請書類に不備があるとき、友哉は何度もバスで区役所の窓口に出向き、対応していきました。友哉は「**窓口の人がいろいろ教えてくれて何とかできた。結構、優しかったからよかった。何とか自分でできたよ**」と自信をつけたようでした。

　スクールソーシャルワーカーが友哉と関わったのは2年間ですが、その期間、

友哉と家庭にはさまざまなことが起こりました。しかし、友哉は2年間のなかで培った力で、無事に志望校への合格と進学手続きを完了することができました。

　支援開始時、「先生（不登校対応教員）は嫌い」と言っていた友哉ですが、卒業式の日、「僕が卒業できたのは、先生（不登校対応教員）のおかげです」と感謝の気持ちを不登校対応教員に述べていました。そして、友哉と学校、家庭の仲介役を担ってきたスクールソーシャルワーカーには、丁寧に頭をさげて「ありがとうございました！」と言って、笑顔で卒業していきました。スクールソーシャルワーカーにとって、卒業式という大イベントにこのような言葉が聞けたことが何よりの喜びでした。

3. 本事例の支援のポイント

　友哉にとってこの2年間で得たものは、友達や先生など友哉を支えてくれた人たちはもちろん、何よりも自分から相談し、状況を打開していく力（パワー）を得たことだと思います。スクールソーシャルワーカーが出会った時、友哉は自分の居場所がないと言っていました。しかし、頼れる先生を見つけて相談をし、居場所がないと言っていた校内適応指導教室にも友達をつくり、学校生活の悩みなどを共有することができていきました。

　この事例の支援のポイントは、友哉自身への支援に加え、精神疾患と経済的困窮にある母親への支援を同時に進めていったことにあるといえます。友哉にとって厳しい家庭環境でしたが、高校進学を果たした友哉にエールを送りたいと思います。

| 事例 22 | 父親のリストラから家庭問題が生じた中学 2 年生への家庭支援 |

1．事例概要

　スクールソーシャルワーカーが中学 2 年生の美樹（仮名）と初めて会ったのは、もうすぐ学校が夏休みに入る 1 週間前の保健室でした。そのときの美樹は、元気がなくエネルギーが空っぽになっているような印象でした。相談を寄せてきた養護教諭からの情報によると、今年度に入り美樹は遅刻や欠席を頻繁に繰り返すようになり、登校しても体調不良を訴えては保健室で過ごすことが多いとのことでした。

　美樹の家庭は、父親、母親、弟（小学校 4 年生）、妹（小学校 2 年生）の 5 人家族です。父親はサラリーマンをしていましたが、半年前にリストラで職を失っています。母親は、昼間は飲食店で接客業、夜間は工場勤務で製造業をして家計を支えていました。

　父親は求職活動中ですが、年齢的な制約もあり、なかなか条件に合う就職先を見つけることができていません。むしろ、思うように進まない再就職に嫌気がさして、3 か月ほど前からは連日のようにパチンコ、競馬、麻雀などの遊興に溺れてしまい、なけなしの預貯金も遂に底をついてしまいました。

　このような状況から、近頃では夫婦喧嘩が絶えず、父親は酒の勢いを借りて母親に手を挙げることも増えました。そのことで、母親も次第に情緒不安定になる機会が増え、体調を崩しては寝込むことが多くなりました。弟と妹は小学校に在籍していますが、母親の体調次第で朝の送り出しが異なるため、欠席機会が増えています。このような状況のなか、近頃では幼い弟、妹の面倒はすべて美樹が見ており、家事のほとんども美樹が行っているようです。

　家庭での大変な状況は、養護教諭だけでなく担任教諭も美樹より話を聞いていましたが、家庭の問題ということもあり介入には消極的でした。多少の遅刻や欠席は見られますが、不登校や非行等の状態ではないため、教員間で美樹の家庭に関する情報共有は行われていませんでした。そのような状況を見かねて、

養護教諭は本人が希望したときに限り、スクールカウンセラーによるカウンセリングの機会を提供しました。

しかし、家庭環境に起因するさまざまな心身の負担は、美樹の心の問題に焦点化するだけでは根本的な解決に至るはずもなく、次第に美樹の疲弊具合に養護教諭は危機感を募らせ、スクールソーシャルワーカーへの相談依頼となりました。

2. 支援内容

【経済基盤の立て直しと就労支援】

今回の問題について、スクールソーシャルワーカーはその根底に父親の失職にともなう家庭経済基盤の揺らぎが、家族間の人間関係の歪みとして影響を及ぼしているととらえました。根本的な問題解決を目指すためには、家庭が抱える経済的貧困問題への対応を中心とした家族支援を行っていく必要があると考え、校内・校外協働を展開すべくケースマネジメントによる支援をしていくことにしました。

早速、スクールソーシャルワーカーは校内ケース会議において具体的な家族支援に関する提案を行い、その内容について了解を得ました。まずは、美樹の協力を得て、両親と面会する機会を作り、経済的な貧困状況を確認しました。母親のパート収入に依存した生活は困窮を極めていましたが、その過重労働による母親負担は健康に悪影響を及ぼしていました。

そこで、当面は母親の健康回復を優先して仕事を辞めることを提案する一方で、生活保護の受給について前向きに検討するように促しました。そして、必要に応じて受給に向けた申請援助を行うことにしました。次に、父親の就労支援として、ハローワークと協働し、条件に見合う就職情報が手に入るよう、担当者との顔つなぎを行うことにしました。

【保健・医療・福祉の協働に向け】

過重労働や父親からの暴力等により体調不良を訴えて寝込んでいた母親の状態を確認することを目的として、スクールソーシャルワーカーは夏休み期間中

も定期的に家庭訪問を行いました。パートを辞めたことにより身体的な負担は幾分軽減されましたが、母親の健康状態はなかなか快方へと向かわず、美樹の家事負担等は改善される状況にはありませんでした。

　そこでスクールソーシャルワーカーは、母親の同意を得たうえで保健所の保健師に連絡をし、後日一緒に家庭訪問を実行しました。保健師は母親に対する支援のキーパーソンとして、定期的な家庭訪問と早期の精神科病院受診に向けた調整で介入することになりました。

【夏休みを活用した学習応援団】
　1学期に入り欠席が増えた美樹は、学校での授業にも遅れが見られ始めており、そのことも遅刻や欠席に多分に影響していくことが本人との面接で明らかになりました。そこで、担任教諭の呼びかけで教科担任教諭を集めてもらい、夏休み期間中の学習支援をすることを提案しました。しかし、夏場は部活動で顧問をしている教員も多く、また出張や研修等も立て込んでいるため、安定的に活動へ参加することが困難であることが複数の教員から指摘されました。

　そこで、スクールソーシャルワーカーは、その折衷案として大学生ボランティアの活用を提案しました。大学生ボランティアの手配および調整はスクールソーシャルワーカーが担当することとし、教員は教材準備や教室の手配、さらには輪番制で活動に参加して進めていくことで合意してもらいました。学習支援活動の頻度は週3日とし、時間帯は午前10時から正午までの2時間で行うことにしました。さらに、美樹が仲のよい友人にも数名に声をかけてグループ学習をすることにしました。

3．支援経過または結果

【家庭経済の改善と就職活動の本格化】
　生活保護の受給に関しては、父親がギャンブルにより作った借金が障害となり、正式な受給決定までに多少の時間を要しましたが、幸いにして父方の伯父が一時的に借金返済の肩代わりをしてくれることになりました。生活保護費の受給については、担当ケースワーカーと父親との間で、生活保護費をギャンブ

ルに転用しないという誓約書を取り交わしたうえで、無事に生活保護の支給が開始されました。これにより、家庭経済状況については安定化が図られることになりました。

　父親の就労支援については、スクールソーシャルワーカーは生活保護課やハローワークと協働し、なるべく早期での就職につなげるべく支援を行いました。父親は就職活動の幅を広げるため、建築CADのオペレーターを目指して職業訓練を受けることを希望しました。これまで家族を振り回してきた反省も込めて、父親は熱心な態度で職業訓練に臨んでおり、順調な就職活動をスタートさせました。

【母親の病状改善からのスモールステップ】
　母親支援のキーパーソンとなった保健師は、定期的な面接を繰り返す過程のなかで、丁寧に関係づくりを行っていきました。母親の受け入れもよく、次第によき相談相手として欠かせない存在となりました。

　病気の治療については、隣町にある精神科病院への受診を調整して、初回の受診に保健師が同行しました。抗うつ剤と睡眠導入剤が処方され、本格的な治療が開始されました。通院開始から2か月が過ぎた頃には随分と状態も安定し、処方される薬の量も半分に減らされました。これらの情報は月に1回の頻度で実施していた拡大ケース会議で情報交換が行われただけでなく、日頃から事あるごとに互いに連絡が行われ、進捗状況の確認を行っていきました。

　また、かかりつけとなった精神科病院も関係機関として協力的に対応してくれており、スクールソーシャルワーカーは保健師とともに精神科ソーシャルワーカーとも協働を深めて家族支援を効果的に進めていくよう努めました。母親の病状は日々快方へと向かっており、近いうちにデイケアの利用を開始する予定にしています。最近では、少しずつ家事などにも取り組めるようになり、スクールソーシャルワーカーが家庭訪問を行った際には、美樹と一緒に作ったというパンケーキの画像を見せてくれました。その表情はとても明るく、確実な復調を思わせるものでした。

【学習支援の先に見えてきたもの】
　夏休みに行った少人数グループでの学習活動は、ボランティアで参加してくれた大学生スタッフとのマンツーマン体制で学習支援を行ったことにより、これまでの各教科の遅れを確実に取り戻すことができました。また、気の合う仲間との会話や定期的に応援に駆けつける教員との交流は、美樹の２学期からの登校意欲をかき立てる貴重な時間となりました。
　また、この学習活動では休憩時間などを活用して、大学生スタッフが毎回さまざまなレクリエーションを企画してくれました。そのことにより、生徒、教員、学生間のコミュニケーションが活発になり、信頼関係の構築に大きくつながるものでした。夏休みの後半には、美樹自身もこれまで抱えていた悩みを打ち明け、それを友人に相談するようにまで発展しました。
　夏休み期間中に行われた学習会は、合計で14回にも及びました。最後の活動日には、教員も含め全員で"お疲れ様会"を行い、お菓子やジュースを囲んで１か月余りの活動を振り返りました。最後に参加者一人ひとりから２学期に向けた決意表明がされました。美樹は少し照れながらもしっかりとした口調で、「みんなのおかげで最後まで頑張れました。正直、１学期は学校に行くのがつらくて、何もかもが嫌になったけれど、この学習会で勉強の楽しさや仲間の大切さを知りました。今から２学期が始まるのが楽しみです」
　９月１日。２学期始業式の日を迎え、生徒たちの元気な声が学校に帰ってきました。そして、２年生の教室には心なしか一回り大きく成長した美樹の姿がありました。

4．本事例の支援のポイント

　本事例では、家庭基盤の立て直しに向けて、世帯に対する生活保護受給、父親に対する就労及び職業訓練、母親に対する医療受診などの支援が行われました。これらは校外協働としてスクールソーシャルワーカーの重要な役割といえます。しかしながら、"スクール"ソーシャルワーカーの専門的な支援活動から逸脱しているように思われるかもしれませんが、これらが美樹の不登校や家事負担等に大きく影響を及ぼしていることから、それらの解決が状況改善には

2章　家庭への支援

必要であると考えました。これらの活動を円滑に進めていくためには、スクールソーシャルワーカーが遵守すべきいくつかの3つポイントがありますのでご紹介したいと思います。

(1) ホウ・レン・ソウの実践

　スクールソーシャルワーカーが関係機関と効果的な協働を行い、効率よく支援を進めていくためには、学校（教職員）側にその動きについて定期的に説明を行い、きちんとした理解を得ていくことが重要です。そのためには、協働の必要性が生じた際には、各専門機関の役割や機能を的確に伝え、今後の支援の見通しも含め具体的に示していかなくてはなりません。

　スクールソーシャルワーカーは、学校現場では校長の指揮監督下で活動を行いますので、特に管理職（校長・教頭）への報告・連絡・相談は絶対に欠かさないようにしましょう。その際、専門用語などを多用することは避け、具体的にわかりやすい言葉を用いて情報を伝達することは大切なポイントです。また、日頃から教職員は多忙を極めているため、頻繁に情報交換する時間を確保することは困難です。そのことを念頭に置いたうえで、手紙やメール等の媒体を活用した情報連絡手段を確立しておくことも有効な手立ての一つです。

(2) 子ども主体と支援者キーパーソン

　スクールソーシャルワーカーが行う支援の主体者は、あくまでも"子ども"に他なりません。今回の事例では家族支援の必要性が強調されていますが、スクールソーシャルワーカーが決して父親や母親の主たる支援者にならないよう気をつけなければいけません。家族構成員である父親や母親を主体者として支援を行う専門職を立て、各々がその支援者キーパーソンに相談できるよう"つなぐ"ことまでがスクールソーシャルワーカーの役割です。しかし、バトンを渡せば任務が完了したわけではなく、以後は学校に所属する教職員やスクールソーシャルワーカーは、家族支援を行う一専門機関として関係機関と協働していかなくてはなりません。

(3) 学力保障とインフォーマルネットワークの重要性

　スクールソーシャルワーカーの代名詞の一つに、関係機関をつなぐ役割としてのコーディネートやネットワーク作りがあります。しかし、これらは公的機関だけに限定されたものではありません。ソーシャルワーカーの専門性のなかには、地域を巻き込んだインフォーマルネットワークの構築及び活用が期待されています。

　公的な制度やサービスだけでは子ども支援には限界があり、これらの範囲内で支援を組み立てようとすると、「サービスにニーズを当てはめる」状況を創り出してしまいます。私たちスクールソーシャルワーカーには、むしろ「ニーズにサービスを当てはめる」つもりで取り組むべきであり、必要に応じてサービス等を創り出すことができるところに専門性があります。

　そして、インフォーマルネットワークを構築していく目的は、当然、子どもたちの学力を保障していくことです。

スクールソーシャルワーカーの「校内巡回」、こんなところを見ています

☆ 朝「おはようございます」と、挨拶しながら・・・
　子どもたちの顔色はいいか。目が充血していないか。体調はよさそうか。顔は洗っているか。歯を磨いているか。お風呂に入っているか。髪は整っているか。洋服はきれいか、季節に合っている服装か。上靴をはいているか。などを気にしながら見ています。

☆ 授業中は・・・

自分の席に静かに座っているか。授業に集中しているか。勉強はわかっているか。勉強道具はそろっているか。板書されていることをノートに書けているか。机の周りが散らかっていないか。眠そうにしていないか。誰かを怖がっていないか。挙動不審になっていないか。教室はきれいに整理整頓されているか。授業は成立しているか。先生と子どもたちの関係はどうか。集団行動ができているか。先生の指示を聞いているか。何も言えずに困っている子はいないか。いじめがおきていないか。などを見ながら巡回しています。

☆ 校内を巡回する時は・・・

〈授業中〉

・靴箱…出席確認。破れたり小さくてかかとを踏んだりしていないか。古い靴を履いているのは、その子のこだわりなのか、買ってもらえないのか。自分の靴箱にきれいに置けているか。イタズラされている靴はないか。靴箱に忘れ物はないか。危険な物はないか。不審者はいないか。

・階段、廊下…授業に入れていない子がいないか。展示物を見る。ゴミは落ちていないか。落し物はないか。落書きはないか。危険な所はないか。不審者はいないか。

・保健室…虐待されている子はいないか。傷やアザがある子はいないか。ご飯を食べさせてもらえない子はいないか。眠れてない子はいないかなどの確認。欠席理由の確認。流行している病気がないかの確認。

〈休み時間〉
　友達と遊んでいるか。一人で遊んでいるのは一人が好きなのか、それとも遊べないからか。遊びのルールを守れているか。いじめがおきていないか。校庭や学校の周りに不審者はいないか。ケガをしている子はいないか。泣いている子、表情の悪い子はいないか。服装、髪、靴はどうか。

〈先生に対して〉
　職員室で元気のない先生はいないか。
　※いた場合・・・先生から気になる子どもの相談を受ける。先生自身の相談を受ける。

☆ [補足] 地域巡回
・いじめが行われていないか、子どもたちが遊ぶ様子を見たり、落書きやいたずらされている物はないかを見たりしながら地域を巡回しています。
・変質者や不審な人がいないかを見回っています。
・虐待されている子どもがいないか見回っています。

2章 家庭への支援

| 事例 23 | 深夜徘徊を繰り返す中学3年生への家庭支援 |

1．事例概要

　4月の新学期、晴人（仮名）の担任教諭より「学校にずっと来ていない生徒がいます。家族とも連絡がとれず、家での生活実態も見えないんです。地域からも夜、本人が一人で歩いている姿や、ゲームセンターにいる話も聞きますし、とても心配です」とスクールソーシャルワーカーに相談がありました。早速、晴人についての状況を聞くことにしました。

　晴人は中学3年生の男子で、母親との二人暮らしです。両親は晴人が3歳の時に離婚しました。母親の親戚は遠方に住んでおり、交流はほとんどありません。母親はパート就労で、校納金を1年以上滞納していました。

　スクールソーシャルワーカーが介入する前までは、学校では担任教諭と生徒指導主事が定期的に家庭訪問を続けているのみでした。晴人とは会えないことが多く、晴人に会えても教員に反発するばかりで、きちんと話ができませんでした。母親とは欠席連絡も含め、学校との連絡は取れていましたが、最近になって母親とも連絡が取れないことが多くなってきました。

　このような状況から、晴人の抱える生活課題を改善するには母親への支援を行い、家庭基盤を整えることが必要であると判断し、スクールソーシャルワーカーが支援することになりました。そこで、支援目標としては、「晴人が登校できるようになるための家庭環境を整える」ことを主眼におきました。

2．支援内容

【晴人との出会いと関係づくり】

　まずは晴人に会い、彼の思いを聞くために、スクールソーシャルワーカーは担任教諭と一緒に家庭訪問に行きました。家庭訪問は週1回〜2回、時間を決めて定期的に訪問しましたが、なかなか晴人とは会えませんでした。

　家庭訪問を続けて2週間が経ったころ、偶然家の近くを歩いている晴人を見

つけ、担任教諭が声をかけました。しかし、晴人は担任教諭に威嚇的な態度で反発してきたため、話ができるような状況ではありませんでした。

　しかし、晴人に初めて会うことができたスクールソーシャルワーカーは、晴人に自分の仕事内容を簡単に自己紹介しました。晴人は話を聞いていない様子でしたが、スクールソーシャルワーカーからはまた会いに来ることを伝えました。

　その後もスクールソーシャルワーカーは家庭訪問を続け、ときおり自宅にいる晴人と話をする機会を持つことができました。しかし、ほとんど晴人は何も話さず無視を決めこんでいるため、短時間で帰ることが主でした。スクールソーシャルワーカーとしては、焦らずに晴人との関係づくりを丁寧に行っていくことを心がけました。そうしていくうちに、徐々にではありましたが、晴人と話す時間も増えていきました。

【母親との面談と関係づくり】

　晴人に会いに家庭訪問を続ける一方で、母親にも会える時は母親の面談を行いました。母親も晴人については心配している様子でしたが、「家計の切り盛りと仕事が忙しいので、あまり晴人の様子がわからない」と話しました。母親自身も気持ちが不安定になることが多く、家に帰ってもお酒を飲む日々が続いており、家の片づけもままならない状態でした。しかし、話を続けていくなかで、母親自身も晴人の将来や仕事、経済面の不安から情緒的に不安定であり、夜眠れずにお酒に頼っていることを打ち明けました。

【生活保護利用手続きの支援】

　家庭訪問を開始して数か月経った7月、母親の精神状態が不安定となり、精神科を受診して、そのまま入院となりました。その間、晴人は近くの親戚に預けられていました。母親は仕事を続けられる状態ではないため、退職を余儀なくされました。

　入院中、お見舞いに行ったスクールソーシャルワーカーに母親は生活保護の受給を考えましたが手続きの方法がわからず、また申請窓口でうまく相談ができるか不安だと言いました。そこで病院の許可を得て、スクールソーシャルワー

カーは母親と一緒に市役所の窓口に行き、生活保護申請の支援をしました。事前にスクールソーシャルワーカーは生活保護課の担当者に連絡を入れ、本世帯の状況について伝えておきました。これにより、申請はスムーズに進み、生活保護制度について母親がわからない部分については、スクールソーシャルワーカーが間に入って説明をしました。

　1か月後、生活保護の受給が開始されました。スクールソーシャルワーカーは担当の生活保護課ケースワーカーと密に連絡を取り、母親や晴人の状況について情報交換を行っていきました。

【相談支援体制の確保】

　生活保護の申請手続きと並行して、スクールソーシャルワーカーは生活保護課ケースワーカー、精神科病院の精神科ソーシャルワーカーとも協働し、退院後の母親への支援体制を協議しました。母親とも話し、退院後は精神科病院への定期的な通院と並行して、デイケアの利用、母親の健康管理、生活相談のための訪問看護事業所の利用をすることになりました。

　入院して3か月後、母親は退院し、健康状態も安定していきました。晴人自身も母親の状態が回復するにつれ、自宅に帰る機会も増え、時々ではありますが、家の手伝いをするようになったと母親はうれしそうに話をしていました。

【校内支援体制の整備】

　母親が退院して1か月後、2学期に入り、晴人からスクールソーシャルワーカーに「高校に行きたい。少しでも勉強をしたい」と相談がありました。早速、スクールソーシャルワーカーは校内ケース会議の開催を校長に要請し、校長、教頭、担任教諭、生徒指導主事、スクールソーシャルワーカーが集まって晴人の対応について協議しました。スクールソーシャルワーカーが晴人の思いを代弁して伝えることにより、協議では晴人のために別室を確保し、空きの教員が交代で晴人の学習支援をしていくことになりました。また、登校支援では、晴人と約束して週1回の登校から始めましたが、1か月後には毎日の登校となり、教室にも上がるようになりました。

【晴人の進路保障】
　10月より高校の体験入学などを行うなかで、晴人も高校進学に対して意欲的になり、さらに登校日数も増え、学習にも意欲的に取り組んでいきました。同時に、高校進学に係る諸費用については、学校、母親、スクールソーシャルワーカー、生活保護課ケースワーカーと協議し、生活福祉資金貸付制度の利用支援を行っていくことにしました。

3. 支援成果

(1) 母親の病状の安定
　精神科病院、訪問看護事業所との協働により、母親の相談支援体制ができ、母親の精神的安定につながりました。晴人とは「**毎日喧嘩をしながら楽しく過ごしています**」と母親自身も笑いながら話していました。

(2) 生活基盤の安定
　母親の健康状態の改善と併せ、生活保護受給により、経済的基盤も安定しました。こうした生活基盤の安定に伴い、晴人も自宅にいることが増え、母親との関わりも増えていきました。

(3) 晴人の学校復帰
　新年度当初は全く学校に行っていませんでしたが、2学期以降は少しずつ登校日数も増えました。校内での別室対応も含め、学校全体で晴人に関わっていくことで、学校が晴人の居場所の一つとなり、最終的には教室復帰へとつながっていきました。

(4) 晴人の高校進学
　晴人は第1志望の高校にも無事合格しました。卒業式の日、スクールソーシャルワーカーの元に晴人が来て、「**今まで自分や母親のためにいろいろしてくれてありがとう！**」と言ってくれました。それから、晴人とツーショットで笑顔の記念写真を撮りました。卒業後、晴人は時々中学校に寄って元気な姿を見せ

ているそうです。

4. 本事例の支援のポイント

　本事例において、スクールソーシャルワーカーとしてまず第一に考えたことは、時間をかけてでも晴人自身の思いを聴くことでした。学校の困り感を聞くことはありますが、それが必ずしも本人の思いを表しているものではないと考えたからです。

　また相談当初、学校の見方としては、「母親の養育意識が低いため、晴人が怠学傾向になっている」というのが多数でした。晴人や母親との面談、他機関との協働を進めていくなかで、学校側にも晴人の状況の背景にある家庭環境の課題について伝えていきました。丁寧に情報交換を行うことで、徐々に学校の見方も変わり、晴人の支援に対して学校も積極的に行うようになりました。

スクールソーシャルワーカー体験記

「学校事件簿」

☆学校欠席理由のビックリ順位

1位　誘拐されたから
　　「朝、誘拐されたけど、もう帰ってきました。今日は休ませます」。

2位　交通事故にあったから
　　「学校に行く途中で事故に遭い○△病院に救急車で運ばれたので、休ませます」。慌てて病院に行くと…「今日は誰も運ばれてきていません」と、言われました。子どもは家にいました。

3位　幽霊がでて眠れなかったから
　　・・・・・。(-_-;)

| 事例 24 | ゴミがあふれた貧困家庭で将来の目標がもてずに不登校にある中学3年生への家庭支援 |

1．事例概要

　スクールソーシャルワーカーは、中学校に出向くたびに裕太（仮名）のことが気になっていました。中学校全クラスの健康観察簿を見ていたときに、裕太は毎週1～2日は定期的に休んでいたからです。そして、授業中に校内を巡回しているときも、裕太はいつも不安げな顔をしており、休み時間も一人でいるところを何度も見かけたからです。そしてしばらくして、そんな裕太の姿を学校で見かけることがなくなりました。2学期も終わりを迎え、スクールソーシャルワーカーが出席していた生徒指導委員会で、欠席の多い生徒の名前として裕太があがってきました。

　裕太は中学3年生の男子で、母親と裕太の二人暮らしです。裕太の家庭は生活保護を受給していますが、母親は飲食店でパートをしていました。母親は社交的な方で、PTA活動や地域の活動にも積極的に参加しています。外向きの顔はとてもよい印象ですが、食事は作れず、毎日買ってきた惣菜で済ませていました。また、掃除や金銭管理などもできていません。そして、何より近所では有名な「ゴミ屋敷」といわれる家に二人は住んでいました。

　二人が住む家は築年数もかなり経っていて、部屋も狭い状況です。そして、家のなかはお菓子や惣菜の残り、ペットボトルなどのゴミがあふれかえり、かなりの異臭を放っていました。そのため、地域や行政の方が何度も、母親に「**片づけてください**」と指導に来られます。しかし、指導を受けたときは母親も片づけますが、すぐにもとに戻ってしまう状態が続いていました。生活保護課のケースワーカーは、担当する地区の生活保護率が高く、一人で多くのケースを抱えているため、母親宅への家庭訪問はあまり積極的に実施されていませんでした。

　母親の姿を見ている裕太自身も将来は生活保護をもらえさえすれば、一生懸命働かなくてもお金がもらえると考えていました。だから中学校卒業後の進路

希望調査も全くの白紙で提出し、担任教諭には「**生活保護をもらうから大丈夫です**」と話していました。

しかし、裕太と違いクラスの同級生たちは、進路決定の話や模擬試験対策などで頭がいっぱいです。そのため、裕太はクラスの友人たちとも疎遠になっていました。担任教諭が裕太の欠席が続いていることを母親に尋ねると、母親は「**最近買ってあげた携帯ゲームに夢中になっています。学校へ行くようには言っているのですけど…**」と話され、どうして登校を促さないといけないのかが理解されていないようでした。

2. 支援の内容

スクールソーシャルワーカーは出席していた生徒指導委員会で、これまでの裕太の指導経過や、中学校としては裕太の将来をどのように考えているのかを確認しました。学校としては裕太の不登校は怠学のため、いつか顔を出してくるだろうと思っていること、母親とは密に話し合いができていることから、「**どうにかなるだろう**」と安易に考えている状況がありました。しかし、スクールソーシャルワーカーが見る裕太の表情や様子、雰囲気はとても気がかりに思え、放っておくわけにいかない気持ちでした。

学校も裕太の家の状況が悲惨なことは理解していましたが、欠席の理由と家の状況がつながっているとは考えていませんでした。そこで、スクールソーシャルワーカーは生徒指導委員会の場で裕太の支援の必要性を伝え、子どもたちが抱える問題は家庭環境と密接に関係していることを説明しました。

裕太への最初の家庭訪問は、担任教諭と一緒に行きました。しかし、母親はパートに出て不在で、室内には裕太がいると思われたのですが、呼びかけても出てきてはくれませんでした。その後、スクールソーシャルワーカーは時間があるたびに単独で家に立ち寄りましたが、やはり出てきてくれませんでした。ただし、訪問時には必ず誰が何時に来たのかの手紙を郵便受けに投函して帰りました。この手紙にはスクールソーシャルワーカーの自己紹介や、裕太はゲームが好きなことがわかっていましたのでゲームの話題を盛り込みました。

裕太の自宅は外にまでゴミが散乱しており、窓も壊れていました。一度母親

のパート勤務が休みだということで、たまたま母親が家から出てきたことがあります。そのとき、母親が玄関に出てくるまでに室内からゴミを踏み鳴らす音や、ドアの隙間からは部屋中にゴミがたまっている光景が見えました。このときの母親は愛想よく対応してくれましたが、長い時間の会話を嫌いました。

　そのような家庭訪問を繰り返していたある日のことです。いつもどおりドアをノックし、声をかけますが誰も出ないので付箋にメッセージを書いていました。そのときです。室内からゴミを踏みしめる音が聞こえ、不意に裕太が扉を開けて出てきてくれたのです。あまりにも突然のことでスクールソーシャルワーカーは大変驚きました。開口一番、裕太は「**スクールソーシャルワーカーさんが一人で来ていたようなので出てきた**」と言いました。裕太はスクールソーシャルワーカーがいつも残していった手紙を読んでいてくれたようで、「**いつかゲームの話をしたいと思っていた**」と話してくれました。

　この日以来、スクールソーシャルワーカーは裕太と定期的に面談ができるようになり、ゲームの話はもちろん、今後の将来の話まですることができるようになっていきました。そして、裕太がゲームに没頭する理由としては、「**母も学校も自分のことをまったく心配してくれない。ゲームの中だけ自分が唯一主人公になれるからだ**」と話してくれました。

　確かに、母親は裕太に構わずにパートやPTA活動に専念し、学校も裕太の声を聞こうとせず母親とばかりやり取りをしていたところがありました。スクールソーシャルワーカーは裕太の気持ちを受け止めることを第一とし、裕太自身、本当にこのままでよいと考えているのか、進路や将来についてどのように考えているのかを聞き出していきました。すると裕太は、「**将来は飲食業に就きたい。そして、腹いっぱい好きな物を食べたい**」「**高校にも本当は行きたい**」「**友だちを呼べる家にしたい**」と素直な気持ちを話してくれました。

　スクールソーシャルワーカーは裕太の本当の気持ちを知ることができたので、校外ケース会議を開催することにしました。参加者としては、中学校、教育委員会、保健師、社会福祉協議会、生活保護課のケースワーカーに声をかけました。会議では、スクールソーシャルワーカーは裕太から聞いた①進学の意向があること（「高校に行きたい」「仕事にも就きたい」）、②今の家庭環境を変

えたいと思っていること（「**母親は外ばかり見ていないで、家のことも考えてほしい**」）を参加者に伝え、さらに母親が家事や金銭管理が全くできないことから家庭生活の支援が必要であることを提案しました。

そこで、会議では次の支援計画が立てられました。

① スクールソーシャルワーカーが裕太の代弁者として母親に本人の気持ちを伝え、本人の意向を再度確認し、本人、母親、学校の三者で今後の進路について考えていく。

② 裕太は家庭環境を変えたいと思っているため、家庭環境の改善を図るために、母親の了承が得られれば家の片づけをしていく。

③ 母親への生活支援をしていく。まずはスクールソーシャルワーカーが母親との面談を継続し、その後、保健師につなげていく。母親が保健師に自分の困り感を話せるようになれば、福祉サービスの利用や社会福祉協議会の支援を得ていく。

3. 支援経過

スクールソーシャルワーカーが母親に裕太の気持ちを伝えると、母親は涙交じりで「**裕太の本当の気持ちを知りませんでした**」と言われました。そして、裕太が高校進学や家庭生活の改善を望んでいるなら、母親としては「**裕太の願いをかなえてあげたい**」とも言われました。

そこで、まずは「ゴミ屋敷」状態を改善していくことにしました。行政と学校は人手を集め、7人の人数が集まりました。裕太と母親も手伝い、家の外と中のゴミ集めと掃除、裏庭の草刈りなどを一日がかりで行い、大きなゴミ袋が50袋も出ました。片づけが終わったとき、もう夕暮れとなっていましたが、片づいてきれいになった家を見て、裕太は「**これだったら友達も呼べる**」とうれしそうでした。母親は掃除をしてくれた人たちに感謝を述べ、「**ここまできれいになったのは引っ越して来て以来です**」と喜ばれました。

家の大掃除が終わった翌日以降、裕太の登校日数も徐々に増えていきました。担任教諭が再度、裕太と進路の話をすると、裕太はきっぱりと「**高校には行きたいです**」と言いました。また、進学に向けたクラス内での張りつめた雰囲気

がなじみづらいとのことでしたので、適応指導教室を利用しながら高校進学に向けた補習を行っていくことになりました。

母親への生活支援では、スクールソーシャルワーカーはまずは母親との関係づくりから進めていきました。母親との面談では、「**私自身、小・中学校とも全く勉強にはついていけませんでした**」「今働いてはいますが、**飲食店の接客のみで、レジ打ちなどはできません**」と言われました。また、「**家での家事や炊事もしようと思うのですが、結局はできずじまい。片づけもできなくてそのままにしてしまうことが多いです**」とのことです。何度か、スクールソーシャルワーカーは母親と面談を繰り返し、生活支援に向けて保健師につなげていくことにしました。

その後、裕太は高校に見事合格し、中学校を晴れやかに卒業していきました。スクールソーシャルワーカーの支援も義務教育年齢までのため、裕太の顔を見ることもなくなっていきました。保健師からの連絡で、母親は医療機関を受診し、療育手帳の交付を受けて、福祉サービスの利用や社会福祉協議会の日常生活自立支援事業の支援を得ていることを聞きました。しかし、裕太についての情報を耳にすることはありませんでした。

そして、4年の月日が過ぎました。スクールソーシャルワーカーが不登校の子どもの家庭訪問に向かっているときです。家庭訪問先は、裕太の自宅近くでした。突然、誰かに呼び止められたので振り返ると、なんと裕太でした。身長も一段と伸び、顔つきもめっきり大人顔です。スクールソーシャルワーカーが久しぶりの再会に喜びの言葉をかけ、裕太の近況について尋ねました。

裕太は今、アルバイトをしながら就職活動をしているとのことでした。中学卒業後、高校には進学したものの友人がつくれず、勉強にもついていけないため退学をしたようです。しかし、「飲食店で就職したい」という気持ちは今も持ち続けており、まずは「**小さな工場で少しずつ成長しながら頑張っていきたい**」「**将来は一人暮らしもしたい**」と言いました。そして、「**中学校のときにはいろんな人から助けてもらったから、頑張っていかないといけない**」という思いを笑顔で語ってくれました。しばしの時間を過ごし、またの再会を約束して別れました。

スクールソーシャルワーカーにとって裕太の支援は、最善の取り組みであったのかどうか迷うところです。しかし、支援をする人たちも支援を受ける人たちもそのときを生きており、そのときの支援を必要としています。裕太は中学校時代、支援を必要としていました。高校に入学し中退はしましたが、それでも前に向かって進もうとしています。スクールソーシャルワーカーはその一役を担えたのではないかと思う事例でした。

4. 本事例の支援のポイント

(1) ゴミ屋敷の改善に取り組む

「家の中を片づけることまで、スクールソーシャルワーカーの仕事ですか？」と思われるかもしれません。しかし、家の生活環境が子どもたちの登校意欲の増減に大きくかかわることを経験してきました。子どもの登校意欲を家庭内の大量のゴミが阻害しているのであれば、十分にスクールソーシャルワーカーが動いていく理由になります。しかし、家の片づけはその家の家主としっかり信頼関係を築いてから行う必要があります。また、第三者が勝手に片づけを進めるものではなく、家主の自己決定が絶対条件です。必ず家主が「片づける」と言うまで手を出さないことが重要です。今回のケースも、母親が片づける意志をもたれたので、その後、支援が入った経緯はありますがゴミ屋敷に戻ることはありませんでした。

(2) 支援のアイデア

今回の事例では、ゲームの話をしたことで支援の扉を開くことができました。このようにどんな話題が事例の進展に作用するかわかりません。スクールソーシャルワーカーは、まずは相手の懐に入らなくてはいけません。そのためには、ゲームやアニメ、自動車、バイクなどたくさんの雑学や情報をもって支援に入ることが必要です。ただし、スクールソーシャルワーカー自身も子どもたちが楽しんでいることに楽しむ感性をもつことが大切です。子どもたちと共有できる楽しみが見つかり、子どもと心底から楽しい会話ができた時間はとても気持ちがよいものです。笑えて、楽しい支援の仕方をぜひ探してみてください！

Best Practiceに向けて

スクールソーシャルワーカーの「家庭訪問」 その2

　学校－家庭の結びつきを促進する要因として、エプスタイン（Epstein, 2001）は、次の6点をあげています。①親が子どもの学力に関心をもつ（例、宿題を見る、成績に関心をもつ、学校から子どもが持ち帰った配布物に関心をもつ、他）、②学校と家庭間のコミュニケーションのパイプがある（例、担任に連絡・相談をする）、③学校の諸活動に親が参加する（例、学校行事への参加など）、④家庭での諸活動を通して子どもの学習を促進する（例、地域活動の参加）、⑤親が学校運営に関与する（例、ＰＴＡ活動など）、⑥親が地域の活動に貢献する、などです。親の教育への関与が増すと、子どもたちの出席率や学業が良好であることが指摘されています。

　スクールソーシャルワーカーが行う家庭訪問は、親との信頼関係を築き、子どもへの教育に大いに関心をもってもらうことにあります。そのため、ストレングスの視点から家族のニーズに焦点化した対話をしていくことが大切です。

　家庭訪問では、子どもたちが生活している環境を知ることもできます。住まい（例えば、アパート、一戸建て、公営住宅とその経済状況）、家庭内の環境（例えば、家庭内の整頓状況、子どもの学習スペース、学習教材の数、ペット、他）、家族構成（例えば、単親世帯、2世帯、内縁の人物、他）、家族間の関係性（親子関係、きょうだい関係、虐待状況、家庭内暴力状況、他）、地域環境（繁華街、住宅地、農村地、沿岸地、他）などです。

　そして、家庭訪問で配慮すべき点は、1つは守秘義務です。2つ目はチームアプローチです。スクールソーシャルワーカーが単独で行動するのではなく、役割分担で実施していくことが重要です。3つ目は安全性です。安全性が危惧される家庭訪問の場合、教員との2名で訪問するか、家族以外の人物の出入りが多い家庭では、学校や公民館などの家庭外の場所で親と会うこともよいでしょう。

※参考文献:Epstein, J. L. (2001). School, family, and community partnerships: Preparing educators and improving schools. Westview Press.

スクールソーシャルワーカー
School Social Worker

密着24時

AM 9:00
出勤
月曜日は朝から快晴。1時間目の授業が始まった頃、少し遅めの出勤です。今日も1日、忙しくなりそうな予感ですが、はりきってがんばりまーす(*^^)v

AM 9:20
スケジュール確認
1週間分の配布物の整理、週行事予定表の確認、1日の予定の確認、スクールソーシャルワーカーの業務の確認を毎回ワンセットで行いながら、気持ちを高めていきます。

AM 10:00
校内巡回
子どもたちの様子はもちろんですが、靴箱や掲示物の様子にも目を配ります。自身の目と耳と肌、活用できるすべてのアンテナを張りながら、その日の学校の雰囲気を感じ取ります。

AM 10:45

SSW会議

固定の曜日、時間、参加者で30分程の会議を毎週行います。スクールソーシャルワーカーからは、支援の進捗状況の報告や動きの確認、学校からは新規の相談等が行われます。いわば、校内での学校ソーシャルワーク本部のような感じです。

AM 11:30

保護者面談

保護者の方が話しやすい雰囲気づくりを第一に心がけています。そのため、保護者のニーズに合わせて来校での面談の他に家庭訪問も行います。

PM 0:40

昼食

給食は支援対象の子どもと食べることもあります。そうでないときは担任外の先生方と一緒に食事をして日常会話をする、つかの間のホッとできる時間です。

PM 1:15

昼休み

昼休みは子どもとの面談で予定が入っていることが多いです。時には、不得意な運動系の遊びをお願いされることもあるのですが…なんといっても、子どもたちとスクールソーシャルワーカーが一緒に楽しい時間を過ごすことを心がけています!!

PM 2:30
関係機関協議
建設的かつ具体的な協議を行うのですが、協議を重ねるうえでは、なんといっても日頃からの関係づくりを大切にした協働の積み重ねに勝るものはありませんね。

PM 4:00
校内ケース会議
会議の負担軽減のために、目的を明確に短時間での協議を心がけています。そのためには、教頭先生や特別支援コーディネーターとの協働は必須です。

PM 5:00
記録作成
記録一つでも、面談記録から統計までとさまざまです。これらが日々継続されるため、記録方法もなるべく負担がかからないように工夫しています。

PM 6:30
勤務終了
先生たちからの相談や情報共有が多いのはこの時間帯です。記録をしつつ、相談を受けつつ、明日へのエネルギーを少し残して帰宅します。

3章

学校への支援

| 事例 25 | 教室からの飛び出しや乱暴行為のある小学校 2 年生と担任教諭への支援 |

1．事例概要

　小学校 2 年生の洋平（仮名）は、入学当初から授業中の立ち歩き、トイレでの悪戯、他学年の子との喧嘩など、学校では話題には事欠かない子どもでした。2 年生になり、洋平もクラスに慣れてきた頃から、授業中の離席が目立つようになりました。教室の中を立ち歩くだけではなく、黒板に落書きをしたり、教室の前にあるオルガンを弾いたりして、授業の進行を妨げるようになりました。担任教諭は、その都度洋平を注意するのですが、1 回の注意ですんなりと席に戻るということはありません。

　洋平のそうした行為により、授業を進めることができないとき、担任教諭は普段よりいっそう厳しく指導しました。その厳しい注意を受けると、洋平は決まって教室を飛び出し、学校内の人目があまりない場所へ行ってしまいます。そのため、すぐに数人の教員たちが洋平を探しに行き、ほどなく彼を見つけだすという日々でした。

　飛び出した時の洋平は、気分が落ち着いておらず、教室へ戻るように話をしても「嫌だ！」と言い張り、かたくなにその場から動こうとしません。そのため、洋平を見つけた教員は本人の気持ちが落ち着き、教室へ戻ることができるようになるまで、その場で一緒に過ごしてくれました。

　この状況が度重なり、担任教諭は洋平の行動を止めることができない自分の指導のあり方に自信を無くしはじめていました。また、洋平が教室を飛び出すことで、他の子どもや教員たちに迷惑をかけていることに申し訳なさを感じていました。何より、洋平の今後のことを考えると、何とかしてあげたいという気持ちを強く持っていました。

　そんなある日、洋平が教室で大暴れをしたのです。その日、洋平は朝から機嫌が悪く、イライラしていました。学校では朝のホームルームの前に、10 分程度の読書の時間があります。普段はこの時間に熱中して本を読む洋平でした

が、その日は一向に本を読む気配はなく、隣や後ろの席の子にしきりに声をかけていました。担任教諭から注意を受けると、洋平は自分の机を軽く蹴飛ばし始めました。それから、机の中の教科書やノートを数冊引っ張り出し、それで自分の机をバンバンと叩き出したのです。担任教諭は「やめなさい！」と言って、教科書を取り上げました。洋平は「返して！」と叫びます。「じゃ、やめなさい」と先生は返します。イライラの納まらない洋平は自分の机を蹴飛ばし、黒板を定規で叩きはじめました。担任教諭は定規を取り上げ、「やめなさい！」とさらにきつく叱りました。担任教諭から行動を止められ続けた洋平は、イライラがさらに募ったようで教室を飛び出していきました。

その後、校庭の隅にうずくまっているところを、他の教員がすぐに見つけました。しかし、洋平は一向に教室へは戻ろうとせず、1・2時間目とも授業を受けずに校庭で過ごしました。その日、朝から学校に来ていたスクールソーシャルワーカーは教員と交代し、洋平の気持ちが落ち着くまで一緒に過ごすことにしました。一緒に洋平と虫を探したり、鉄棒で遊んだりしながら、いろいろな話をしました。話のなかで洋平はお母さんが大好きであること、妹の面倒をよくみていることなど、家族のことを話してくれました。

中休みになり、なんとか職員室へ行くことを洋平は了承しました。そして、職員室で担任教諭とスクールソーシャルワーカーは、洋平の家庭の様子を聞くことができました。洋平の家は、父親と母親、妹の4人家族です。両親はともに再婚で、洋平は母親の連れ子でした。父親も母親も仕事をしており、妹は日中、保育園に預けられているとのことでした。

母親のしつけは厳しく、洋平が少しでも食べ物をこぼしたりすると、洋平の太ももを叩くそうです。洋平が母親の言うことを少しでも聞かないと、家から締め出されるとのことでした。昨日も言いつけを守っていなかった罰として、洋平は父親が仕事から帰宅するまでの間、家に入れてもらえず、玄関前に締め出されていたとのことでした。

2. 支援内容

洋平の話を聞いて、昨日の家庭での出来事が今朝の洋平の行動につながって

いたのだと考えられました。これまで洋平が学校のなかで喧嘩をしたり、授業中に席を離れたりしていた背景には、家庭でのそうした出来事、特に母親との関係が影響しているのだろうと推察されました。

　洋平が、家庭でも学校でも注意を受けることが多い状況を考えると、洋平が「誰も自分のことを受け入れてくれない」と感じていることは想像できました。その状況をこのまま放っておけば、洋平にとっての「居場所」がなくなってしまうと考えられました。

　その日の放課後、スクールソーシャルワーカーは担任教諭と話し合いをもちました。担任教諭からは、「今後、どのように洋平を指導していけばよいのか迷っています」と言われました。確かに、洋平の行動の背景を考えると、洋平だけを注意することは彼を追いつめることにもつながります。しかし、洋平の行動によって授業が進まなかったり、他の子どもが危ない目にあったりしているのも事実です。スクールソーシャルワーカーにも、担任教諭の迷いはよく理解できました。そこで、スクールソーシャルワーカーは、洋平の行動の背景も踏まえたうえでの取り組みを担任教諭と一緒に考えていくことにしました。

　スクールソーシャルワーカーが洋平への取り組みで念頭に置いたのは、洋平の思いとストレングス（強み）に焦点をあて、洋平の居場所となる学校環境と家庭環境を作ることです。家庭では洋平がなかなか認めてもらえていない現状を踏まえ、学校内で洋平を認める場面を作りたいと考えました。当然、洋平の問題となる行動についてもきちんと指導をしていくことが必要です。

　そこで、担任教諭と話し合い、以下の取り組みをしていくことにしました。

【着席行動の形成】
　担任教諭が「最も何とかしたい」と考えている算数の授業中の離席に焦点を当てました。取り組みでは、洋平が大好きな漫画の「ドラゴンボール」のストーリーを活用して、トークンエコノミー法を使うことにしました。「ドラゴンボール」のストーリーは、7つのドラゴンボールを全て集めることができれば願い事がかなうというものです。このストーリーを活用して、洋平が担任教諭と約束した時間の間、着席することができていれば大いに褒めてあげ、準備したカー

ドに1つドラゴンボールのスタンプを押します。そのスタンプを7つためることができれば、洋平の好きなことができるというものです。ただし、着席時間数は、洋平にとって無理のない時間数から始め、徐々にその時間数を延ばしていく計画です。

【学校から家庭への働きかけ】

これまで、学校から家庭へは意図的に連絡をとったり、保護者と話をしたりする場面は設けていませんでした。しかし、今回の洋平の話を受け、母親に洋平の思いに気づいてもらう必要があると考えました。そのうえで、母親の洋平に対する関わり方について、担任教諭と一緒に考えていく機会を作っていくことにしました。具体的には、学校と母親が話し合う教育相談の場を設けていくことです。

3. 支援経過

担任教諭は、早速、洋平を呼んで着席の取り組みについて話をしました。洋平にとっては大好きな「ドラゴンボール」であったため、すぐに「**やりたい！**」という返答でした。座っている時間については、洋平と一緒に考えました。そして、洋平からは、「**10分から、がんばってみる**」という答えが返ってきました。そこで、まずは「算数の時間に10分間座ること」を目標に取り組んでいくことにしました。

目標を決めてから最初の算数の時間、洋平は約束の時間を過ぎても席について授業を受けていました。これまでは自分で考える課題が終わった後、すぐに席を立っていたのですが、一度も席を立つことなく最後まで授業を受けていました。そして、算数の時間が終わるとすぐに、洋平は得意げな顔をして担任教諭にスタンプをもらいに行きました。担任教諭は、洋平が約束を守ったことを大いに褒め、スタンプを押してあげました。

取り組みを始めて1週間の間、洋平は教室から飛び出したり、周囲の子どもとトラブルを起こしたりすることはなく、教室で過ごすことができるようになりました。今まで、洋平が教室を飛び出した時には探し回ってくれた教員たちか

らも、洋平の頑張りを評価する言葉かけがなされました。そして何より、これまで洋平を圧倒的に注意してきた担任教諭の注意回数が減少していきました。

　スタンプは早々と7つたまりました。そして、7つたまったとき、洋平が望んだことは担任教諭と「**遊びたい**」でした。担任教諭は洋平にしかってばかりいましたので、洋平のこの申し出にはとても驚きました。でも、約束通り、担任教諭は昼休み時間に目いっぱい、洋平と遊びました。この遊びの共有は、担任教諭の洋平への見方を変えていく機会になったと、後日スクールソーシャルワーカーに語ってくれました。また、担任教諭は洋平だけではなく、他の子どもたちも褒めることと、スタンプ集めを活用していきました。

　洋平の離席が落ち着き始めたある日、洋平が教室を飛び出したという連絡が久しぶりに職員室に入りました。すかさず、スクールソーシャルワーカーも教員たちと一緒に洋平を探しました。洋平は校庭脇で一人たたずんでいました。洋平を見つけたスクールソーシャルワーカーは彼の横に座り、話しかけました。洋平に今回教室を飛び出した理由を聞くと、図工の時間に騒いでいたところを注意され、飛び出してきたとのことでした。しかし、今回教室を飛び出したのは、「**担任の先生に追いかけてきてほしかった**」からだと教えてくれました。この洋平の一言から、洋平と担任教諭との関係が深まってきていることを感じました。

　スクールソーシャルワーカーは、今までと同様に洋平が落ち着くまで校庭で過ごすだろうと思っていました。しかし、今回は違いました。洋平は、すぐに「**教室へ帰る**」と言って、教室へ戻っていったのです。この日以降も、洋平は注意を受けて教室を出ていくことがありました。しかし、校舎から飛び出すことはなくなり、教室の前の廊下に座り込むだけになりました。そして、少し時間が経てば、何事もなかったように教室へ戻ってくるようになりました。

　学校から家庭への働きかけでは、担任教諭は母親に連絡を入れ、教育相談の場面を設けました。面談では、担任教諭は事前にスクールソーシャルワーカーと話し合っていたとおりに、母親の思いを尊重した話をしました。これにより、母親は「**自分自身、仕事と家事をこなさねばならず、時間的にも精神的にも余裕がなくなっています**」と心の内を話されました。そして、洋平に対して「**厳**

しくなりすぎてしまっていることも自覚しています」とも言われました。担任教諭は、今後も洋平のことについては母親と一緒に考えていきたいということを伝え、次回の教育相談の時間を設けることを母親も約束されました。その後、母親の関わりがすぐに変化するまでには至っていませんが、継続的な教育相談は実施されています。

4. 本事例の支援のポイント

　今回、洋平との関わりのなかで、スクールソーシャルワーカーが意識したことは、ストレングス（強み）の視点にたって、洋平の居場所を確保していくことでした。ストレングスは、洋平のみならず、担任教諭や母親、家庭環境や学校環境にもあると考えます。

　例えば、洋平は「ドラゴンボール」が大好きという興味や関心を持っていました。その洋平のストレングスを積極的に受け入れ、洋平の課題となる離席の取り組みに活用していきました。

　母親は、「洋平に、マナーを身につけてほしい」という願望を持っていました。しかし、時間的精神的に余裕のない母親は、うまく洋平にその願望を伝えきれていなかったようです。教育相談の場では、担任教諭は母親の願望を尊重していくことで、母親と学校との継続的な話し合いにつなげていきました。

　そして、学校環境のもつストレングスを活かすことも大切です。担任教諭は、洋平を含め40人近くいるクラスの子どもたち一人ひとりの好きなもの、よいところをきちんと把握されていました。今回、洋平の取り組みを考えていくうえで、担任教諭の子どもを細かく見ていくストレングスの視点が活かせたのです。改めて学校の教員のすごさを実感しました。

　今回、スクールソーシャルワーカーの役割としては、洋平の話から家庭内での親子関係に課題があることがわかり、その改善に向けて学校と家庭との協働体制を作っていくことを目指しました。そして、洋平、家庭、学校のもつストレングスを発揮できるように働きかけ、家庭環境と学校環境が洋平にとってよりよい快適な居場所となっていくことが、学校ソーシャルワーク実践として大事であることを実感した事例でした。

事例 26	学級崩壊にある小学校の担任教諭と子どもたちへの学級支援

1．事例概要

　1学期最後の生徒指導委員会の会議終了後、スクールソーシャルワーカーは校長室に呼ばれ、校長直々に相談を受けました。「**実は、4年生が学級崩壊を起こしていて…**」この小学校は、全学年が単学級の小規模校で6年間クラス替えはなく、持ち上がりのまま進級していきます。この地域は自然に囲まれ、人々の交流も深く、地域住民からの学校に対するサポートも厚い地域です。これまでに目立った問題などもなかっただけに、校長は苦い表情を浮かべました。

　3年次はベテランの女性教諭が担任をしており、学級全体はとても落ち着いた雰囲気の学級でした。しかし、今年度より着任した新任の女性教諭が担任となった頃より、次第に学級内では不協和音が響き始めました。子どもたちは非常に落ち着きがなく、離席や教室の飛び出しを繰り返しており、子どもたち同士のトラブルも後が絶えません。担任教諭はその対応に振り回されているような格好でした。

　そのため、1学期当初から授業も成立しない状態が続いており、ゴールデンウィーク明けからは教務主任と教頭の2名が学習補助という形で教室に入って対応を行っていきました。辛うじて授業を行っていましたが、子どもたちの担任教諭らに対する不満は日に日に増幅するばかりでした。そのことは、教員たちも自覚しており、対症療法的に指導する悪循環からの脱却を模索しながらも、正直なところ手詰まり感を抱いていました。

　学級が"荒れている"という噂は、すぐに家庭にも広まり、複数の保護者からは校長に対して苦情が寄せられました。他の教員を加配するなどの手立ては打つものの、目に見えて効果がないことは子どもたちの反応から見ても明らかであり、次第に保護者からは担任教諭の教員としての資質を疑問視する声が強くなっていきました。ついには、担任教諭の変更を要望した文書が保護者代表から提出される事態となりました。

3章　学校への支援

　学級だけでなく家庭を巻き込んだ問題へと発展したことは、担任教諭も深く責任を感じており、近頃では心身ともに不安定な状態となっています。このままでは病気休職も時間の問題という状況にまで追い込まれているため、学級立て直しの切り札としてスクールソーシャルワーカーに白羽の矢が立ったのです。

2. 支援内容
【人間関係プログラム導入へ向けた準備】

　スクールソーシャルワーカーが今後の対応を協議していくうえで、校内ケース会議の開催を校長に依頼しました。ケース会議には、校長、教頭、教務主任、養護教諭、スクールカウンセラー、スクールソーシャルワーカー、そして担任教諭の7名が参加しました。

　会議では、ホワイトボードを使って学級のエコマップづくりを行い、現在の担任教諭と子どもたちの関係性を図示して、客観的に意見交換を行いました。現状からの脱却を図るためには、担任教諭と子どもたちの関係性を改善していくことが必要であるとの意見で一致しました。

　そこで、スクールソーシャルワーカーは「人間関係プログラム」の導入を企画しました。まずは、夏休み期間中に教員研修を複数回行い、そのノウハウを教職員が習得することにしました。ただし、この取り組みを2学期から担任教諭が中心となり実施していくには、その準備等も含めさまざまな負担や限界があるため、スクールソーシャルワーカーはこれらの活動経験がある福祉系大学の大学生ボランティアを組織して、活動に参加してもらうことを提案しました。

　活動そのものは大学生が中心となり、担任教諭がそれを補佐する形で展開していくことで、学級のなかに新たな人的資源を投入し、これまでにない環境づくりに着手することにしました。なお、スクールソーシャルワーカーが直接的かつ継続的に活動へ関わることは勤務の都合上、難しい状況にあったため、大学生ボランティアの調整や教員研修の講師及び人間関係プログラムの企画会議等への参加を主な役割として担うことになりました。

【家庭（保護者）の理解と協力を得ることの重要性】

　2学期からの人間関係プログラム実施に先立ち、夏休み後半には4年生の臨時保護者会を開催して、この取り組みに関する説明を行い、保護者からの理解を得ることを目指しました。その際に留意したのは、学校が単独で行う活動を了解してもらうのではなく、保護者にはモニター役として子どもの様子やその変化についてチェックしてもらう形での「協力」へのお願いをすることでした。

　そこには、過去に別件で4年生のある保護者が発した言葉にヒントがありました。「(学級崩壊となった学級に)私たちだって責任を感じているんですよね。できることは協力したい気持ちはあるんですよ…」。

　経験の浅い担任教諭は、学級経営に力を注ぐあまり、保護者との協働が疎かになっていました。本来、本小学校は地域に開かれた学校として受け入れられてきた歴史を校長より聞いており、そこに活路を見出したのでした。

【学級担任に対する定期的なコンサルテーション】

　学級崩壊を最終的に立て直していくためには、担任教諭が教員としてさらに成長していくことが必要不可欠でした。しかし、それ以前にスクールソーシャルワーカーが気がかりだったのは、担任教諭自身が心身ともに疲弊しており、教員としての自信すらなくしているということでした。

　そこで、スクールソーシャルワーカーは校長らと相談を行い、学級をサポートするチーム体制を作り、定期的な情報交換会を実施することにしました。サポートメンバーは、先のケース会議に参加した7名で構成されました。この取り組みのなかで担任教諭を除くメンバーで共通理解をしたことは、担任教諭の"できていないこと"ではなく、"できていること"に焦点化してプラス思考で評価を行い、まずは自信の回復につなげていくことを大切にしました。

　また、スクールカウンセラーとスクールソーシャルワーカーの活動日を合わせて、担任教諭を交えた三者でのコンサルテーションを定期的に実施することにしました。スクールカウンセラーは、担任教諭が子どもたちを指導する際に「怒り」を全面に押し出してしまい、感情のコントロールが難しいという本人の悩みに対する改善点についてアドバイスを行いました。スクールソーシャル

ワーカーは、授業をはじめ、学校生活で見られた担任教諭や子どもたちの肯定的な「変化」についてフィードバックを行い、自分自身ではなかなか気づくことのできない他者評価について気づきを与えることに努めました。

3. 支援経過

【開放された学級システム】

2学期から大学生ボランティアも参加しての人間関係プログラムを開始しました。夏休みに臨時保護者会を開催したことも功を奏して、子どもたちは事前に保護者から担任教諭の思いや新たな取り組みについて聞かされていたようで、1学期後半の荒れた状況とは若干異なる雰囲気がありました。

毎週火曜日の5時間目が活動日となりましたが、大学生ボランティアは子どもたちとの関係を築こうと、4時間目の終わり頃には学校へやって来て、一緒に給食や昼休みを楽しみました。そのなかで徐々にコミュニケーションを深めていったことは活動にもよい影響を与えました。

活動の中身はあらかじめ担任教諭らと打ち合わせを行い、その企画に沿って大学生ボランティアが中心的に進めていきました。最初の1か月半は、構成的グループエンカウンターを中心に行い、学級集団における人間関係という"つながり"を意識したエクササイズを積極的に取り入れていきました。

小グループに分けて行う活動には、担任教諭だけでなく他の教員も入り一緒に参加しました。当初は子どもたちも多少の嫌悪感を示していましたが、エクササイズを通して子どもたちと向き合う担任教諭の新たな一面が、子どもたちの行動に変化をもたらしていきました。

その後は、子どもたちの状態を見極めながら、ストレス・マネジメント、アサーション・トレーニング、ソーシャル・スキル・トレーニングなどを段階的に取り入れていきました。最終的に、この人間関係プログラムは3学期まで行われました。大学生ボランティアの参加は、これまで閉鎖的となっていた学級内での人間関係（つながり）を再び活性化していくうえで極めて重要な役割を果たしてくれました。

【保護者も参加しての学級経営】
　人間関係プログラムの開始と並行して、担任教諭は保護者と交換日記を開始しました。隔週のやり取りのなかで、これまで言葉だけでは伝えることのできなかった双方の気持ちが交流しただけでなく、学校や家庭での子どもたちの様子が手に取るように見えたことは互いの距離を縮めていくには重要なコミュニケーション・ツールとなりました。なかには、担任教諭を激励するメッセージなども寄せられており、人知れず職員室で肩を震わせる担任教諭の姿がありました。
　人間関係プログラムが軌道に乗り始めた11月には、授業参観で活動を公開しました。途中から実際に保護者にも参加してもらい、活動そのものを体験してもらいました。授業参観後に行われた懇談会では保護者から忌憚のない感想をもらい、その後の活動に反映をさせていきました。
　保護者からは「（人間関係プログラムを）家庭でもできそうですね」「何か協力できることはありませんか？」「近頃、子どもは学校が楽しいと言うようになった」など、肯定的な意見が寄せられました。一方で、「家で（子どもを）ガミガミ注意ばかりしていた自分自身を反省しました」「1学期は私たちが子どもたちの前で学校批判をしていたことを恥ずかしく思います」など、これまでの子どもや学校との関わりを反省する声も聞かれました。
　これまで学校と家庭にあった大きな壁が、確実に取り除かれていった手ごたえを担任教諭は実感しました。

【初めての挫折から得たもの】
　エスカレートする学級崩壊に一時期は休職するのではないかと危ぶまれた担任教諭も、人間関係プログラムやサポートチームによる定期的な情報交換会、さらにはスクールカウンセラーやスクールソーシャルワーカーとのコンサルテーションなどを継続していくなかで、教員としての自信を少しずつ回復し、着実にエンパワメントしていきました。
　両親ともに教員という環境に生まれた担任教諭は、幼い頃からその職業にあこがれていました。学生時代から子どもと関わるボランティア活動に力を入れ、

教育実習でも高い評価を受けていました。教員採用試験も一発で合格するなど、ある意味で挫折を知らないまま教員としての階段を上ってきたのでした。

しかし、「理想の教員像を追及するがあまり、子どもの個性を伸ばすのではなく、管理的な学級経営となっていました」と述べています。そして、「そのことが逆に気負いとなり、初めての挫折をより深刻なものにしてしまった」と言います。担任教諭は教育者として子どもに「教える」ことに特化しすぎていたと反省しています。今回のさまざまな取り組みを通して得たことは、教えたあとの「育む」ことの大切さであったことに担任教諭は気づきました。そして何より、担任一人ですべてを丸抱えするのではなく、多くの教員や保護者に支えられていることを痛感し、チームで子どもたちに教育を行っていくことの重要性について身を持って知ったと言われました。

4. 本事例の支援のポイント

(1) 人間関係プログラムの導入

ソーシャルワークの視点として極めて重要なのが、「人と環境の相互作用」の視点をもつことです。今回の学級崩壊は、担任教諭と子どもたちとの関係性のゆがみから、子どもたち同士の不和までを誘発し、さらには家庭（保護者）までを巻き込んだものでした。

人間関係プログラムでは、構成的グループエンカウンター、ストレス・マネジメント、アサーション・トレーニング、ソーシャル・スキル・トレーニングを導入し、年間計画を立てたうえでプログラムを進めました。

今回の取り組みで徹底したのは、
① テキストをそのまま用いるのではなく、子どもたちの実態に即してアレンジをしていくこと。
② 性急な成果を求めるのではなく、時間をかけてぼちぼち取り組むこと。
③ リーダーを務める大学生やサポートメンバーである担任教諭の遊び心を加えていくこと。

以上の3点でした。そのことにより、担任教諭は今まで以上に日頃の子どもの行動観察を丁寧に行うようになりました。また、教員たちが楽しみながら取

り組んでいることが自然なかたちで子どもたちに伝わったことも功を奏したと思います。

人間関係プログラムは、子どもたちのコミュニケーションスキルや問題等への対処能力の向上に有効な取り組みです。しかし、それは劇的な変化を与える特効薬というより、日頃から地道に積み上げていくことにより効果を発揮する予防的なものです。言い換えれば、人間関係の構築には時間がかかります。だからこそ、普段からこれらのプログラムを取り入れて継続的に実施していくことが重要になります。

(2) 子ども理解と「ストレングスの視点」

プラス思考での支援というのは、ソーシャルワークにおける「ストレングスの視点」を教職員にわかりやすく伝えたものです。子どもに対するネガティヴな視点は、子どもに対する否定的な見方を強めてしまう懸念があります。

当時は、担任教諭と子どもたちとの関係が悪化し、教員としての自信も失うという悪循環な状況でした。"できていない"課題や問題を示す引き算ではなく、"できている"成果や変化を示す足し算にしていくことで、まずは担任教諭のモチベーションアップを目指しました。

スクールソーシャルワーカーの専門的な役割は、もっぱら子どもたちが抱える生活問題への支援として、関係機関との連携や制度・サービスの利用調整をしていくというイメージが少なくありません。しかしながら、今回の事例のように学校内においても、スクールソーシャルワーカーの効果的な活用が可能であることを理解してもらえたかと思います。本事例では、学級崩壊したクラスの立て直しとして、人間関係プログラムを用いましたが、最も強調すべきは子どもたちの理解を「ストレングスの視点」で深めていくということでした。

事例 27　過度な要求をしてくる保護者への対応に関する学校支援

1．事例概要

　スクールソーシャルワーカーとして着任して間もなく、指導主事より「**あなたに会えることを首を長くして待っている教諭がいるみたいよ**」と声をかけられました。どういう意味かわからず苦笑いしつつも、中学校を訪問するとさっそく校長より支援依頼がありました。内容は、毎日、朝・昼・夕と何度も学校に過度な要求電話をかけてくる母親がおり、担任教諭も校長も誠意をもって対応しているのだが、学校への攻撃的な状況がなかなか変わらないので、相談にのってもらえないかというものでした。

　その日の放課後、担任教諭はスクールソーシャルワーカーの顔を見るなり、「**先生、お待ちしておりました。実はですね…**」とものすごい勢いで話しはじめ、こちらが圧倒されるほどの口調でした。その話ぶりから、電話をかけてくる母親に対して誠実に向き合いながらも、同時に非常に疲労困ぱいされている状況がうかがえました。この担任教諭の教育熱心な思いを支援していくこともスクールソーシャルワーカーの仕事と思い、話に耳を傾けました。

　まずは、担任教諭から母親に連絡をとってもらい、スクールソーシャルワーカーが母親に会うことにしました。初対面の日、スクールソーシャルワーカーは早めに学校に足を運び、職員室で待っていました。しかし、母親は約束の時間になってもなかなか現れません。その日はあいにくの激しい雨で足元も悪かったため、今日はキャンセルだろうかと思っていると、職員室の戸がガラッと開く音が聞こえました。「**こんにちは。スクールソーシャルワーカーの先生いますか？**」と声が聞こえました。スクールソーシャルワーカーは来てくれたんだと思い、駆け寄って母親を相談室に案内しました。

　椅子に腰かけて気づいたのは、母親のデニムの膝の部分が破れていました。スクールソーシャルワーカーが「**お母さん、血が…**」と声をかけると、母親は「**いやぁ…急いでて。雨だったでしょう。転んじゃったんですよ**」と分が悪そ

185

うに話されました。スクールソーシャルワーカーの「いやぁ、そんなに急いで来てくださったんですね。いろいろと忙しかったでしょう」との言葉に、母親は「いやぁ、子どものことと思えば、大したことないです」と返事をされました。この話し方から、相手のことを考えずに電話を何度もかけてこられる母親とは違うように思えました。しかし、それは束の間で、そのあと、とにかく延々と時間を気にせず話し出されました。ときに相づちをうつスクールソーシャルワーカーに「そうなんですよ！」とより大きな相づちを返され、スクールソーシャルワーカーからの助言も「はいはい」と熱心に耳を傾けられました。

　母親との面談から、学校に何度も電話をかけてくるのは、母親のいろいろな不安があってのことで、いずれも子どものために何とかしようとする熱心さからであるとわかりました。そこで、スクールソーシャルワーカーは母親の話をゆっくりと聴いた後に、一言だけ母親に「**お母さんの大変さは、学校だけで受け止めきれないくらいあることがわかりました。それらは、他の専門家にもお願いしましょう。その調整を私がしますがいかがでしょうか？**」と提案しました。その日以降、母親からの学校への電話回数はめっきり減り、数日に一度ほどになりました。

2．支援内容
【母親による要求の要因と対応】
　母親との面談を続けるなかで、母親は精神疾患を患っており、通院が途切れていること、生活保護費を受給しているが、担当のケースワーカーに自分の思いをうまく伝えきれないこと、離婚した夫が作った借金の連帯保証人になっていたために、ときに金融会社からの電話や督促状が届くことへの恐怖心など、自分の思いを話されるようになりました。

　スクールソーシャルワーカーは母親がもっとも不安に感じていることで、まずは取り組む必要性の高いことは何かを一緒に整理していきました。その結果、母親が特に話されるのは、生活保護に関することでした。そのため、スクールソーシャルワーカーは、母親に生活保護課の窓口に相談しに行くことを促しました。しかし母親は、「はいはい。わかりました。次回までに窓口に行ってみ

ます」と元気に帰っていかれるのですが、次の面談では「子どもの体調が悪かったので」「子どもの勉強を見ていたので」などと言い、生活保護課への相談に行けなかった理由を説明されました。

　スクールソーシャルワーカーは母親がよく学校に足を運び、面談の時間を大切にしてくださっていることへの感謝の気持ちを伝えていきました。面談では、母親は過去に生活保護課の担当ケースワーカーに自分の思いをうまく伝えることができなかった話をよく繰り返されます。スクールソーシャルワーカーは、母親が担当ケースワーカーと話すことに不安があるのではないかと思いました。そこで、スクールソーシャルワーカーは担当ケースワーカーに母親の相談内容を事前に説明しに行くことを提案しました。この提案に母親は安堵した様子で、「そうしてもらうと大変助かります」と言われました。母親の思いを受けて、スクールソーシャルワーカーは母親との面談で打ち合わせた相談内容を担当ケースワーカーに伝え、そのあと、母親に報告することを繰り返していきました。

【母親とスクールソーシャルワーカーによるSTEP BY STEP】
　しかしながら、スクールソーシャルワーカーが毎回、母親と担当ケースワーカーの仲介役に入ることは、母親のスクールソーシャルワーカーへの依存性を強めてしまい、母親自身が相談しにいく力を衰退させてしまいます。
　そこでスクールソーシャルワーカーは、少しずつ母親が相談に出向く方向へ支援していくことにしました。この支援の方向性に母親は少し不安げな表情を浮かべながらも、何かあればスクールソーシャルワーカーもいますし、これまでも一緒にやってきたことを伝えると納得されました。
　最初のステップは、母親の相談内容をスクールソーシャルワーカーが事前に担当ケースワーカーに伝えておき、その後、母親が生活保護課の窓口に行って担当ケースワーカーと直接会い、自分の思いを伝えることにしました。最終的には、母親が担当ケースワーカーに直接相談できるように支援していきました。

3. 支援経緯

【過度の要求の解消】

　校長から支援依頼があったときに比べると、母親との面談を継続的に行い、担当ケースワーカーへの直接相談を促すことで、母親からの学校への過度な要求電話はなくなりました。母親から学校への電話は、主に子どもの学習環境の整備と進路についての相談に絞られていきました。

　また担当ケースワーカーへの相談も最終的には、スクールソーシャルワーカーとの面談で事前に相談内容を打ち合わせるだけで、母親は直接自分で相談にいけるまでになりました。

【立ちはだかるストレスの壁】

　しかし、すべてがスムーズに進んだわけではありません。金融会社からの電話や督促状に対して、母親の強い恐怖心は容易に払拭できませんでした。母親は離婚した夫から暴力を受けていた経緯もあり、夫の借金の肩代わりを要求されることで過去の体験による心的外傷後ストレス障害（PTSD）を引き起こすだけではなく、子どもの進学に向けた経済的問題への不安が重なり、パニック状態になることもありました。

　夫の借金に関しては、スクールソーシャルワーカーは法律相談所を紹介しました。しかし、母親にとってはストレスを高める内容の話をしないといけないことと、専門用語を用いる弁護士に相談することは担当ケースワーカーと相談する以上にハードルが高いものです。

　しかし、これまでスクールソーシャルワーカーと一緒に課題に向き合ってきた母親は、「まずは自分一人で相談しに行ってみます。難しかったら、次はスクールソーシャルワーカーの先生も来てください」と前向きな発言をされました。スクールソーシャルワーカーは「わかりました。そのときは、一緒に同行します」と母親に返事をしました。

　その後、母親は一人で法律相談所に行きました。ただ、過度な緊張もあったようで、弁護士の説明には返事のみをして帰ってきたことをスクールソーシャルワーカーに伝えてくれました。スクールソーシャルワーカーは、一人で相談

に行くというストレスの壁を乗り越えようとされた母親を称賛し、次回はスクールソーシャルワーカーも法律相談所に同行することを提案しました。法律相談所に出向いた際には、母親の経済状況から保証人としての役割を果たせないことを確認し、対応策を教えてもらいました。

【三者面談】

　学校から支援依頼を受けて半年ほど経った頃、母親は担任教諭と娘の直美（仮名）の進路について相談ができる状態にまでなりました。母親は、直美を公立のA高校に行かせたいという思いを譲ることができませんでした。一方、直美の方は、私立のB高校の進学を望んでいました。しかし、直美はこの思いを母親に伝えることができませんでした。そして、担任教諭にだけ打ち明けていたのです。

　初めてスクールソーシャルワーカーも同席した学校での三者面談で、担任教諭が直美に、「今日はお母ちゃんに言いたいことを伝えなさい」と優しく背中を押し出す声かけをしました。これを受けて、直美が口を開きました。「本当は私立のB高校に行きたい。公立のA高校になんか行きたくない」直美はこの言葉を言うなり、目から涙をこぼしました。担任教諭は即、「よく言った。えらいぞ！」と声をかけ、母親に「直美さんは、実は以前から私立のB高校に行きたいと言っていました。でも、一生懸命のお母さんにはなかなか言い出せなかったみたいですよ。もう一度、今日はお家で話し合ってもらえないでしょうか」と言いました。しばらく母親の動揺がありましたが、結論がでないまま三者面談は終わりました。

【すっきりした母親の表情】

　三者面談後、スクールソーシャルワーカーとの面談で、母親は「あの日、直美が泣きながらB高校に行きたいなんて言ったから、びっくりしました。正直、あり得ない話だと思いました」「家に帰ってからもっと驚きました。これまで反抗などしなかった直美が初めて、これまで全部お母さんが決めてきた。今回もどうせ私の気持ちはかなわないんでしょ！って怒鳴るんです。びっくりした

けどなんかうれしかったです」と、母親はすっきりした表情でその日の家庭での話を聞かせてくれました。

その後も母親と担任教諭、直美との進路相談は続き、最終的に直美が第一志望としたＢ高校を受験し、見事合格を果たしました。

4. 本事例の支援のポイント

本事例では、母親から学校への過度な要求があり、担任教諭と校長がどのような取り組みをしていけばよいのかを悩み、スクールソーシャルワーカーに相談依頼があったものです。本事例で痛感したことは、母親も学校も直美への養育や教育にはとても熱心であったことです。

しかし、その熱心さは、ときには学校と家庭の協働を妨げます。そこで、本事例の支援のポイントとしては、まず「母親からの過度の要求」という学校側のメッセージをどのように理解するかでした。母親は状況改善のために何かを訴えようしています。そして、そのメッセージを母親は学校が受け止めてくれることを期待していたのだろうと思います。また、母親にとって学校は、要求しやすい関係にあったのだろうと考えます。

そこで、スクールソーシャルワーカーは、この母親が発信するメッセージを受け止め、学校や担当ケースワーカーに代弁していくことをしました。他方で、学校側の意向も母親に伝えていくこともしました。この支援は、スクールソーシャルワーカーの学校と家庭の仲介機能といえます。これにより、直美の進路に向けて、三者面談でも母親と学校が真摯に話し合うがことができるようになったと思います。

スクールソーシャルワーカー体験記

「携帯できる電話」

スクールソーシャルワーカーとして勤務するようになり数か月たった時に、スクールソーシャルワーカー担当指導主事より「ようやく公用の携帯電話の準備ができたよ」とうれしい連絡がありました。次の日、張り切って教育委員会に行ったら、準備されている電話はどう見ても卓上の固定電話でした。

私が「先生、携帯電話って言ってましたよね？」と尋ねたところ、指導主事は「これ、学校連絡用で使ってるPHS。無線で使えるよ。"携帯できる電話"だろ」と話しました。スクールソーシャルワーカーを採用するのは初年度で、年度途中での通信費の予算がつかない状況でした。そのため、スクールソーシャルワーカーは私用の携帯電話を使い「連絡調整」をしていました。その負担を軽減してあげようと、担当指導主事が配慮し奔走して見つけてくれた、"携帯できる電話"でした。

それからというもの、私は肩掛けの布バックの中に、"携帯できる電話"を帯同させて、活動していました（ちなみに、通話している様子が異様で警察に職務質問されました）。

〈実際の"携帯できる電話"〉

| 事例 28 | 給食中に食べ歩きが目立つ子どもたちの学級支援 |

1．事例概要

　凛(仮名)は小学校2年生の女子で、2年生の2学期半ばに転校してきました。もうすぐ2学期も終わり、凛も徐々に新しい環境に慣れてきた頃、給食時間に同級生から凛に頻繁に注意がなげかけられていました。それは、給食を食べるときの凛のマナーについての注意でした。

　凛は給食を食べるとき早く食べ終わりたいため、給食を無理やり手で口に詰め込んだり、詰め込む量の調整ができずに口いっぱいに食べ物が入った状態で同級生と会話をするといった様子でした。

　また、同級生のなかにはお皿を手に持たず、机上のお皿に自身の口を近づけて食べるといった児童もいます。凛も同様の食べ方をするのですが、その食べ方をして注意されるのは凛だけでした。

　同級生からの注意は、はじめはちょっとした注意のつもりでしたが、一向に凛の食べ方が変わらないため、注意の言葉はどんどん厳しくなっていきました。凛にとって新しい環境に慣れてきたとはいえ、同級生との関係づくりはこれからという時期に、給食中の注意は凛にとってはつらい一言でした。

　担任教諭も給食の分量を減らしてみたり、凛にその都度声をかけたりして、試行錯誤をしながら凛の食べ方の改善を図る働きかけをしてきました。しかし、なかなか凛の食べ方は改善しませんでした。担任教諭は、凛の食べ方の改善に加え、同級生の凛に対する注意の言葉が日々厳しさを増してきているため、この状況を改善したいという思いからスクールソーシャルワーカーに相談してきました。

2．支援内容

【担任教諭の思い】

　担任教諭からスクールソーシャルワーカーへの相談では、凛の給食時の様子

以外にも凛の学校生活のことについても話がありました。凛は性格が明るく活発で友達づくりもとても上手なこと、学習面でも積極的に発表するなど、給食時間以外では同級生から認められる場面が多いことを挙げられました。しかし、最近では給食時間の凛への同級生からの注意が多くなってきているとのことでした。

担任教諭としては、「凛の食べ方が改善できるような働きかけを考えていきたいが、凛だけを対象に昼食時間対応することはよくないと思うし、給食時間のマナーでは凛だけではなく他の子たちも守れていないので、その子たちにも対応していきたい」と話されました。

そこで、スクールソーシャルワーカーは、実際に給食時間の様子をまずは観察していくことが重要であると考え、学級に入って子どもたちと一緒に給食を食べさせてもらうことにしました。

【凛の学級の給食時間】

給食準備時間に、スクールソーシャルワーカーは自身の給食を持って、凛がいる学級へ向かいました。学級に入る前の廊下を歩いていると、廊下からもよく聞こえるザワザワした声や、当番以外の子どもたちが廊下に出ている光景が目に飛び込んできました。教室の前に着いたとき、ちょうど給食準備が終わったころで、担任教諭の声かけによりザワザワしていた声はおさまり、廊下にいた子どもたちも教室に入っていきました。

担任教諭より、今日の給食はスクールソーシャルワーカーと一緒に食べることが話され、スクールソーシャルワーカーの席は凛の近くに設けられました。この学級では初めてスクールソーシャルワーカーが給食を一緒に食べるため、学級内は子どもたちの興味津々もあり、ザワザワしている様子でした。しかし、日直当番の「いただきまーす！」の挨拶により、そのザワザワはおさまりました。

食事中、スクールソーシャルワーカーは凛や同じ班の子どもたちと楽しい会話をしながら給食を食べました。しかし、しばらくすると、凛と同じ班の子どものなかに凛と同じ食べ方をする子どもがおり、その食べ方を同じ班の子ども

が注意をする、その声を聞いた別の班の子どもが凛に注意するといった光景が見られ始めました。それに伴い、先ほどまで笑顔で楽しい会話をしていた凛の表情が、だんだんと悲しそうな表情へ変わっていきました。

　スクールソーシャルワーカーは凛の食べ方も気になったのですが、それ以上に気になったのが一部の子どもたちの様子でした。それは、食べている最中の離席や姿勢の悪さ、凛と同じようにお皿を手に持って食べず、机上のお皿に口を近づけて食べる姿、給食で出たゴミをその場に捨てるといった様子でした。

【ソーシャル・スキル・トレーニングの検討】

　学期は3学期に入っていましたが、今回、給食時間中の子どもたちの行動観察から、スクールソーシャルワーカーは凛を含めて学級の子どもたちがもう一度給食時のルールを守っていく必要があると感じました。

　また、本校では今年度の重点目標がソーシャル・スキル・トレーニング（以下、「SST」と記す）でした。そこで、給食時間中のルールを守るソーシャル・スキルを子どもたちに学んでいってもらうことにしました。

　SSTの導入にあたっては、職員会議にて管理職をはじめとする教職員にSST導入の意図を説明しました。説明では、事前にスクールソーシャルワーカーが作成した「SST導入から定着までの計画書」（図1参照）を使って説明を行いました。なお、担任教諭と副担任教諭には事前に説明しておきました。

【事前協議】

　SST実施前の事前協議では、以下の4点について確認をしました。
① 　給食中の行動で、獲得目標とする3つのルールは、「よい姿勢でお皿を手に持って食べる」「ゴミはゴミ箱へ」「食べているとき、また食べ終わった後もすぐに席を立たない」とする。
② 　SST導入授業は道徳の時間を活用する。
③ 　役割分担として、SST授業導入者、観察者、全体的なコーディネーターの3つに分ける。
④ 　ソーシャル・スキル獲得後のモニタリングは1月～3月までの約2か月

3章　学校への支援

給食指導におけるSST導入

○ ねらい：給食を楽しく食べるための、マナーを身につけることができる。

○ 給食時間のクラスの実態：
　・
　・
　・
　・
　・

○ SST導入日：
　　導入～モニタリング期間：

○ 給食ルール（児童生徒に対しては、給食名人の○か条として提示する）
　　① よい姿勢で、器を手に持って食べる。
　　② よく噛んで食べる。
　　③ 正しい道具の使い方（箸、スプーン、ナプキン等）
　　④ 食べている時、食べ終わっても席を立たない。
　　⑤ 食前食後のあいさつをみんなで心を込めて言う。
　　⑥
　　⑦
　　⑧

（事前協議で検討）

3つ程を選抜

例）食べる姿勢
　　食前食後のあいさつ
　　正しい道具の使い方等

○ SST導入の流れ

目的	活動内容	担当者
児童生徒の給食時間の実態把握	●給食時間観察 ●事前協議 　給食時のクラスの実態共有 　上記を踏まえ給食ルール決め 　スケジュールの確認 　担当者の割り振り	写真撮影：SSW 担任・給食担当・SSW
SSTの導入 授業の指導案は、SSTの本を基に編集したものを活用。	●○○の時間を活用（○○分） 　（※授業内容については別紙参照） 　児童生徒に対してアンケート（感想文）調査	SST導入者：給食担当 観察者：担任、SSW 写真撮影：SSW アンケート用紙作成：SSW

図1「計画書」

モニタリング	●アンケート調査（各担当者）	アンケート用紙作成：SSW
		担任・給食担当・SSW
	●SST導入後協議 ・各アンケート調査を基にSST導入についてのあたっての成果・改善点等についての振り返りの協議を行う	
	●月に○回、給食担当が対象クラスの給食時間に同席し、給食ルールが守れているかどうかの班ごとに確認を行う →【守れている】 　・シール1枚　（班ごと） 　・渡す相手（給食リーダー） 　・褒める時は、給食リーダーを中心に班全体を褒める。 →【守れていない】 　・できていないところを一緒に確認し、次への意欲啓発を行う。（給食リーダーを中心に）	シールを貼るシート作成：SSW シール渡し：給食担当（←給食大臣） 写真撮影：SSW ※シートをレベル式に設定し（弟子クラス～名人クラスまで？）、名人クラスに到達したら、メダル？賞状？を・・・
	●効果測定 ・給食担当者の給食同席時と、そうでない時。 ・事前協議の際のクラスの実態の変化	効果測定シート作成：SSW 効果測定者：SSW（担任、給食担当） 写真撮影：SSW
	●アンケート調査	アンケート用紙作成：SSW 担任、給食担当、SSW
	●事後協議 ・効果測定の結果、アンケート調査の結果を踏まえ協議を行う	担任、給食担当、SSW
（校内研修での報告・・・検討中）		

間行う。

　ＳＳＴ導入授業の流れについては、教員向けＳＳＴの書籍に掲載されている指導案を本学級の実態に即して変更し、活用しました。

　役割分担では、副担任教諭が給食委員の担当教員であることからＳＳＴ授業導入者をお願いし、観察者を担任教諭とスクールソーシャルワーカーが担い、またスクールソーシャルワーカーは全体的なコーディネート役も行いました。

　さらに、この給食時間のルールがより定着するために、２つの取り組みも加えました。１つ目は、給食中の決まったルールを明記した「掲示物」（図２参照）を教室に掲示することです。そして２つ目は、ＳＳＴ授業導入者である副担任教諭を「給食大臣」と銘打ち、給食時間中に不定期に学級を訪問してもらい、班ごとにルールが守れていればシールを１枚渡すという取り組みです（図３参照）。この取り組みは、子どもたちの意欲向上をねらったものです。

図２「掲示物」

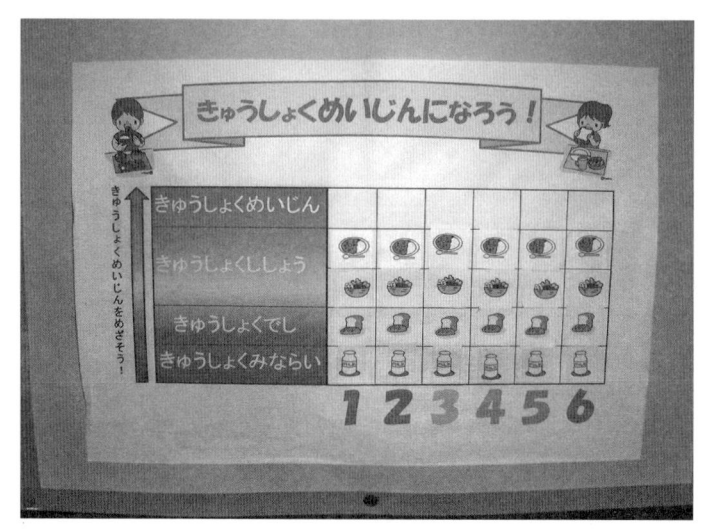

図3「ご褒美シール表」

【SST導入授業】

　SST導入授業では、「インストラクション（導入）」→「モデリング（お手本）」→「リハーサル（練習）」→「フィードバック（結果の評価）」の順で進めていきました。

　まずSST授業開始時、副担任教諭が授業を行うため、子どもたちはいつもとは違う特別な時間の始まりにワクワク、ドキドキでいっぱいの雰囲気にありました。子どもたちの雰囲気を、担任教諭とスクールソーシャルワーカーも教室の後方から見守っていました。副担任教諭より、導入（インストラクション）として本日の授業の流れが子どもたちに説明されました。その後、副担任教諭が実際の食器を使って日頃の子どもたちのよくない食べ方を演じました。そして、副担任教諭より「この食べ方は正しいかな？どこか間違っているところがあるかな？前に出てきて教えてくれる人はいるかな？」という発問を子どもたちに投げかけました。

この発問に子どもたちは積極的に手を挙げ、まず指名された子どもがみんなの前に出てきて、実際に正しいと思う食べ方を演じました。それを見て、副担任教諭が正しい食べ方を演じました（モデリング）。その後、前に出てきた子どもたちがそれぞれ正しい食べ方を演じていきました（リハーサル）。副担任教諭は正しい食べ方をした子どもたちには大いに褒めてあげ（フィードバック）、また正しい食べ方ではない子どもには再度、演じてもらいました。これを何度か繰り返していくと、凛や日頃給食中に離席していた子どもたちも手を挙げて指名され、自ら演じてみせました。担任教諭とスクールソーシャルワーカーも後方から称賛していくとともに、他児からも正しい食べ方に対しては肯定的な声かけをしていくように促していきました。
　次に「給食名人になるためのお約束事」として、給食名人になるためにはどんなルールが必要かを子どもたちと一緒に考えました。これについては、当初3つのルールを設定していたのですが、子どもたちのなかからたくさんの提案があったため、最終的には「手で食べない」「口の中に食べ物を入れたままおしゃべりしない」の2つを加え、5つのルールのお約束事に決まりました。また、そのお約束事を決める際は、同時に、お約束事ができていなかった子どもがいた場合に、どのような声かけを行うかというところも子どもたちと一緒に振り返りました。

3. 支援結果

　モニタリングでは、給食名人である副担任教諭に不定期に給食時間に学級を観察しに行ってもらい、同時にスクールソーシャルワーカーもＳＳＴ導入直後の給食時間、2週間後の給食時間、5週間後の給食時間の観察を行いました。そして、その都度、担任教諭や副担任教諭と現状や気づいた点について情報共有を行っていきました。
　スクールソーシャルワーカーがＳＳＴ導入後の給食時間、2週間後の給食時間、5週間後の給食時間に抜き打ちで観察に行っても、以前のように給食準備中や給食中に先に食べ終わって立ち歩く子どもの姿は見られず、全体的に穏やかな雰囲気の給食時間になっていました。

モニタリング期間の終了後、スクールソーシャルワーカーは担任教諭と副担任教諭と一緒に取り組みの振り返りを行いました。振り返りでは、ＳＳＴは学級全体で楽しんで取り組めたこと、子どもたちが食べることに集中するようになったこと、給食時間が落ち着いたこと、全体的に子どもたちが早く食べることができ、食器を返す時間が早くなったことが確認されました。
　そして、凛についても、給食時間の始めから終わりまで自発的にお皿を持って食べることができ、手で食べ物を詰め込むこともなくなりました。

4．本事例の支援のポイント

　今回、凛を取り巻く環境に着目し、その環境へ働きかけることで凛が抱える課題を軽減することができたのにはいくつかの背景があります。
　1つ目は、スクールソーシャルワーカーが実際に凛の所属する学級で給食を食べたことです。直接、学級での給食時間中の様子をスクールソーシャルワーカーが目で見て、耳できいて、肌で雰囲気を感じ取るということが何よりも大切です。
　2つ目に、担任教諭との話し合いを何度も重ねることで、スクールソーシャルワーカーは担任教諭の考え方や思い、ストレングスなどを知ることができました。そして、この話し合いを通して、担任教諭とスクールソーシャルワーカーはパートナーとしての関係を築くことができました。このパートナーシップが今回の給食時間でのＳＳＴ導入の成果をもたらしたものと考えます。
　今後の課題としては、学校全体のＳＳＴの定着に向けて、この取り組みを校内研修等で活用し、学級単位のみならず、学校全体の取り組みとして活用していくことが必要であると考えます。

| 事例 29 | クラス全体が騒がしいため担任教諭より学級運営の相談を受けた支援 |

1．事例概要

　「先生、太郎君を見かけませんでしたか？」。スクールソーシャルワーカーが小学校の校内をいつものように巡回していると、4年生の教室の前で声をかけられました。太郎（仮名）が授業中に勝手に出て行ってしまったとのことです。太郎は以前より特別支援委員会でたびたび報告されている児童であり、スクールソーシャルワーカーも顔や名前は知っていました。

　太郎を探しながら校内を巡回していると、職員室前を歩いている太郎と出会いました。太郎はスクールソーシャルワーカーを見つけるなり、自分を教室に連れ戻しに来たと思ったのか、勢いよく逃げ出してしまいました。スクールソーシャルワーカーが太郎の後をついて回ると、そのうち太郎は、スクールソーシャルワーカーが後を着いてくるのを確認しながら歩くようになりました。そして、スクールソーシャルワーカーはわざと追いかけるのをやめると、太郎の方から近づいてきて話しかけてきました。

　太郎：「先生って、先生？」
　スクールソーシャルワーカー：「先生は他の先生みたいに授業とかはしないの。先生は相談先生だから、太郎君たちが学校や家で困ったなあとか、心配だなと、思うことを一緒にどうしたらいいのか考える先生なんだよ」。
　太郎：「ふ〜ん。・・・授業とか、面倒くさい…なにもしたくない」。
　スクールソーシャルワーカー：「太郎君は、何もしたくない気持ちなの？」。
　太郎：「うん、怒られてばっかりだし…」。

　太郎は、自分の気持ちを少しずつ話してくれました。スクールソーシャルワーカーは太郎としばらく話をして、少し落ち着いた太郎と一緒に教室に戻りました。教室に戻ると、立ち歩きや私語をする子どもが数名おり、教室内は落ち着いていない状況がみられました。

　放課後、太郎の担任教諭がスクールソーシャルワーカーに、「先生、今日は

ありがとうございました。うちのクラスどうでした？」と尋ねてきました。担任教諭は、現在落ち着きのない子どもが複数人学級におり、対応に困っていること、自分の対応が適切なのか不安になっていることなどを打ち明けてくれました。

担任教諭：「落ち着きがない子が多くて、もぐらたたき状態になってしまっているんです…。注意しても注意してもキリがないんです」。担任教諭の表情は疲労感でいっぱいでした。

2. 支援内容

【学級の様子観察】

担任教諭からの相談を受け、学級の状況を観察するために、授業の様子を見に行きました。実際に授業に行ってみると、落ち着きのない子どもに対して担任教諭は「座りなさい！」「プリントをしなさい！」などの注意が多く、別の子どもが騒ぎ出すとその子どもにも注意し、さらに他の子どもが騒ぎ出すといった状況でした。注意をして授業が止まっている間、周囲の子どもたちも集中が切れて騒ぎ出し、授業中終始ザワザワしている状態でした。そのため、担任教諭の注意の仕方もどんどんきつくなっていきました。

スクールソーシャルワーカーは何度かクラスの様子を観察するうちに、クラスが騒がしくなるときは特定の子どもがいつも関係していることがわかりました。特定の子どもが落ち着きなく教室内を立ち歩き、他児に対して話しかけたり、他の作業をしたりして授業に集中できていない様子がうかがえました。スクールソーシャルワーカーは、この子どもたちに対する支援を通してクラス全体の落ち着きにつながるよう支援をしていくことにしました。

【担任教諭との打ち合わせ】

スクールソーシャルワーカーは担任教諭と一緒に支援対象の子どもを決め、その子どもに関する情報を整理しました。担任教諭との打ち合わせの結果、太郎、拓也（仮名）、康太（仮名）の3名を支援対象としていくことになりました。

太郎は4年生からの転入生です。以前の学校でも集中して授業を受けること

が困難でした。学習面は特に厳しく、九九の定着もしていません。授業中集中していないことが多く、絵をかくなど別のことをしています。

拓也は計算問題が得意ですが、文章問題は苦手です。状況把握が不得意で、思ったことをすぐに行動に移してしまいます。そのため、友人とのトラブルが絶えません。トラブルになると何も言わずに、勝手に教室を出て行ってしまうことがあります。

康太は体育が得意ですが、球技の際にはルールを守らずに友人たちとトラブルになることもあります。暴力的で、友人とのトラブルも多いです。担任教諭に対して反抗的な態度をとることもしばしばあります。授業中、ノートをとることが特に苦手です。音楽のリコーダーの時間もリコーダーがなかなかうまく吹くことができず、授業に参加することを嫌がります。

【担任教諭に記録をとってもらう】
スクールソーシャルワーカーによる子どもたちの観察と、担任教諭や他の教員からの対象児童に関する情報収集を行いました。さらに、3名の子どもの様子や特徴を知るために、担任教諭には日々の記録をお願いしました。記録内容は、各教科での授業参加の有無、廊下徘徊や離席をチェックしてもらうだけの簡単なものにしました。継続的に記録してもらううえで、多忙な担任教諭の負担にならない簡易な記録をお願いしました。

【子どもたちとの面談】
3名の子どもたちの思いをくみ取るために、スクールソーシャルワーカーは個別に面談を行いました。子どもたちの口からは、「だってわからん」「どうせ…」など、あきらめや自分の能力を悲観するような発言が聞かれました。子どもたちとの面談により、子どもたちの落ち着きのない行動や教室を飛び出す行為の背景には、学習の不定着やこれまでの学習場面や生活場面での失敗体験からくる劣等感、自己肯定感の低さが関係していると感じました。授業に対する意欲が低い反面、担任教諭や友人に認められたいという思いも人一倍ありました。

【校内ケース会議】
　今回の支援の取り組みは、担任教諭とスクールソーシャルワーカーのみの対応にとどまるのではなく、学校でチームとして支援していく必要があると考え、校内ケース会議を開催しました。ケース会議の参加者は教頭と相談して、教頭、担任教諭、教務主任教諭、特別支援教育コーディネーター、養護教諭、スクールソーシャルワーカーを選出しました。
　スクールソーシャルワーカーは司会進行、全体のまとめ役を担うとともに、子どもたちとの面談で明らかになった彼らの思いを代弁していきました。担任教諭からは作成した記録をもとに、普段の授業中の様子を話してもらいました。この記録のおかげで、ケース会議では各児童の落ち着きのない行動が多く見られる教科や時間帯、曜日が分かり、協議を進めるうえで重要な情報となりました。また、参加者間で情報共有のもと、支援計画を立てていくことができました。
　3名の子どもたちへの支援計画では、学習の遅れ、学習面や対人関係からくる劣等感と自己肯定感の低さ、担任教諭と対象児童との関係の回復に焦点をあて、次の3点の取り組みを行っていくことにしました。
　①目標達成カードの活用
　②気持ちがイライラしたときのクールダウンの場所の確保とルール設定
　③個別の学習支援
　④担任教諭による3名の子どもたちへの面談

【児童たちへの支援の開始】
　校内ケース会議で立てられた支援計画をもとに支援を行っていきました。
①目標達成カード
　担任教諭が3名の子どもたちに課題を提示し、課題をクリアするごとにポイントをためていく「目標達成カード」を導入しました。目標達成カードはスクールソーシャルワーカーが作成しましたが、表紙には一人ひとりの名前を色画用紙でつくったものを貼り、飾りにそれぞれの好きなキャラクターのイラストを入れるなど、子どもたちのモチベーションをあげる工夫をしました。また、ポ

イントをためていくカードは、同じく子どもたちが好きなキャラクターを色画用紙を使って作成しました。そして、この目標達成カードを使うことで、担任教諭が子どもたちを褒める時間が確保される機会を意図的につくりました。

②個別の学習支援
　教務主任の申し出により、算数は別室でプリント学習をし、音楽のリコーダーの時間も個別特訓することになりました。この個別学習で取り組んだプリントも画用紙に貼って行き、その成果が子どもたち自身にも分かるような形にしていきました。当然、その成果に対し、教員は子どもたちを褒めていきました。

③クールダウンの場所の確保
　これまで3名は、興奮した時に勝手に教室を飛び出したり、廊下を徘徊したり、ときには保健室に行ったりしていました。そこで、クールダウンの場所を保健室とし、クールダウンをするときは勝手に教室を飛び出すのではなく、担任教諭に確認をとってから教室を出ることを子どもたちと約束しました。また、クールダウンで子どもたちが保健室に行ったとき、養護教諭は10分程度を目安に教室に戻すようにしていくことにしました。

④担任教諭と児童たちによる授業参加の振り返り
　担任教諭が記録した子どもたちの授業参加状況をもとに、担任教諭は子どもたちと振り返りを行いました。この振り返りでは、子どもたちの肯定的な行動に主眼をおき、教室を飛び出さずに頑張れた授業、離席をせずに頑張れた授業など、子どもたちが頑張れた点を褒めていくことにしました。

3. 支援経緯

　「目標達成カードの2枚目をください！」。1か月が経ったころ、太郎がスクールソーシャルワーカーに言ってきました。満杯になった1枚目の目標達成カードを満面の笑みで持っている太郎がいました。担任教諭に聞くと、まだまだ集中力にムラはあるものの、毎日溜まっていく目標達成カードをうれしそうに見

ながら頑張っているとのことでした。

担任教諭：「褒めて伸ばした方がいいって、特別支援教育の研修とかでもよく聞くんですが、何をどうやって褒めていいのか…。褒めようと思ってもすぐに子どもたちは何か起こすからと思っていたのです。しかし、あのカードができて、褒めやすくなりました。褒めることができてすごくうれしいです。ありがとうございました」。

担任教諭の表情も以前と比べ、柔らかく余裕がある表情に変わっていました。支援対象となった３名の子どもたちもプリント学習を続けた結果、学習の積み重ねにより学力も向上してきています。学習の積み重ねを目に見える形で子どもたちにフィードバックしていくことで、子どもたちも達成感を味わえ、学習に意欲的に取り組めるようになってきました。

２学期の初め、太郎の担任教諭から教室の後ろの掲示版を見に来てほしいと要望があり、教室に向かいました。後ろの黒板の横に「目標達成表」と書かれた模造紙が貼ってありました。スクールソーシャルワーカーが１学期に太郎や拓也、康太に対し導入したポイントカードを参考に、クラスの他の子どもたちが自主的にクラス全体のポイントカードを作成したとのことでした。このクラスでは、２学期からクラス全体の頑張りを評価する目標達成表を管理する「目標達成係」も設けられたとのことです。

今回の支援計画では、以下のような支援成果が得られました。
① 支援対象児童３名の学習意欲の向上が図られました。
② 児童と担任教諭との良好な関係性の強化が図られました。
③ 支援対象児童の離席や廊下の徘徊が減少されました。
④ 担任教諭の対応だけでなく、校内の支援体制が築かれました。
⑤ 学級全体でお互いのよいところを褒めあうようになり、クラスの落ち着きにつながりました。

4．本事例の支援のポイント

支援開始前、担任教諭は学級運営がうまくいかないことを自分の責任と思いこみ、スクールソーシャルワーカーに客観的に「自分の学級運営を評価してほ

しい」と相談してこられました。しかし学級運営に関しては、スクールソーシャルワーカーよりも教員の方が専門家です。今回、担任教諭より相談を受けた際、教員とは違うソーシャルワーカーの立場としてどのように関わることができるだろうかと考えました。

　そこで、スクールソーシャルワーカーは、支援対象の児童を選定し、学級全体でなく特定の児童に焦点化した支援を試みました。そして、支援にあたっては、問題行動の「弱みに視点」をおくのではなく「ストレングス（強み）」に視点をおき、増やしたい行動（肯定的行動）を担任教諭が称賛していくことにより、その行動を強化していく支援を試みました。

　小学校は学級担任制であるため、担任教諭は学級の課題を抱え込んでしまうことがあります。教員ではないスクールソーシャルワーカーだからこそ、担任教諭の思いを聞くことが可能だと思います。担任教諭が一人で抱え込むのではなく、校内のチーム支援体制を築いていくことも重要になってきています。その支援もスクールソーシャルワーカーの役割の一つだと考えます。

スクールソーシャルワーカー体験記

「スクールソーシャルワーカーがバンド活動？？？」

　2008（平成20）年5月。スクールソーシャルワーカー元年ともいえるこの年に、私はとある中学校へ配属となりました。スクールソーシャルワーカーの役割について、所属校の先生方にすら広がっていない状況下で、初めて対応することになった事例は、中学3年の女子、完全不登校で学校との接点が希薄なケースでした。

　担任教諭は強面でいわゆる「生徒指導系」の先生。「どんな家庭環境であっても、来るやつは来るし、来ないやつは来ない」と、玉砕。あと数か月で進路決定、「スクールソーシャルワーカーとしてできること

は何か…」すごく焦りを感じました。本人との関係構築ができた後も、何度も何度も担任教諭にアプローチをかけ、関わりを深めようと試みるのですが、そっけない態度。「協働はできないのか…」と不安が高まっていた頃、突然担任教諭から「お前、歌は歌えるか」と聞かれました。意味がよくわからないまま「歌えます！」と答えると、楽譜を手渡され「練習しておけ」と。その日から、勤務終了後に担任教諭のギター伴奏による歌の特訓が始まり、「学校行事後に生徒やPTAの前でライブをする」と聞かされました。

　ライブは大成功。終了後、仕掛け人である担任教諭からは「**どんな専門職かは知らんが、まずはお前自身がどんなやつか、みんなに知ってもらうことが先や**」と、声をかけていただきました。その後、子どもたちも保護者も気軽に声をかけてくれるようになり、先生方との距離もグッと近づいたように感じました。その関係性は業務にも影響し、先生方との協働や学校内での新しい取り組みなど、スムーズに活動することができました。

　この経験を通して、まずは「人として受け入れていただくことが大切」という原点に帰ることができ、この思いは、スクールソーシャルワーカーとして今でも自分自身の軸になっています。

3章　学校への支援

| 事例 30 | 要保護児童対策地域協議会の活性化により学校対応機能の強化を図った取り組み |

1．事例概要

　現在、スクールソーシャルワーカーが勤務する地域では、スクールソーシャルワーカーが要保護児童対策地域協議会（以下「要対協」と記す）のコーディネーター役を担っています。スクールソーシャルワーカーがコーディネーター役として参加していることにより、近隣の市町村が大変興味を持ち視察に来られることも多いです。そして、毎回のように視察に来た市町村の職員が口を揃えて言われるのが、要対協でのスクールソーシャルワーカーの役割の必要性についてです。この事例では、スクールソーシャルワーカーの要対協における取り組みとともに、要対協が活性化することで学校対応機能の強化が図られた経過を報告していきます。

　本地域の要対協は、実施主体が教育委員会で、毎月1回、約2時間の予定で開催されています。参加機関は、教育委員会、児童相談所、福祉事務所（生活保護課）、保健所（保健師）、各中学校（生徒指導主事）、各小学校（教頭）、主任児童委員、警察（スクールサポーター）、スクールソーシャルワーカーの計17名です。会議は毎回、この参加者で固定されています。会議内容は、主に児童虐待を抱える家族や家庭児童相談に関する継続対応事例への支援協議です。

2．スクールソーシャルワーカーが関与する以前の要対協

　スクールソーシャルワーカーが関与する以前の要対協は、各小学校や中学校からここ1か月間の要保護児童の報告がなされるだけで、子どもの状況改善に向けて積極的に支援を検討するというわけではなく、「経過観察」や「見守り」を教育委員会が学校に依頼するといったものでした。

　要対協は要保護児童の抱える状況を改善していくための会議です。しかし、会議では具体的な支援についての方針が打ち出せず、要保護児童の対応の困難さに目をつぶってしまっていることや、関係機関をまとめる仲介者がいないた

めに互いに責任を押しつけ合う状況でした。そのため、学校も形式的に「ただ参加しておけばよい」という考えを持つようになっていました。

3. スクールソーシャルワーカーが関与した以後の要対協

　スクールソーシャルワーカーは要対協に参加する前に、参加機関への挨拶回りと、要対協ではどのような情報が出されるのかを確認していきました。事前に要対協であがってくる要保護児童の状況を把握し、どのような支援が可能かを検討しておきました。そして、要対協を開催する意義と効果について、関係機関への電話説明ではなく、できるだけ直接機関に出向いて伝えていきました。また、要対協の会議開催前には、スクールソーシャルワーカーは要対協の司会進行をする指導主事と打ち合わせをして会議に臨みました。

　スクールソーシャルワーカーが初めて参加する要対協の会議が開催されました。スクールソーシャルワーカーからは、要保護児童の支援検討に対して今までの「経過観察」や「見守り」といった結論ではなく、具体的な支援計画を立案し（例えば、家庭訪問や子どもへの聞き取りなど）、その支援での役割分担を決め、そして次回の会議には実行した支援の評価をしていくことを了解してもらいました。また、会議ではスクールソーシャルワーカーの方から各関係機関に対し、要保護児童の状況改善に向けた助言を尋ねる話し合いを積極的に進めていくことにしました。

　このような会議内容を進行していくことで、毎月の会議では学校も関係機関も要保護児童に対する情報を互いに共有しあい、支援に向けた活発な意見交換がなされる場となっていきました。

　子どもや家族への直接支援を行っているスクールソーシャルワーカーにとって、要対協への参加はスクールソーシャルワーカーが直接関わる時間が持ちにくい地域（メゾレベル）や施策（マクロレベル）への関与を可能にしてくれます。要対協を活性化することにより、スクールソーシャルワーカーは要保護児童と家族（ミクロレベル）への直接支援に加え、地域（メゾレベル）や施策（マクロレベル）からの支援を含めた包括的な支援体制づくりを行っていくことができるのです。この支援体制づくりは、ソーシャルワークを専門とするスクー

ルソーシャルワーカーならではの実践であり、スクールソーシャルワーカー自身にとっても大いにやりがいを感じられるものです。

4. 要対協が学校対応機能を強化させた事例

　要対協ではたくさんの事例が出されます。これらの事例に取り組んでいくことで、同じような事例が学校で起きた場合、学校の方で積極的に対応していき、重篤な事例に陥る前に解決していくことが増えてきました。

　ある日の要対協の議題で、「学校で虐待発見した時の初期対応はどこまでするのか？」を、児童相談所と小学校が意見交換を交わしました。小学校からは、「学校として子どもたちに傷を見つけた時、どのようなけがであれば児童相談所に通告すればいいのですか？」という質問があがりました。それについて児童相談所は、「生死に関わる件であればすぐに連絡してほしいし、具体的に言えば顔から上の傷や本人が虐待をされて帰りたくないといった証言が出た時などです」と答えていました。

　このような小学校と児童相談所の意見交換は、学校が活用できる「児童虐待通報指針」の作成にもつながります。この議題を取り上げる前までは、児童虐待に関しては学校や行政もどこまで介入すべきかを悩んでいました。

　この議題を取り上げた会議後、ある小学校から顔に青あざをつけて登校している子どもがいるとスクールソーシャルワーカーに連絡がありました。早速、学校に急行すると、校長室には本人と校長、教頭、担任教諭、養護教諭が集まっていました。スクールソーシャルワーカーがふとテーブルを見ると、カメラとノートが置いてあります。すでに顔のあざの写真を残し、本人が誰から叩かれて、どうなったのかの証言をとってくれていたのです。スクールソーシャルワーカーと学校の話し合いで、校長は児童相談所に通告し、証拠の傷の写真を児童相談所の児童福祉司に送信しました。その写真を見た児童相談所の児童福祉司は緊急性があるとしてすぐに一時保護を決定しました。

　とてもスムーズに保護につながった事例ですが、学校での虐待対応事例はスピードが必要です。対応が遅くなると、「下校時間になっても子どもが帰らない」と親が不安になって来校し、トラブルがさらに起きる可能性も出てきます。

この事例では、要対協を通して学校自体が問題対応の力をつけてきたことを感じました。要対協での何気ない意見交換が、一人の子どもを救うことができたのだと実感しました。そして、要対協で学校と児童相談所が気兼ねなく意見交換ができるようになることで、要対協の会議以外でも担当者同士で事例の相談をしあうようになりました。このように、要対協が活性化することで、学校対応機能が少しずつ強化されてきたのです。

5. 要対協の効果と課題

　要対協を活性化させることで、関係機関間の協働は向上し、事例対応のスピードもアップしていくため、学校対応の機能も強化されていきます。しかし、要対協の協議ですぐにうまくいく事例もあれば、展開が望めず今の状況からの変化を待つしかない事例も存在します。また、要保護児童を多く抱える学校とそうでない学校の報告数にかなり差があるため、会議の後半では参加者の集中力が欠けてくる場合もあります。また、スクールソーシャルワーカーが要対協にコーディネーター役として参加しているため、学校は出席せずにスクールソーシャルワーカーに委ねてくる場合もあります。

　そこで、スクールソーシャルワーカーは教育委員会と協議し、以下の3点の提言をしていくことにしました。

① 再度、学校に要対協の効果と意義を伝えるために、教育長から校長会で要対協は最重要会議であることを話してもらい、必ずこの会議への参加と協力を提言してもらう。

② スクールソーシャルワーカーが、要対協の運営に関する要望を学校や関係機関から聞き取り、評価すべき点と課題点を抽出し、教育委員会に改善の提案をしていく。

③ 要対協の参加者に秘密保持を原則として、毎回スクールソーシャルワーカーが作成する要保護児童の経緯や過去3か月間の支援経過、近況状況などをまとめた資料を参加者全員に配布し、全員が共通認識をもって事例の検討をしていける工夫をする。

　この提言後、今では要対協がさらに活性化し、2時間の会議ですが、参加者

全員が主体的に協議する雰囲気ができあがっています。また、要対協を通してスクールソーシャルワーカーの役割認知が広がり、行政や学校の会議・研修に声をかけてもらうことも増えてきました。そのことは大変うれしく思う反面、子どもたちへの直接支援の時間が少しずつ減ってきていることを危惧しています。

スクールソーシャルワーカーは「子どもたちへの最善の実践」を考えていかねばなりません。要対協の参加者全員がこの思いを感じてもらえる運営の支援をしていきたいと思います。

6. 本事例の支援のポイント

(1) 関係機関とのつなぎは電話ではなく、足を使う

関係機関に協力依頼をする時に電話で済ませてはいませんか？ 電話で済ませることももちろん可能です。しかし、関係機関との信頼関係（パートナーシップ）を築いたうえで協力を依頼していく場合とそうでない場合では、支援の経過や結果に雲泥の差が出ると思っています。やはり支援の協力を依頼していくためには、関係機関の担当者の人柄や考えを知ることも大事ですし、スクールソーシャルワーカーはまだまだ知名度の低い職種なのでこちらの思いや意図を知ってもらうことも必要です。互いに理解しあうことで、対応のスピードも早くなることがあります。ぜひ相手の機関に出向き、顔と顔を向き合わせ、同じ目的を共有できる仲間作りをしてみてください。きっと仲間ができてくると自信が出てくるはずです。

(2) 全員参加型の要対協を作る

要対協の会議で、スクールソーシャルワーカーは参加者全員に事例への危機感と対応の必要性を理解してもらうために、事例概要や経過をまとめたレジュメを渡しています。また資料のなかには、今、誰がどのような取り組みを進めているのかをわかるように記載しています。この資料のなかに参加者自身の取り組み記載があるため、自ずと経過報告を含め全員参加型の要対協となっています。

Best Practiceに向けて

「コンサルテーション（consultation）」について

　コンサルテーションは、間接的な支援方法であり、スクールソーシャルワーカーは、教師やスクールカウンセラー、医師や保健師、その他にソーシャルワークの専門職としてコンサルテーションを行うことがあります。逆に他の専門職からコンサルテーションを受けることもあります。コンサルテーションは以下の特徴をもちます。

① コンサルテーションは、専門職であるコンサルタント（コンサルテーションを提供する人）とコンサルティ（コンサルテーションを受ける人）の間でなされ、両者は機関業務やクライエントに対し直接サービスを提供する責任がある。
② コンサルテーションは問題解決プロセスであり、コンサルタントとコンサルティで対処すべき問題に対し共有認識がなされる。
③ コンサルテーションの目的は、コンサルティの職務に関する問題を解決することである。
④ コンサルテーションは、ボランティア関係である。
⑤ コンサルティはコンサルテーションによって、今後、類似した問題に対処する準備ができるようになる。

　コンサルテーションの目的は、コンサルティによるクライエントへの直接サービスがよりよく成し遂げられるように援助することであるため、コンサルタントは新しい情報や考え方、視点、対処技法等を紹介していく役割をもちます。コンサルタントとコンサルティは異業種の専門職同士であるため、対等な関係にあります。他職種の専門職からコンサルテーションを求められた場合、スクールソーシャルワーカーはソーシャルワーク固有の専門性から助言を行っていく必要があるため、常に研鑽を積んでいくことが求められます。

※参考文献：Sabatino, C. A. (2009). School social work consultation models and response to intervention: A perfect match. *Children & Schools*, 31 (4), 197-206.

スクールソーシャルワーカー体験記

「STOP!!　飲酒運転。あなたのモラルで助かる「命」があります」

　ある日の朝、「卒業生のAくんが飲酒運転の車にはねられて亡くなった」という連絡が入った。福岡で大きく報道されていたニュースの被害者がこんなに身近にいました。学校にはAくんのことを知っている子どもたちがたくさんいました。暗い雰囲気のなか、先生方と一緒にお通夜へ。斎場にはたくさんの子どもたちや地域の方が集まっていました。
　「Aくん！目を開けて！」「Aくん〜!!」「何でAくんが…」
　100人以上のたくさんの子どもたちが悲しくてつらくて、叫んだり泣いたりしていました。「地獄だ」と、スクールソーシャルワーカーは、その光景を見て思いました。Aくんのおじいちゃんは、泣かずに弔問に来た人、一人ひとりに丁寧にあいさつをしていました。
　1年後、ある子どもたちが合唱を披露しているのを見ているおじいちゃんがいました。Aくんのお通夜では気丈に泣かなかったおじいちゃんが泣いていました。きっと、元気に歌うAくんと同じくらいの年の子どもたちを見て、Aくんを思い出したのでしょう。
　悲しい事故の後も、飲酒運転は絶えません。飲酒運転は大人のエゴです。被害者には何の落ち度もありません。
　私は、日本で一番、一度にたくさんの子どもたちが悲しくてつらくてどうしようもなく泣いている姿を見たスクールソーシャルワーカーです。

4章

高校生への支援

| 事例 31 | 虐待、非行、不登校を抱える高校2年生への支援 |

1．事例概要

　春花（仮名）は高校2年生の女子です。小学生の時に両親が離婚し、以後、母親と二人で暮らすことになりました。母親には精神疾患があり、家事全般は春花の役割でした。中学生の時は、それが嫌で深夜徘徊や喫煙、飲酒、万引き等で補導されることが多くありました。しかし、病気の母親を一人にはできず家出することはありませんでした。学校にも休まずに通っていました。給食を食べると、「誰かがご飯作ってくれるっていいね」と言っていたそうです。中学校にいる間だけは、春花が「子ども」でいられる時間だったのではないでしょうか。

　春花は、高校に進学せずに働きたいと言っていましたが、母親が「**私は高校に行かずに苦労したから、春花は行きなさい**」と言ったため、仕方なく進学しました。高校に進学し、1年間は真面目に過ごしていましたが、2年生になり学校を欠席する日が増えてきました。万引きで補導されたことも数回ありました。担任教諭が学校を休む理由を聞くと「**中学校の時は、あんまりまじめじゃなかった。まじめにするのが疲れただけ**」と笑っていたそうです。

　2学期に入り、ほとんど学校に来なくなり、担任教諭が話を聞こうとすると「**先生には関係ないことだから**」と何も話してくれませんでした。担任教諭には話せなくても、スクールソーシャルワーカーであれば何か話すのではないかと、担任教諭からスクールソーシャルワーカーに相談の依頼がありました。

2．支援内容及び経過

　面接の日を設定しても、春花が来ないかもしれないと思っていましたが、春花は約束の時間に10分遅れてやって来ました。「先生から言われたから、仕方ないから来たけど、何も話すことはないよ」と横を向いてしまいました。

　スクールソーシャルワーカーが「話したくないことは話さなくてもいいよ。

でも、せっかく来たから何か話をしようよ」と言うと、スクールソーシャルワーカーの方をチラッと見て「いいよ」と言ってくれました。
　好きな教科や嫌いな教科、彼氏の話などを30分ほどした後、春花は、「何で学校に来たか知りたい？」と真剣な顔で言いました。「話せるなら教えて」と言うと、「お母さんが病気なんだけど…。病気の名前は忘れたけど、精神的な病気。薬を飲んで寝てばかりやけど、時々暴れる。調子が悪い時は、お母さん一人にすると何するかわからないし、手首を切ったりするんよ。一人にはできないよ。だから、学校に来れないの。でも、先生に言ったら心配するし、児童相談所に行けとか言うと思う。だから、言わなかったの。児童相談所に行っても一生そこにおれるわけでもないし、すぐに家に帰るんやったら、意味ないよ」と話してくれました。
　スクールソーシャルワーカーが「一人で頑張れる？」と聞くと「わからない」と首を振りながらうつむきました。「高校生だけど、まだ春花さんは子どもだし。一人で頑張るのは大変だと思う。何か私に力になれることはあると思うんだけど。助けてほしい時は必ず言ってね」と伝えると、「ありがとう。今は頑張れるけど、頑張れなくなったら相談する」と言って笑いました。
　話の内容を担任教諭に伝えてもいいかと聞くと、「お母さんが悪くなるから、私のわがままだって言っといて」と言いました。学校には話してほしくないと言っていましたが、生活保護課のケースワーカーには話をすることを了解してくれました。スクールソーシャルワーカーは担任教諭に、「なにか理由があるみたいですが、本人なりに考えているので、少し待ってあげてください」とだけ伝えました。
　スクールソーシャルワーカーは、生活保護課へ行き、春花から聞いた話を伝えました。母親は、薬物依存の後遺症と統合失調症によるフラッシュバックで暴れることもあり、最近はかなり状態が悪くなっていること、春花への依存性が強く、春花がいないと不安定になるため、学校に行けない状況にあること、母親にホームヘルパーの導入を勧めたが嫌がったことなどです。
　そこで、春花が学校へ通えるように、学校と生活保護課が情報交換をしながら、以下の役割分担を決めました。

① 春花の様子観察をする（学校が対応）。
② 春花と継続的に面談をする（スクールソーシャルワーカーが対応）。
③ 母親の様子観察をする（生活保護課と精神科病院が対応）。
④ 母親に春花を学校へ通わせるよう話をする（生活保護課が対応）。

一か月ほどして、生活保護課ケースワーカーからスクールソーシャルワーカーに「春花が、昨日の夜、病院に運ばれた」と連絡がありました。理由を聞くと「母親が暴れ、春花に鏡を投げつけたため、春花がけがをした。病院が虐待通告もしたようで、今日、児童相談所から連絡があった」とのことでした。

スクールソーシャルワーカーは、児童相談所に駆けつけ話を聞きました。児童福祉司は、「病院から子どもが血だらけで運ばれてきた。母親から虐待されているようだ」という通告を受け、春花の家に行ったそうです。母親は、奥で寝ていて出てこなかったのですが、春花が玄関の外に出てきました。春花に大丈夫かと尋ねると、「私が先にお母さんを殴ったから、お母さんがビックリして鏡を投げつけただけ。あんたたちには関係ないから、帰れ！二度と来るな！」とすごいけんまくで怒って追い返されたとのことです。「あの子が悪いみたいだから、虐待ではないと思う」と児童福祉司は言いました。

スクールソーシャルワーカーは児童福祉司に、「春花は母親をかばっていると思われるので私が確認に行きます」と伝え、春花に会いに行きました。春花は「ここでは話せないから、学校に行く」と言って、スクールソーシャルワーカーと一緒に学校に行きました。

相談室に入ると、春花は急に泣きながら「また、お母さんが暴れた。私はテレビを見てただけなのに。突然、お母さんが叫びながら鏡を投げてきたの。とても怖かった」と言いました。スクールソーシャルワーカーが「児童相談所の人に、なんでそれを話さなかったの？」と聞くと、「児童相談所の人に言っても、どうにもならないと思った。一生お母さんはお母さんやし、逃げられない。施設とかに入っても、お母さんから連れ戻される。児童相談所の人に話したら、またお母さんから殴られる。私が悪いことしたって言ったら、児童相談所の人もお母さんがかわいそうって思うやろ？だから、私が悪者になった方がいいの。そしたら、児童相談所の人は来なくなるやろ？」と言いました。

スクールソーシャルワーカーは、春花に「今、私ができることは生活保護課の人と話をして、病院の先生に理解を得ることができれば、お母さんを入院させてもらい、薬があっているか病気が重くなっていないか診てもらうこと」「春花ちゃんが一人で暮らせるようになるまでは施設で生活できるようにすること。だけど、春花ちゃんはどうしてほしい？まだ、何もしてほしくない？このままだと私も心配だから」と話しました。

　春花は、「お母さんを入院させてほしい。病気を治してほしい」と言いました。スクールソーシャルワーカーは、「私が春花ちゃんを守るから、児童相談所の人に話していい？」と聞くと、「わかった」とうなずきました。

　春花から聞いた話を生活保護課と児童相談所に伝えました。児童相談所の児童福祉司は、もう一度春花に会いに行き、「困ったことがあったら力になるから、何かあったら電話をしてほしい」と言うと、春花は「ありがとうございます」と素直にお礼を言ったとのことです。

　春花はスクールソーシャルワーカーに、「私が小さい頃、お母さんは近所の人が何もしてないのにつかみ掛かったり殴ったりしていた。私は、ずっとかわいそうと言われていた。それがつらかった。お母さんは優しい時もある。どんなお母さんでも自分のお母さんだから、逃げられない。かわいそうって言うだけで、誰も助けてくれなかった。だから、もう一生誰も助けてくれない、一人で耐えるしかないってずっと思ってた。お父さんとお母さんが離婚した時、私はお母さんを選んだけど、お父さんには助けてって言えなかった。でも、この間のことでいろんな人が心配してくれた。とてもうれしかった」と話してくれました。スクールソーシャルワーカーが「みんな春花ちゃんのことを心配していたけれど、春花ちゃんが助けてもらえなくてもいい!!って言うから、誰も何もできなかったんじゃないかな？」と言うと、春花は「そうかも」と笑っていました。

　春花の母親は、その後入院しました。母親自身も今回春花を傷つけたことで、また春花に対して何かするかもしれないと不安になり、入院を望みました。

　春花は、母親が入院している間だけ、父親の家から学校に通うことになりました。春花は担任教諭とスクールソーシャルワーカーに、「これからもいろん

なことがあると思う。でも、一人じゃないってわかったから、頑張れる。ありがとう」と言いました。

その後、母親の調子が悪い時には入院し、春花は父親のところに行くことを決め、また母親はホームヘルパーの導入も了解し、春花の負担は少なくなっていきました。

3. 本事例の支援のポイント

本事例では、スクールソーシャルワーカーは以下の取り組みを行っていきました。
① 春花への継続的な面談を行っていく。
② 高校と関係機関（生活保護課・児童相談所）との連携を図っていく。
その支援の成果としては、以下のことがあります。
① 家庭の状況を把握することができたこと。
② 春花の家事の負担を軽減できたこと。
③ 春花の精神的安定が図られたこと。
④ 春花の不登校が改善されたこと。

スクールソーシャルワーカーが高校生を支援するうえでの課題点として、虐待などが年少児より継続的に行われている場合、状況が重篤化しており、対応が非常に困難になっているということです。生徒自身も大人への不信感が強く、支援できるまでに時間がかかります。

また、小・中学校とは異なり、高校生は広範囲の地域から学校へ通ってくるため、地域との協働も難しくなります。そのため、家庭訪問も家が遠いことから、気軽に実施することはできません。さらに、児童相談所によっては、高校に情報を提供するのを渋り、高校との協働を拒否する場合もあります。

今回の事例のように、高校の生徒が抱える課題は進路を中心として多様な課題を抱えています。そのため、高校の生徒支援においてもスクールソーシャルワーカーの必要性を実感しました。

4章　高校生への支援

事例 32　家庭環境の課題を抱えながら成長・発達過程で葛藤する高校2年生への支援

1．事例概要

　美咲（仮名）は高校2年生の女子です。小学校、中学校、高校1年の2学期までは問題なく登校できていました。しかし、高校1年の3学期から急に登校できない状況が続いています。たまに登校した時は、教室で一人過ごしていることが多く、担任教諭との個別面談でも自ら発言することがほとんどありません。担任教諭が家庭訪問をしたときも、あまり顔を出さないような状況です。

　美咲の家族は、母親と弟（中学2年生）の3人暮らしです。母親は、自宅から少し離れたスーパーマーケットで勤務しています。母親が仕事から帰宅するのは夜9時を過ぎることが多く、夕食は作り置きをして行きますが、美咲に食事の準備を頼むこともあります。母親の帰宅まで美咲が弟の面倒を見ていますが、このような生活は美咲が小学5年生の時（父母が離婚をした時）から続いています。

　しかし、最近は母親も心身の状態が不安定で、仕事を休むことが多くなりました。そのためか、担任教諭が母親に電話連絡しても、家庭訪問に出向いても母親からの応答がない時があります。また、中学校からの情報では、弟も登校渋りが出ているとのことです。さらに、家庭の経済面の不安定さも見られ、高校への校納金が滞納しているため、先日、母親が来校し、計画的な支払いについて話し合いをもっています。

　担任教諭は、美咲の欠席回数が多くなることで学習が追いつかなくなり、さらには登校意欲が減退し、留年の可能性もあることを心配しています。また、美咲の不登校に関して、母親の体調不良と経済的課題といった家庭環境が大きく影響しているのではないかと考えています。先日、母親が来校した際、高校側から経済面について行政に相談することを提案しましたが、母親は「**過去に嫌な思いを経験したため、相談には行きたくないです**」と話したそうです。

　以上の状況から、校長はスクールソーシャルワーカーに相談依頼をしてきま

した。

2. 支援内容

　スクールソーシャルワーカーは、担任教諭や他の教諭から話を聞きました。美咲の状況について、「部活動で人間関係のトラブルがあり、その頃から登校できなくなっています」「美咲は大学進学を希望しているのですが、学習の遅れも登校できない理由の一つと思います」「中学校では、時々、友人グループでの折合いが悪くなることがあり、保健室で話を聞いてもらうことがあったようです」「中学校は、家庭の経済状況をあまり把握できていないと思います（就学援助を申請しているため）」などの情報を得ることができました。

　学校側の要望としては、スクールソーシャルワーカーに母親と面談をしてもらい、経済的な支援につなげてほしいという意向でした。スクールソーシャルワーカーは教員の聞き取り状況から判断し、校長には①まずは母親と面談をし、その後に美咲との面談を実施すること、②中学校にて弟の状況と在学中の美咲の様子について情報を得ていくこと、③一連の情報収集後に中学校と高校の合同ケース会議を実施していくことを提案しました。

【母親との面談】
　担任教諭の仲介で、スクールソーシャルワーカーと母親との面談が可能となりました。当初、母親は硬い表情でしたが、徐々に美咲や弟への思いを語り始めました。「高校は卒業してほしいと思っています」「なぜ高校へ行かないのか、娘の気持ちが読めません」「息子は私が仕事を休む状況を見て、自分も登校渋りをしているのだろうと思います」。また、仕事や経済面について「体がきつく仕事を休むことが増えています」「収入が減るため、頑張ろうとしているのですが、体が動きません」などの話を打ち明けてくれました。

　スクールソーシャルワーカーは、母親がこれまで頑張って生活してきたことを労い、子どもたちのことについて一緒に考えていきたいと伝えました。しかし、経済面での行政への相談については、「体調不良になり役所へ相談にいったが、受け付けてもらえませんでした。なので、相談には行きたくありません」

と語気を強めて言われました。これに対して、スクールソーシャルワーカーは、子どもたちや母親自身のためにも生活保護を受給し、生活の基盤づくりを段階的に進めていってはどうかと提案しました。この提案に母親も「本当は、できればそうしていきたいと思っています」と受け入れてくれました。

【美咲との面談】
　担任教諭と母親からの促しで、スクールソーシャルワーカーは美咲との面談を行うことができました。面談中、美咲は自身から話を切り出すことはほとんどありませんが、スクールソーシャルワーカーが具体的な質問をすれば言葉を返してくれました。学校のことでは、「大学進学を希望している」「勉強についていくのが大変」「登校できない理由が自分でもわからない」など、固い表情で答えました。体調面では、「熟睡感がなく、朝起きれない」「食欲がわかない」とのことです。家庭については、「お金のことは少し心配している」「弟のことが気になる」とも言いました。スクールソーシャルワーカーとしては、初回の面談は美咲との関係づくりに努め、次回の面談の約束を得ました。

【支援にあたって】
　学校、母親、美咲からの情報を総括すると、次の3点の課題があげられます。
　1つ目は、「美咲の心理的状況」です。部活動での人間関係について、美咲は「そのことは登校できないこととは関係ないと思う」と話しています。母親との関係についても「特に問題はありません」と答えています。美咲が話すように、本人自身も不登校の理由がわからないのだと考えられます。
　なお、中学時代は友人関係で悩んだ経験もありますが、当時は「幼なじみの友人がいた」「勉強では評価されていた」など、本人の強みが発揮できる環境下にあったようです。
　2つ目は、「経済面と母親の体調面」です。家計を維持していくために頑張ろうとする母親の思いが空回りし、母親自身も体調不良を起こしています。そして、子どもたちの状況がさらに母親への精神的負担に拍車をかけています。
　3つ目は、「子どもたちと母親との関係性」です。母親は、体調不良があり

ながらも、美咲の不登校の状態を心配しています。一方で、美咲自身も悩みを抱えながら、家のことを気にしている発言をしています。母親も美咲も自分自身のことで精一杯であり、お互いの気持ちを伝えあうことができていない状況にあると考えられます。弟については登校渋りが見られますが、学校生活では元気よく過ごしています。弟の登校渋りは、母親や美咲の状況が影響していることなどが想定されます。

【中学校と高校の合同ケース会議】

　この3点の課題を踏まえ、中学校と高校が協働した取り組みを行うために「中高合同ケース会議」を実施しました。この会議では、中学校のスクールソーシャルワーカーと事前に打ち合わせを行い、一緒に支援計画を検討していきました。検討された支援計画は、以下のものです。

①経済的状況の改善を図る
- 生活保護課との事前調整を行う（中学校のスクールソーシャルワーカーが対応）。
- 母親が生活保護課へ相談に行く。状況によりスクールソーシャルワーカーが同行する（母親と中学校・高校のスクールソーシャルワーカーが対応）。

②美咲の心理的支援を行う
- スクールソーシャルワーカーによる定期面談を実施する（1回／週、高校のスクールソーシャルワーカーが対応）。
- 美咲の意思を確認しながら段階的な登校支援計画を立てる（担任教諭が対応）。
- 美咲の心身状態に応じて、心療内科へのつなぎを行う（高校のスクールソーシャルワーカーが対応）。

③弟の登校状況の改善を図る
- 母親の登校刺激と中学校での受け入れ体制を整える（母親と中学校の担任教諭が対応）。
- 登校渋りが強い時は、中学校の教諭が迎えにいく（中学校の教諭が対応）。

④母親の心身の安定を図る

・子どもたちの学校生活状況について、学校から母親へ報告する（中学校と高校の担任教諭及び中学校・高校のスクールソーシャルワーカーが対応）。

3. 支援経過
【経済面について】
　中学校のスクールソーシャルワーカーが生活保護課と事前調整を行うことで、生活保護課には美咲の家庭状況について理解してもらうことができました。母親は生活保護課に出向くことに抵抗がありましたが、スクールソーシャルワーカーとの2回目の面談では、「子どもたちのために」というキーワードで説明をしてきました。その結果、母親は一人で生活保護課へ相談に行き、生活保護受給につながりました。

【美咲の様子】
　美咲の登校は不安定ですが、スクールソーシャルワーカーとの面談日には必ず登校してくれます。身体的不調が継続していることから、スクールソーシャルワーカーと美咲、母親との話し合いで、心療内科クリニックを受診することにしました。医師の見立てでは、「家庭環境とともに、高校生という成長・発達過程で悩んでいる点も多くあるのではないか」とのことでした。
　その後、美咲は通院を数回でやめましたが、身体的不調は回復しています。医師から「しっかりと学校の先生たちと今後について話を進めていきなさい」と助言されており、少しずつ登校する日が増えています。現状では欠席回数が積み重なり、進級は厳しい状況にありますが、担任教諭との話し合いのなかで今後の登校支援計画を作成することができています。スクールソーシャルワーカーとの面談では、母親の体調を気遣う思いや部活動での人間関係で悩んでいたことを徐々に話してくれるようになっています。

【母子の関係】
　母親は生活保護課と協議して、当面は就労時間を短縮し、自身の体調と生活基盤を整えることに専念しました。弟については、学校と母親との協働で登校

渋りがなくなっています。母親は、生活面の見通しがたったことや弟の登校渋りがなくなったことから精神的に安定してきました。これにより、家事や学校との連絡に時間を割けるようになっています。母子の思いのすれ違いをすぐに修復できるまでには至っていませんが、スクールソーシャルワーカーは美咲の気持ちが少しずつ変化してきていると感じています。

【美咲の進路について】

　当初、担任教諭と立てた登校支援計画に沿って、美咲は登校していました。しかし、ある日、美咲からスクールソーシャルワーカーに連絡が入りました。「違う道を選択したい」とのことです。スクールソーシャルワーカーは、美咲にまずは母親とよく話し合うことが大切であることをアドバイスしました。その後、母子で学校に来校し、次年度からは通信制の高校へ編入することの希望が出されました。

4. 本事例の支援のポイント

　高校生の成長・発達段階は、自己意識の高まりとあわせ、不安の世代でもあります。漠然とした不安、将来に対する不安、仲間はずれになりそうな不安、学業への不安など、いろいろな不安を抱えます。

　高校生がこれらの悩みや不安を乗り越えていくには、家庭の安定と学校での友人関係が大切です。しかし、悩みや不安が改善されないまま日々が過ぎていくと、葛藤はさらに強くなり、不安定な状態へとつながっていきます。この結果、退学や引きこもりなどの課題を抱えることも少なくありません。

　美咲の場合も、成長・発達過程での葛藤や不安が中学時代よりも強く出た事例だと考えます。美咲の支援では、中学校と高校の協働を基盤に、美咲への心理的支援、世帯の経済面の支援、母親や弟への支援を行っていきました。

　高校生時代には進路の課題が大きくのしかかります。美咲自身は最終的に進路変更を選択しました。そして、この選択は、美咲自身の自己決定です。今後、美咲は自分の足で人生を歩んでいくことになります。そして、今回の進路変更の決定は、美咲にとって大きな一歩ではないかと考えます。

Best Practiceに向けて

「根拠に基づく実践（Evidence-Based Practice：EBP）」について

　子どもたちの抱える状況を改善していくために、スクールソーシャルワーカーは"最善の実践（Best Practice）"を心がける必要があります。そのためには、EBPが欠かせません。ギブス（Gibbs, 2003）は、EBPを「クライエントの利益を最善におき、根拠に基づく実践者は絶えずクライエントにとってどのような直接実践が必要なのかを自問し、その自問に対し現状での客観的効果的な最善の根拠を探求し、その根拠によって導かれた適切な活動を行っていく生涯学習の追究」と定義づけています。

　常に"最善の実践（Best Practice）"を追究していくためには、専門的価値、専門的知識と技術の向上を図っていくことが求められます。そして、専門職は「生涯学習者」（Lifelong Learners）でなければなりません。EBPを実践していくために専門的知識は、有効な根拠が示された実践研究論文を読んでいくことが必要です。今日では、インターネットを通して学術論文や雑誌、図書情報を得ることが容易になっています。研修会や事例研究会に参加したり、研究者から直接、実践に関する意見や助言を受けることもよいでしょう。

　専門的技術では、マーフィー（Murphy, 1999）の研究は示唆に富んでいます。実践研究からクライエントの変化をもたらす要因は、40％がクライエントのもつ才能や技能といったストレングスや社会資源・社会的サポート、30％がクライエントと専門職間の信頼関係、15％が適用された実践モデルや技法という結果を示しています。この結果より、実践ではストレングスの視点に基づき対象者との信頼関係を築いていくことの重要性が示唆されています。

※参考文献：①Gibbs, L. E. (2003). *Evidence-based practice for helping professions: A practical guide with integrated multimedia*. Pacific Grove, CA:Brooks / Cole-Thomson Learning.
②Murphy, J. J. (1999). Common factors of school-based change. In M. A. Hubble, B. L. Duncan, & S. D. Miller (Eds.), *The heart and soul of change: What works in therapy* (pp.361-388). Washington, DC: American Psychological Association.

SSW直撃インタビュー
スクールソーシャルワーカー50人に聞きました!!

　このコーナーでは、現役のスクールソーシャルワーカー50人を対象に直撃インタビューを行いました。現場で躍動するスクールソーシャルワーカーの"生"の声をお楽しみください!!

Q1 あなたがスクールソーシャルワーカーを志したきっかけは何ですか？

☐ 福祉分野での就職を志すなかで、大学時代に学校ソーシャルワークに出会い、それを学んだことがきっかけです。学校現場には手を差し伸べるべき子どもたちの命や権利があり、スクールソーシャルワーカーこそはそれを担う仕事だと思いました。
　　　　　　　　　　　　　　　　　　　　　　　　（20代女性：1年目）

☐ ソーシャルワークの専門性が自分の価値観をひっくり返してくれたからです。
　　　　　　　　　　　　　　　　　　　　　　　　（20代男性：4年目）

☐ 精神科ソーシャルワーカーとして勤務していた頃、アナムネで生活歴などを尋ねると、小・中学校時代からなんらかの困り感を抱いている人が多く、「もっと早い時期に支援機関とつながることができていたら…」と感じていました。スクールソーシャルワーカーが導入されると聞いたとき、「まさに、これだ!!」と思いました。
　　　　　　　　　　　　　　　　　　　　　　　（40代女性：5年目以上）

☐ 児童相談所で女性こども相談をしていたときに、2008（平成20）年度からスクールソーシャルワーカーが導入されると知ったことがきっかけです。
　　　　　　　　　　　　　　　　　　　　　　　（40代女性：5年目以上）

- [ ] もともと子どもに関わる仕事をしてから、高齢者施設のソーシャルワーカーになりましたので、スクールソーシャルワーカーには興味を持っており、機会をいただけて転職しました。　　　　　　　　　　　（40代男性：5年目以上）
- [ ] 私は以前、精神保健福祉士として精神科デイケアで働いていました。精神疾患で苦しんでいる利用者と接しているなかで、もう少し若い時に理解のある人がそばに居れば人生が変わっていたかもしれないと思うようになりました。そんなある時、スクールソーシャルワーカーを実践している方の講演を聞き、興味をもちました。それからです。　　　　　（20代男性：4年目）
- [ ] 志した…という感じではないですね。もはや、選んだ運命としか言いようがないです。　　　　　　　　　　　　　　　　　　　　　（20代女性：5年目以上）

Q2 あなたがスクールソーシャルワーカーとしてやりがいを感じる瞬間とはどんな時ですか？

- [ ] 子どもの笑顔です。本当に、私が救われる気持ちになります。
　　　　　　　　　　　　　　　　　　　　　　　　　　（20代女性：5年目以上）
- [ ] 誰にも心を開いていないような子どもが、親しげに話をしてくれるようになった時です。　　　　　　　　　　　　　　　　　　　（20代男性：4年目）
- [ ] 支援の依頼を受けた時です。「さあやるぞ〜」という気持ちになります。
　　　　　　　　　　　　　　　　　　　　　　　　　　（50代女性：5年目以上）
- [ ] 学校や機関等の関係者からの「ありがとう」の一言です。私はいろんな方に助けられることが多いので、この一言をもらうと、少しは役に立てたかなって思えます。　　　　　　　　　　　　　　　　　（20代女性：5年目以上）
- [ ] 関わっていた生徒が、卒業後それぞれの環境で頑張っているのを見たとき。たまらなくうれしい気持ちになります。　　　　　（50代女性：5年目以上）
- [ ] 子どもが安心して生活できる環境を整えることができ、子どもに「変化」が見られるとうれしく思います。　　　　　　　　　　　（20代女性：2年目）
- [ ] 子どもから「スクールソーシャルワーカーになりたい」と本気で言われた瞬間です。　　　　　　　　　　　　　　　　　　　　　（20代男性：4年目）

Q3 あなたがスクールソーシャルワーカーとして苦労したエピソードを教えてください。

- [ ] 学校に初めて着任した当初、「お前なんかいらない」と言われ続けていた時期が大変でした。　　　　　　　　　　　　　　　　　　(20代男性：4年目)

- [ ] 依存性の高い保護者から毎日何十件という相談電話や家庭訪問の要望が寄せられていたときに、自分自身が、母の苦悩する気持ちに引きずられて、母と同じように落ち込みそうになってしまったことがありました。スクールソーシャルワーカーとして客観的にとらえることや、立ち位置、最初の時点での連絡の仕方など、自身の支援について考えるきっかけとなりました。
(20代女性：3年目)

- [ ] 学校、地域の方々に自分の役割や仕事について伝えていくことです。やはり、口頭で説明していくことは難しく、自分自身の"行動"で示していかなければならないと感じました。　　　　　　　　　　　　　　　(20代女性：1年目)

- [ ] 支援の必要性を感じた子どもがいたので、担任の先生と話をしようとしたところ、立腹されたことがありました。先生の関わりを否定するつもりではなく、子どもの支援を一緒にしていくためだったのですが、その先生には伝わらず、理解を得ていくことに苦労をしました。　　　　(20代男性：2年目)

- [ ] 虐待通告に関して、管理職に理解が得られなかった時です。
(20代女性：2年目)

- [ ] 子どもを (児童相談所で) 一時保護する時です。毎回「これでよかったのか？」と自問自答してしまいます。苦労ではないですが苦悩ですね。
(20代男性：4年目)

- [ ] 学校側が認識しているスクールソーシャルワーカーの職務内容と学校ソーシャルワークの中身にズレを感じた時です。例えば、「学校は忙しいから担任の先生の代わりにスクールソーシャルワーカーが家庭訪問してください」と言われた時です。　　　　　　　　　　　　　　　　(40代男性：1年目)

Q4 あなたがスクールソーシャルワーカーとして心温まるエピソードがあれば教えてください。

- ☐ 修学旅行のお土産と手紙をもらったことです。旅行先でも、私のことを思い出してくれたと思うとうれしくなりました。 (20代女性：2年目)
- ☐ 一人だけの夜の卒業式に多くの先生が残ってくれ、子どもや保護者らが涙と笑顔でいっぱいだったこと。 (30代男性：5年目以上)
- ☐ 最初は他人を受け入れなかった生徒がスクールソーシャルワーカーと接触を重ねるうちに心を開き、その生徒が学校でも「スクールソーシャルワーカーに連絡してほしい、スクールソーシャルワーカーに会いたい」と言ってくれたことを学校の先生から聞いたことです。 (40代男性：1年目)
- ☐ 不登校だった子どもが「（スクールソーシャルワーカーの）先生が来る日に来る」と言ってからは登校するようになり、徐々に登校回数が増えていることです。 (20代女性：2年目)
- ☐ 「私たちを幸せにしてくれたから、今度は先生が幸せになってね！」と言われた時・・・ (20代男性：5年目以上)
- ☐ スクールソーシャルワーカー就任当初から支援していた生徒が卒業する時、自分の元へ来て「私と家族のためにいろいろしてくれてありがとう」と言われた時です。 (20代男性：3年目)
- ☐ 授業の抜け出しや服装の乱れがある中学生の生徒でしたが、必ず会うと目を見て自分から挨拶をしてくれました。子どもたちのよいところが見えると心が温まります。 (20代女性：3年目)
- ☐ 子どもが卒業する時に保護者から「私と娘が最悪の状態の時に担任の先生からスクールソーシャルワーカーを紹介してもらい、希望の光が見えたのを覚えています」というお礼の手紙をもらった時。 (20代女性：5年目以上)
- ☐ なかなか心を開いてくれない子どもと試行錯誤しながら関わっていましたが、ある時自分の思いを書いた手紙をもらい「いつも気にかけてくれてありがとう」という言葉が添えてあった時。 (20代女性：1年目)
- ☐ 支援対応を終えて、学校に帰ってきたときに先生より心から「おかえり」と言ってもらえた時です。これは、私の心が温まった話ですね・・・(笑) でも、これが次へのエネルギーになるんです。 (20代女性：5年目以上)
- ☐ 不登校で自分の気持ちをなかなか表に出せない子。その子と週に一度、一時

間、同じ空間で同じ作業を続けました。ある日スッと「先生ともっと仲よくなりたい」と手紙を差し出してくれました。今、少しずつ他の先生とも関わりができ、笑顔が増えてきました。やはり子どもの笑顔が一番だと改めて実感した瞬間です。 (20代女性：1年目)

- [ ] 家族と離れて施設に入る子どもをその施設に送っていく時、自分の未来への希望をたくさん語ってくれた姿が印象的でした。 (50代女性：3年目)
- [ ] 非行や暴力事件を繰り返し、誰も手に負えない男子中学生の支援をしていた時です。鑑別所や少年院にも入ったので話をしに行きました。「自分に最後まで向き合ってくれたのはスクールソーシャルワーカーだけ」と話してくれ「俺もスクールソーシャルワーカーのような仕事に就きたい」と言ってくれた時は感動しました。 (20代男性：4年目)

Q5 あなたがスクールソーシャルワーカーとして勤務していちばん驚いたことは何ですか？

- [ ] 学校の飲み会の多さと、そこにかける（先生たちの）意気込みは半端ないと驚きました。 (40代女性：5年目以上)
- [ ] すべての子どもたちの可能性は本当に無限大であると思う時です。 (30代男性：5年目以上)
- [ ] 学校行事が多く、1年が目まぐるしく過ぎていくことです。そこには先生方のたくさんの苦労があるのだと思いました。 (20代男性：3年目)
- [ ] 思い起こせば、とにかく給食をたらふく食べさせていただきましたが、入職時から増えた私の体重には驚きでした。 (20代男性：5年目以上)
- [ ] 小学校と中学校のシステムの違いに驚きました。 (20代女性：2年目)
- [ ] 「（教室で）生徒を指導してください」と、教員と同じ役割を求めるようなことを言われたときはすごく驚きました。 (20代男性：1年目)
- [ ] 学校の先生の激務ぶりです。子どもの時は表面しか見ていなかったのだなと思います。時に学校の先生がどんなに忙しいのかを先生に成り代わって話すこともあるほどです。すごいの一言でしか言い表せません。 (20代男性：4年目)

Q6 あなたが考えるスクールソーシャルワーカーの魅力とは何ですか？

- 子どもたちとの相互交流から、私たち自身が癒されたり、キラキラした頑張る姿に元気をもらえたりします。　　　　　　　　　（50代女性：5年目以上）
- 答えがないこと。　　　　　　　　　　　　　　　　（20代男性：4年目）
- 子どもの笑顔と子どもの持つたくさんの可能性に出会えることです。
　　　　　　　　　　　　　　　　　　　　　　　　（20代男性：3年目）
- 自分の学びも、新たな発見も、支援も上限がないことです。工夫によって可能性が広がります。　　　　　　　　　　　　　　　（20代女性：3年目）
- 学校内では唯一の福祉専門職です。自分の専門性を意識することができてやりがいを感じます。　　　　　　　　　　　　　（50代女性：5年目以上）
- 困っている子どもを支えるチームの一員ではありますが、自分が提案や行動したことが子どもの課題改善に直接的、または間接的に役に立った時の充実感を味わえることです。　　　　　　　　　　　　　（50代女性：3年目）
- 学校の内外へとダイナミックな活動ができ、いろいろな人たちと協働できることです。　　　　　　　　　　　　　　　　　　（40代男性：1年目）
- どちらかというと、スクールソーシャルワーカーをどう魅力的な存在にするかということの方を考えているので…そういうことを考えられる職業というところが魅力なのかもしれません。　　　　　　　（20代女性：5年目以上）

Q7 スクールソーシャルワーカーを目指す人たちに一言!!

- 学校のなかで福祉の実践を行うということは、難しい面が多々ありますが、それ以上にやりがいと可能性があると思うことができる仕事だと思います。
　　　　　　　　　　　　　　　　　　　　　　　　（20代男性：1年目）
- 対人援助の仕事は、生涯学ぶ姿勢が必要です。スクールソーシャルワーカーの仕事も、さまざまな事例に対応するため、幅広い知識や視点を求められま

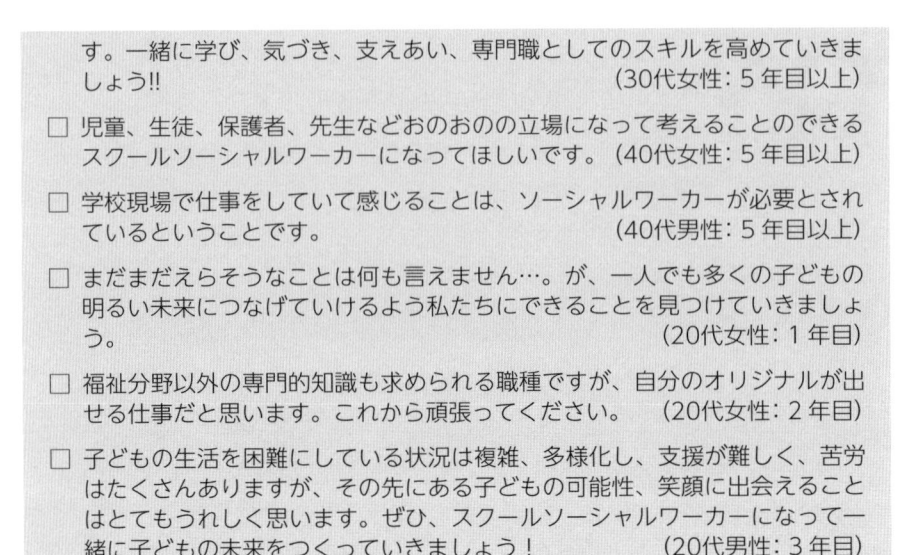

す。一緒に学び、気づき、支えあい、専門職としてのスキルを高めていきましょう!! (30代女性：5年目以上)

☐ 児童、生徒、保護者、先生などおのおのの立場になって考えることのできるスクールソーシャルワーカーになってほしいです。(40代女性：5年目以上)

☐ 学校現場で仕事をしていて感じることは、ソーシャルワーカーが必要とされているということです。 (40代男性：5年目以上)

☐ まだまだえらそうなことは何も言えません…。が、一人でも多くの子どもの明るい未来につなげていけるよう私たちにできることを見つけていきましょう。 (20代女性：1年目)

☐ 福祉分野以外の専門的知識も求められる職種ですが、自分のオリジナルが出せる仕事だと思います。これから頑張ってください。 (20代女性：2年目)

☐ 子どもの生活を困難にしている状況は複雑、多様化し、支援が難しく、苦労はたくさんありますが、その先にある子どもの可能性、笑顔に出会えることはとてもうれしく思います。ぜひ、スクールソーシャルワーカーになって一緒に子どもの未来をつくっていきましょう！ (20代男性：3年目)

来たれ!! 次代の
スクールソーシャルワーカー!!

スクールソーシャルワーカーの心がけ10か条

☆その1：子どもたちの思いを大切にする
　大人だけで会議をしていると、肝心な「子どもの思い」を置き去りにしてしまいがちです。子どもの思いがつまった支援方針を決めていきましょう。

☆その2：子どもの将来（未来）を見据える
　現実的に立ちはだかる問題ばかりにとらわれると、"今"のことだけしか考えられなくなります。常に、子どもの将来（未来）に視線を向けた支援を心がけていきましょう。

☆その3：子どもの「じりつ（自立・自律）」を目指す
　子どもが自分で困難を乗り越えて幸せをつかむ（自立）ため、私たちは生活基盤を整えていきます。子どもが自らの人生を意思決定していく（自律）ため、私たちは必要な選択肢を提示していきます。子どもの将来的な「じりつ（自立・自律）」を念頭に置いた支援を意識していきましょう。

☆その4：必携「あいさつ」と「笑顔」
　いつでもどこでも誰と会っても、「あいさつ」と「笑顔」は忘れてはいけません。常に相手の目を見て、気持ちのよいあいさつを心がけましょう。もちろん、最高の笑顔も忘れずに。

☆その5：面接の基本は受容、傾聴、そして共感
　自分の価値判断を挟まずに、相手の気持ちを受け入れていく「受容」。相手の話を遮ることなく、最後まで話に耳を傾けていく「傾聴」。専門職としての役割を自覚的にとらえ、客観的に相手の思いを解釈していく「共感」。これらは、子どもと信頼関係を築いていくうえで基本となる面接スキルです。

☆その6：よく遊び、よく学べ
　子どもたちへの最善の実践のために、よく学びよく遊びましょう。どのような対象であっても柔軟に対応することができるようになるためには、専門職としての引き出しを増やしていくことが大切になります。

☆その7：人や環境のせいにしない！
　支援が思うように展開しないと、その責任を人（子ども・家族・教師など）や環境（家庭・学校・地域など）に向けてしまいがちです。私たちはどのような状況下にあっても、人や環境の責任を回避するとともに、どうすれば子どもたちが幸せになれるかを第一に考えて支援に臨んでいかなくてはなりません。

☆その8：子どもの負担は最小限に
　子どもは今を精一杯生きています。日々がんばっている子どもに、「がんばれ」と努力を促すことほど無責任なことはありません。子どもの負担を最小限に止めた責任ある支援を常に意識していかなくてはなりません。

☆その9：業務の基本 "ホウ・レン・ソウ"

　スクールソーシャルワーカーは、絶えず幅広い範囲で走り回る専門職です。そのため、その活動そのものがはっきりと見えにくい課題があるのも事実です。それらを改善していくための方法として、管理職をはじめとする教職員に対して、自らの動きを常に"ホウ（報告）"、"レン（連絡）"、"ソウ（相談）"していくことを心がけていかなければなりません。

☆その10：あきらめない＝見捨てない

　もう無理だとあきらめてしまえば自分は楽になるけれど、子どもたちは不幸なまま苦しみが続きます。どんな子どもでも必ず変わると信じ、絶対にあきらめずに子どもたちにかかわっていきましょう。

おわりに

「福岡県スクールソーシャルワーカー協会」(Fukuoka Association of School Social Workers : FASSW) について

　福岡県でのスクールソーシャルワーカー事業の始まりは、2007（平成19）年度からです。文部科学省の「問題を抱える子ども等の自立支援事業」を受託した苅田町（かんだまち）教育委員会が、1名のスクールソーシャルワーカーを採用しました。そして翌年、2008（平成20）年度の文部科学省の「スクールソーシャルワーカー活用事業」にて、県内12市3町で総勢17名のスクールソーシャルワーカーが採用されることになりました。

　2008（平成20）年5月からは、早速スクールソーシャルワーカーたちが「福岡県スクールソーシャルワーカー連絡会」を立ち上げ、月1回定例で夜に集い、互いの実践活動の報告や事例検討を行いました。その後、現任者が力を合わせて2009（平成21）年10月に「福岡県スクールソーシャルワーカー活動報告集」を発行しました。この報告集は、県内での各実践活動報告に加え、九州各県での事業動向などを盛り込んだ豊富な内容で構成されました。

　2010（平成22）年7月には、研修内容をより充実していくために、「福岡から広げよう学校ソーシャルワークの輪!!」を合言葉に、「福岡県・学校ソーシャルワーク研究会」が始動しました。研究会の目的は、①スクールソーシャルワーカーの専門性を高め、その資質向上を図るべく学校ソーシャルワークに関連する専門教育の機会を提供していく、②会員の相互交流の場として研究会を有効活用し、連帯感（パートナーシップ）を深めるとともに、互いに切磋琢磨して成長を目指していくことです。研究会は会員制として、月1回土曜日の14：00～17：00に研修を定例化し、広報誌の発行を行っていきました。研究会終了後には、毎回恒例の懇親会（「裏研究会」）を催し、会員相互の交流を深めていきました。この研

究会には、熊本、佐賀、長崎、山口からのスクールソーシャルワーカーたちも参加するようになり、会員数は80名を超えるまでになりました。

一方で、福岡県内のスクールソーシャルワーカー配置事業は、福岡県教育委員会のみならず、市町教育委員会においても独自事業として増え始め、さらには県立高等学校でのスクールソーシャルワーカー配置事業も開始しました。

福岡県でのスクールソーシャルワーカー配置事業の増加は、日々学校教育現場で子どもたちやその家庭、学校に対して直接支援を展開し、学校職員の一員として活躍するスクールソーシャルワーカーたちの努力によります。

一方、スクールソーシャルワーカー配置事業の増加に対して、人材派遣と養成は緊急の課題となり、組織的に対応していくことが求められてきました。そこで、2012（平成24）年6月に職能団体として、「福岡県スクールソーシャルワーカー協会」を発足したのです。本協会が行う事業の一つに、年次大会の開催があります。会員の専門性向上や相互交流、協会活動を広く一般に公開して普及啓発などを行っていくことが目的です。参加者は県内外より100名を超える参加があり、会員のスクールソーシャルワーカーだけでなく、学校・福祉・医療・保健など幅広い分野で活躍する専門職や明日のスクールソーシャルワーカーを目指す学生・大学院生の姿などもあります。

また、年間を通して定期的な研修会を実施しています。次代のスクールソーシャルワーカーを担う学生・大学院生を対象とした「養成研修」、初任者や経験の浅いスクールソーシャルワーカーを対象とした「基礎研修」、指導的立場を担う中堅・ベテランのスクールソーシャルワーカーを対象とした「専門研修」などです。

福岡県スクールソーシャルワーカー協会は、今後もスクールソーシャルワーカーのための職能団体として、「子どもたちと歩む…」を合言葉に積極的なアクションを起こしていきたいと考えています。

＜本協会の目的＞
「スクールソーシャルワーカーの専門性の向上と人材育成、スクールソーシャルワーカー事業の充実と発展、学校におけるソーシャルワーク（学校ソーシャルワーク）実践の普及啓発、支援を必要とする児童生徒の人権と教育および発達の保障に寄与すること」

＜会　員＞
　①正　会　員：福岡県内で活動するスクールソーシャルワーカー（社会福祉士または精神保健福祉士の資格を有する者）及び福岡県内で活動するスクールソーシャルワーカー・スーパーバイザー」
　②準　会　員：福岡県内で活動するスクールソーシャルワーカー（社会福祉士・精神保健福祉士の資格を有しない者）及び福岡県外で活動するスクールソーシャルワーカー（資格要件不問。入会は、会員1名からの推薦が必要）
　③賛助会員：本協会の事業を賛助するために入会した個人または団体
　④学生会員：大学院生及び学部3年生以上

＜事業内容＞
　①研修事業：養成研修、基礎研修、専門研修、他
　②広報事業：広報誌（「Relations」の定期発行）、啓発冊子他
　③研究事業：調査研究、教材開発他
　④その他の事業：教育委員会からのスクールソーシャルワーカー推薦依頼対応、関係機関との協働促進、会員対象のスーパービジョン、他

＜組　織＞
　①会長、②副会長、③運営委員（10名以上15名以内）、④監事

協会入会勧誘チラシ

編集・執筆者一覧

【編集】
福岡県スクールソーシャルワーカー協会

【監修者】
門田　光司（かどた・こうじ）

久留米大学文学部社会福祉学科・大学院教授
大阪教育大学大学院障害児教育専攻修了、同志社大学大学院社会福祉専攻博士後期課程中退。福岡県立大学人間社会学部社会福祉学科教授兼附属研究所 不登校・ひきこもりサポートセンター長を経て現職
日本学校ソーシャルワーク学会代表理事。福岡県スクールソーシャルワーカー協会会長。福岡県教育委員会スクールソーシャルワーカー・スーパーバイザー、福岡市教育委員会スクールソーシャルワーカー・スーパーバイザー他
社会福祉学博士、社会福祉士、精神保健福祉士
主要著書
単著『学校ソーシャルワーク入門』（中央法規出版 2002 年）
共著『スクールソーシャルワーカーのしごと』（中央法規出版 2009 年）
共著『スクールソーシャルワーカー養成テキスト』（中央法規出版 2008 年）
その他多数

奥村　賢一（おくむら・けんいち）

福岡県立大学人間社会学部社会福祉学科准教授
福岡県立大学大学院福祉社会専攻修士課程修了、同志社大学大学院社会福祉専攻博士後期課程単位取得満期退学。社会福祉法人修光学園、苅田町教育委員会スクールソーシャルワーカー、福岡市教育委員会スクールソーシャルワーカー等を経て現職
日本学校ソーシャルワーク学会事務局長。福岡県スクールソーシャルワーカー協会副会長。福岡県教育委員会スクールソーシャルワーカー・スーパーバイザー、福岡市教育委員会スクールソーシャルワーカー・スーパーバイザー
修士（福祉社会）、社会福祉士、精神保健福祉士
主要著書
共著『スクールソーシャルワーカーのしごと』（中央法規出版 2009 年）
共著『スクール（学校）ソーシャルワーク論』（中央法規出版 2012 年）
共著『スクールソーシャルワーカー養成テキスト』（中央法規出版 2008 年）
その他多数

【執筆者】

梶谷　優子（かじたに・ゆうこ）
　　福岡市教育委員会スクールソーシャルワーカー
　　東筑紫短期大学保育科卒業。保育園、障がい児者入所施設勤務を経て現職
　　社会福祉士・保育士・幼稚園教諭二級普通免許・介護支援専門員

下田　学（しもだ・まなぶ）
　　福岡県教育委員会スクールソーシャルワーカー
　　福岡大学卒業。福岡県立大学大学院社会福祉専攻修士課程在籍。福岡県スクールソーシャルワーカー協会事務局長。北九州市教育委員会スクールソーシャルワーカー・スーパーバイザー
　　社会福祉士・精神保健福祉士

高口　恵美（こうぐち・めぐみ）
　　福岡県・大牟田市・八女市教育委員会スクールソーシャルワーカー
　　福岡県立大学大学院社会福祉専攻修了、精神科病院勤務を経て現職
　　社会福祉士・精神保健福祉士・介護支援専門員
　　共著『学校ソーシャルワーク演習』（ミネルヴァ書房 2010 年）

山﨑　千栄子（やまさき・ちえこ）
　　久留米大学文学部社会福祉学科助教
　　日本福祉大学大学院社会福祉学専攻修了、福岡県教育委員会および福岡市教育委員会スクールソーシャルワーカーを経て現職
　　社会福祉士・精神保健福祉士
　　共著『学校ソーシャルワーク演習』（ミネルヴァ書房 2010 年）

土井　幸治（どい・こうじ）
　　志免町教育委員会スクールソーシャルワーカー
　　西九州大学大学院健康福祉学研究科修了
　　社会福祉士

荒巻　智之（あらまき・ともゆき）
　　須恵町教育委員会スクールソーシャルワーカー
　　久留米大学文学部社会福祉学科卒業。久留米大学大学院比較文化研究科博士課程在籍
　　社会福祉士・精神保健福祉士

池田　敏（いけだ・さとし）
　福岡市教育委員会スクールソーシャルワーカー
　福岡県立大学大学院社会福祉専攻修了
　社会福祉士
　共著『スクール（学校）ソーシャルワーク論』（中央法規出版 2012 年）

中筋　啓介（なかすじ・けいすけ）
　福岡市教育委員会スクールソーシャルワーカー
　福岡県立大学人間社会学部社会福祉学科卒業。　社会福祉法人北九州市手をつなぐ育成会勤務を経て現職
　社会福祉士

蒲池　恵（かまち・めぐみ）
　福岡市教育委員会スクールソーシャルワーカー
　福岡県立大学大学院社会福祉専攻修了
　福岡県立大学人間社会学部社会福祉学科非常勤講師
　社会福祉士

寺田　有起（てらだ・ゆき）
　北九州市教育委員会スクールソーシャルワーカー
　福岡教育大学教育学部共生社会教育課程福祉社会教育コース卒業
　社会福祉士・精神保健福祉士・保育士

森山　麻衣子（もりやま・まいこ）
　福岡市教育委員会スクールソーシャルワーカー
　福岡県立大学大学院社会福祉専攻修了
　社会福祉士

横山　明希（よこやま・あき）
　福岡市教育委員会スクールソーシャルワーカー
　福岡県立大学大学院社会福祉専攻修了
　社会福祉士

スクールソーシャルワーカー実践事例集
~子ども・家庭・学校支援の実際~

2014年4月15日　発行

監　修	門田光司・奥村賢一
編　集	福岡県スクールソーシャルワーカー協会
発行者	荘村明彦
発行所	中央法規出版株式会社
	〒151-0053　東京都渋谷区代々木2-27-4
	代　表　TEL03-3379-3861　FAX03-3379-3820
	書店窓口　TEL03-3379-3862　FAX03-3375-5054
	編　集　TEL058-231-8744　FAX058-231-8166
	http://www.chuohoki.co.jp/
印刷・製本	西濃印刷株式会社
装　幀	KIS

ISBN978-4-8058-3997-3
定価はカバーに表示してあります。

本書のコピー、スキャン、デジタル化等の無断複製は、著作権法上での例外を除き禁じられています。また、本書を代行業者等の第三者に依頼してコピー、スキャン、デジタル化することは、たとえ個人や家庭内での利用であっても著作権法違反です。

落丁本・乱丁本はお取替えいたします。